叶良骏

著

爱满天下之路

——研读陶行知

山西出版传媒集团

山西人民出版社

图书在版编目（CIP）数据

爱满天下之路：研读陶行知 / 叶良骏著 . -- 太原：
山西人民出版社，2024.8
ISBN 978-7-203-13435-0

Ⅰ．①爱... Ⅱ．①叶... Ⅲ．①陶行知（1891-1946）
－教育思想－研究 Ⅳ．① G40-092.6

中国国家版本馆 CIP 数据核字（2024）第 103345 号

爱满天下之路：研读陶行知

著　　者：叶良骏
责任编辑：魏美荣
复　　审：傅晓红
终　　审：贺　权
装帧设计：任　彤

出 版 者：山西出版传媒集团·山西人民出版社
地　　址：太原市建设南路 21 号
邮　　编：030012
发行营销：0351-4922220　4955996　4956039　4922127（传真）
天猫官网：https://sxrmcbs.tmall.com　电话：0351-4922159
E - m a i l：sxskcb@163.com　发行部
　　　　　　sxskcb@126.com　总编室
网　　址：www.sxskcb.com

经 销 者：山西出版传媒集团·山西人民出版社
承 印 厂：三河市元兴印务有限公司

开　　本：660mm×960mm　　1/16
印　　张：20.5
字　　数：300 千字
版　　次：2024 年 8 月　第 1 版
印　　次：2024 年 8 月　第 1 次印刷
书　　号：ISBN 978-7-203-13435-0
定　　价：88.00 元

如有印装质量问题请与本社联系调换

学而千走千里

盈苦抚甜

讲行知访千校

奋而忘忧

如良骏同志 学而师陶 20年题

二〇一五年元月

时年九十又八

方明题赠叶良骏

方明（1917—2008），红军时期入党的老同志，陶行知先生学生，原中国陶行知研究会会长，全国教育工会创建人，原主席，七届全国政协教育文化委员会副主任，民进中央委员会原顾问。

以陶为师，学习
一辈子，宣传一辈子。

题赠

叶良骏 老师

于漪

2023.10.29.

于漪题赠叶良骏

于漪，国家荣誉称号「人民教育家」获
得者，国家荣誉称号「改革先锋」获得
者，特级教师，上海市教师学研究会名
誉会长，上海市杨浦高级中学名誉校长，
首届「全国教书育人楷模」。

叶良骏研陶师陶小传

叶良骏,浙江镇海人,陶行知研究学者、作家、编剧、诗人。中国作家协会会员,上海市诗词学会、楹联学会、炎黄文化研究会会员。

11岁进入陶行知创办的上海市行知中学(育才学校)就读,得陶门嫡传弟子马侣贤、闵克勤、汪澄、郭泰煆、张其时、屠传荣、夏英岚等先生亲炙,后在上海市陶行知纪念馆工作,深受陶行知教育思想熏陶浸润,为陶门再传弟子。

连续多年在报刊发表《解读陶行知》《走在时代前列的陶行知》《一切为人民——纪念陶行知诞辰一百二十周年》《天下第一工学团》《一品大百姓》等整版系列研陶文章。

著有《永远的陶行知——101个快乐与成功的故事》(获首届"上海好童书"奖)、《陶行知箴言》(献礼陶行知诞辰120周年)、《陶行知教育思想论述》《陶行知的故事》(献礼陶行知诞辰100周年)、《唯有傻瓜能救中华》(献礼陶行知诞辰105周年)、《诗爱筑梦》(献礼陶行知诞辰115周年)等研陶著作,于1991年至2016年期间出版。《爱满天下之路——研读陶行知》为最新一本研陶著作,于2024年出版。

在全国主讲《陶行知教育思想的现代价值》等学术报告4000余场。曾连续5年在少年儿童出版社《作文世界》开设专栏,宣传陶行知。

曾任中国陶行知研究会第六、第七届理事,上海市陶行知研究会副会长;参与组织策划上海市纪念陶行知诞辰100周年(1991年)、110周年(2001年)、120周年(2011年)、125周年(2016年)、130周年(2021年)有关纪念活动;是民盟上海市委、上海市教委、上海市侨联等主办的"上海各界人士纪念陶行知诞辰120周年大会""纪念陶行知诞辰120周年——和谐校园文化建设上海论坛""全球华人书画大展"的"诞辰纪念办"秘书长。为中国邮政"陶行知先生诞辰120周年"系列纪念邮品设计者。2001年，由中央统战部、教育部、民盟中央、中国陶行知研究会、中国陶行知基金会主办的"纪念陶行知诞辰110周年座谈会"和2011年由民盟中央、中国陶行知研究会主办的"纪念陶行知诞辰120周年座谈会"的上海代表。纪念陶行知诞辰125周年上海"爱满天下诗歌创作大赛"总策划。

1991年至2021年参加5部陶行知戏剧戏曲创作工作：评弹《爱满天下》、沪剧《陶行知》、话剧《永远的陶行知》、京剧《少年中国梦》及舞台剧《爱满天下之路》。任话剧《永远的陶行知》文学顾问、制作人，京剧《少年中国梦》、舞台剧《爱满天下之路》的制作人、编剧。

是中国陶行知研究会立项、于漪先生任顾问、上海市教委教研室指导和管理的"十一五"教育科研规划重点课题"和谐校园文化的建设与策划"总课题组组长，率五省一市两个实验区89所中小学校的师生共同探究陶行知教育思想的现代价值。

荣获1995年"中国陶行知研究会宣传工作先进个人"和2005年"中国陶行知研究会全国学陶师陶先进个人"。

是大型纪念画册《方明同志与上海》执行编委，《踏着陶行知的足迹——上海学陶师陶三十年》执行主编。《文汇报》曾于2013年10月30日在头版刊发图文报道:《种"陶花"的人——访 < 少年中国梦 > 编剧叶良骏》。

12岁发表处女作，数十年笔耕不辍。自1987年至今在《新民晚报》发表大量散文、诗歌作品；并在《人民日报》(海外版)、《解放日报》《文汇报》《劳动报》《青年报》《中国建设》《联合时报》《文学报》《读者》《生活教育》《上海诗人》《上海诗词》《上海纪实》《上海外滩》《文学港》《儿童时代》以及《世界日报》《联合报》等百余种国内外报刊发表作品。

出版有散文集、剧本集及教育论著、大型画册等30余部。为同济大学、上海立信会计金融学院、锦州学院、泰安师范专科学校兼职教授，潍坊市德育顾问。担任数十所中小学顾问、校外辅导员。现任上海市教育发展基金会理事。

序

　　叶良骏同志将她1987年至2022年所做的宣传陶行知先生高尚人格和奉献精神讲演的文稿以及有关文章结集为《爱满天下之路——研读陶行知》付梓出版，邀我作序。从20世纪80年代她在上海市陶行知纪念馆工作时，就为我们师范学校师生讲述陶行知先生的教育思想和伟大人生，使我们深受教育感染。后来她工作虽有更动，但学陶、师陶、宣传陶行知先生光辉业绩的初心不改。而今，习近平总书记在今年教师节前夕提出要大力弘扬教育家精神，勉励广大教师要树立"鞠躬教坛，强国有我"的志向与抱负，为强国建设和民族复兴作出新的更大贡献。为此，引导广大教师继承发扬老一辈教育工作者"捧着一颗心来，不带半根草去"的精神，以赤诚之心、奉献之心、仁爱之心投身教育事业，是时代之需。出版书籍，持续宣传，很有必要，故而勉力作序。

　　数十年来，叶良骏同志学陶、师陶、研陶使我最为感动的是她一丝不苟、执着追求的精神。要宣传陶行知先生作为人民教育家的卓越，就需要有大量具体实在的史料支撑。陶行知先生生在乱世，纷飞的战火、办学的艰难辗转、公益活动的变化莫测，使许多珍贵的第一手资料流失，她不畏艰难，到处奔波收集，长期坚持积累，丰富了原本较为匮乏的史实资料，为研究与宣传陶行知先生作出贡献，她出版的《陶行知箴言》《陶行知教育思想论

述》《陶行知的故事》《永远的陶行知》等就是明证。

叶良骏同志不仅用文字赞颂，更是几头述说，到处演讲，她的听众包括工、农、商、学、兵，数以十万计，针对不同的对象情真意切地讲述陶行知先生"教人求真、学做真人、爱满天下"的思想与情怀，许多青少年听到人生的启迪，感动得与她写信交往，她总是热情地回复，成为"忘年交"。

除了口说言传外，她更采用文艺的形式加大宣传的感染力、辐射力。她用少儿京剧的形式宣传"爱满天下"的教育理念，让更多的人了解陶行知；她又创作几部话剧宣传陶行知先生在上海的这段经历。编写剧本对她来说是高难度的事，从未做过，但陶行知先生提倡的创造精神给予她莫大的激励。"没有做，莫说做不通。做得不够，莫说做不通。做了九十九次失败，第一百次会成功。"她总是日夜奋战，历经艰辛，八易其稿，终于完成。戏演出以后，好评如潮，青少年学生与家长深受其益。

叶良骏同志学陶、师陶、研读陶行知，数十年如一日坚持不懈，激情澎湃，秘诀究竟何在？根据我较长时间的观察与领悟，是她心中对陶行知先生有真正的敬仰之情，把他作为人生的丰碑来学习、来崇拜，来由衷地赞颂，不是图形式，图热闹，讲排场，而是真学真做，真正践行陶行知的思想和精神，提升人的品位和格局。学习、宣传、研究陶行知先生往往聚焦在教育领域的所思所想所作所为，其实，何止是教育领域，他的内涵十分丰富，人生道路该怎么走，他以自己的思想言行、毕生精力做出了榜样。热爱自己的祖国，热爱自己的同胞，彻底摆脱名利的桎梏，竭尽所能创造培养后代的幸福，是精魂所在，永不衰竭。

希望阅读这本书，继续倾听叶良骏同志的诉说，学陶师陶践陶，在人生道路上满怀信心，步履坚实地前行。

于漪

2023 年 11 月 3 日

目录

第二辑
纪念文选

第三辑
学陶论文

第一辑
讲座讲稿（1989—2021）

‖ "人生道路"系列讲座

第一讲　人生的目的

今天到这个特殊的学校来，我心里是有很多感触的，上午参加了你们的庆祝"七一"座谈会，我触动很大，因为在我的想象中，监狱是非常可怕的地方，里面是冰冷的、阴森森的，没有微笑、没有感情。但是，我参加的这个座谈会，完全和我想象的不同，里面和外面是一样的，有人的地方就有微笑，就有希望。今天我讲的这些内容能否适合大家的口味，我没有什么把握，大家都试试看，你们试着听，我试着讲，以后呢，我逐渐满足大家的需求。

"人生道路"系列讲座第一讲是"人生的目的"。对一个人来说，最大的痛苦莫过于失去自由，这对你们来说有切肤之痛。对一个家庭来说，最大的痛苦就是生离和死别，死别呢，由于人已死了，慢慢地也就习惯了，但生离这种痛苦，无法用言语来形容。你们走错了道路，失去了自由，和亲人分离，应该怎么办？人生实际上是一门学问，是一门非常难学的学问，人生之路实际上一直在正确和错误之间选择，经常稍有不慎就误入歧途，跌了跟头。在这样的情况下，应该怎么办？人非圣贤，孰能无过？法国作家雨果曾经说："尽可能少犯错误，这是人的准则，不犯错误，那是天使的梦想。"也就是说，一个人的一生不可能永远不犯错误。英国诗人雪莱说："过去属于死神，未来属于自己。"过去的已经过去，后悔无用，未来的道路可以自己去走。对于人生道路上已经发生的错误，最主要的是去正视、去总结，然后才有可能去改正。

有人说："我犯罪、犯错误是很偶然的，我不是天天犯错误，我今天进监狱来，也是犯了一个偶然性的罪，本意不是如此，我本来是一个好人。"这个偶然性是怎么来的呢？在偶然性里就有必然性。如果你认为你犯错误或犯罪是偶然性的，那就错了。我举个例子，我上班经常要挤车，车上几乎每天都有人吵架，你踩了我的脚，他撞了你的腰，有两种不同的结果。有的踩了人就说对不起，被踩的人就说没关系，大家一笑，没有事儿了。但个别的情况，是你踩了他的脚，他就骂起来了，被骂的人一生气非但不道歉，还回骂，骂到后来就吵起来，甚至动手打起来。有一次在79路车上，就有两个人因此打得头破血流，都去派出所了，一个去了医院，一个被拘留十五天。公共汽车上这样的事情是偶然性的，但是两个完全不同的结果，却是有着必然性的，那就是道德修养的不同。面对同一件事，人的道德修养不同，其结果也就不同。道德修养好的人，大事化作小事（道歉）；道德修养不好的人，非但不道歉，反而还要骂人，结果动手打起来，触犯了法律。

我看过法国作家莫泊桑的小说《项链》，描写小公务员妻子玛蒂尔德的遭遇。她要去参加一个晚会，问一个要好的女朋友借了一条项链。因为她长得非常漂亮，这串项链又给她添加了不少姿色，让她成了舞会的"皇后"。舞会结束以后，她发现项链丢了，这串项链价值三万六千法郎。为了还这条项链钱，她花了整整十年的代价，从一个漂亮的少妇，变成了什么都计较的老妇人，又老又丑。十年后，她碰到她的女朋友，发现这串项链原来是仿的，只值五百法郎。她后悔极了。项链丢失是偶然的，但这里面有必然性，就是一个人的虚荣心，怕自己在有钱人面前被耻笑，借了项链装门面。项链丢了是偶然性的，虚荣心引起的是必然的结果。

自己所犯的罪行，应该从必然性上去找原因，而不要以为是偶然的。下面，我想讲一讲，人生路上，我们的道路到底应该怎么走。

第一，人活着要有明确的目的，要向周围任何比自己强大的人学习，也就是要有榜样。

我在陶行知纪念馆工作，我用陶行知这个例子来说明，人活着究竟是为了什么。很多人犯罪都因为活得糊里糊涂，你去问问他，活着是为了什么？他说不出所以然来。有理想的人、有伟大目标的人，一般就较少犯错误，因为他有精神力量。陶行知先生是大学教授、留洋博士，精通多国语言，曾经在美国两个大学拿到硕士学位，国内外知名度非常高。他是东南大学教授，后来做教务长，每月有高薪400块大洋，可以买1.8万斤大米。他当年的生活是住洋房、喝牛奶、穿西装，家里用保姆。他原来可以这样生活一辈子，但是，早在他15岁的时候，就写过这样一句话："我是一个中国人，应为中国作贡献！"这句话非常有道理，每个中国人，都应为中国做贡献。从美国留学回来，他在轮船上和胡适先生说："我回去绝不做官，要为中国人人受教育而努力，让全国人民都摘掉文盲帽子。"在大学里教了几年书后，他认识到，在大学教书不能改变国家贫穷落后的面貌。于是他不再西装革履，而是走到民间办教育，走到农村办教育，住牛棚、穿布鞋，教授不做了，400元的高薪大洋也不拿了，一生吃不饱，饿不死，过着清贫的日子，但是他却很快活，快活得像个活神仙。他说："一闻牛粪诗百篇。"怎么会这样子呢？教授不做了，洋房不住了，赤脚下地劳动还快活得像个活神仙，就是因为他说："人生为一大事来，应当做一大事去。"人活着是为做大事来的，这个大事就是他心中的办教育，为实现这个大目标，所有的努力都值得。你们也许会说，我没有那么大的能力，我不会做什么大事，那么就学陶行知说的，大事是从小事而来的，没有小事也就没有大事。比如，我们热爱祖国，但是祖国到底是什么？很难说清楚。有人说，祖国就是生我养我的土地，或者是祖辈生活的地方，说得都不全面。祖国到底是什么？简单说，祖国就是我周围的一切。爱祖国从爱我身边的一切人和事开始，也就是做大事要从做小事开始这个理儿。人活着究竟是为了什么呢？这个问题我留给大家去思考。

我在陶行知纪念馆做宣传工作，每天的工作非常忙，有时候一天要做六七场报告，还去金山、奉贤、崇明等远郊讲课，非常辛苦。有人说："你这个人是傻瓜。"我从市区调到纪念馆所在的郊区，工资还降了16元，有人说："你有毛病啊。"我是不是真的很傻？是不是有病呢？不！为什么呢？因为我不会做什么大事，让我去拿枪保卫祖国，我没有这个能力，要我去当工人我也不会，我有的能力就是宣传陶行知教育思想，让很多人听了我的报告，热爱祖国，热爱事业，受到启发，得到鼓舞，这就是我的精神力量。人活着究竟为了什么，对我来说，就是做好我的宣传工作，一场场报告是小事，但把精神文明传递给大家，就很有意义，虽有点累，但乐在其中。

第二，创造良好的环境，对人来说是非常重要的。

孟子是我国古代著名的思想家、教育家，他的母亲为他三次搬家的故事，老少皆知。孟子的家起先在屠宰场边，孟母发现孟子天天去看杀猪，回来就找一把刀学杀猪的样子。孟母一看吓坏了，孩子别的东西都不学，去学杀猪，不行，就搬了家。搬到一个墓园旁，孟子就经常看人家拿着香火、蜡烛去祭祀，他也学着磕头、念经，孟母一看，这个环境对孩子的影响不好，她又搬家了。第三次搬到学校旁，这个地方书声琅琅，有学生、有考官，孟子就学着读书、背书，孟母说："这才是一个好的环境。"在好环境的影响下，中国出了一个伟大的思想家。孟母三迁这个故事，说明环境对人的影响是非常重要的。如果父母满口都是脏话，说一句话要带十个"娘"，那么，他们家的孩子也一定满口脏话。有的父母抽烟，小孩子也跟着抽烟。父母赌博，小孩子也会"三缺一"……父母对孩子的影响是不以主观意志为转移的，所以创设良好的环境要从父母开始。

在座的各位，可能也有做父母亲的，父母亲对子女潜移默化的影响，是任何人包括所有的老师都不能替代的，创造良好的环境对一个人非常重要，所以要当称职的父母。对父母来说，希望子女做个好孩子，将来成长为好青年、有用之才，就要检点自己的行为。"人之初，性本善"，性本善，就是指在幼年，人是很善良的。一些幼小的孩子，看见有人哭，他会拿手帕去帮人家把眼泪擦掉；看见有人跌倒了，他会去把人家扶起来，帮人家把灰尘拍掉。父母由于对孩子的爱和期望，总是把自己好的一面展示给孩子，没有一个惯窃希望孩子将来去偷东西，也没有一个强奸犯会让孩子去奸淫妇女。尽管这样，对孩子来说，他不会分辨也没有免疫力，逐渐就学会了你丑陋的一面，不可避免地学坏。所以创造良好的环境要从父母开始。

人逐渐长大以后，有一个交友的学问，孔子有一句话叫做"益者三友"。哪"三友"呢？友直、友谅、友闻，这是什么意思呢？他说有三种有益的朋友，正直、诚实、有学问，这才是有益的朋友。我们在选择朋友时是要擦亮眼睛的。一个人无法选择家庭、父母，但可以选择朋友。如果有了益友，他就时时能够帮助你、影响你。相反，也有坏的朋友。

明代有一个学者说，有的朋友互相吹捧，吃喝玩乐，是酒肉朋友。还有一种，利者相攘，患者相倾，有利的时候都来了，当面说你好话；你倒霉的时候呢，就落井下石，这是什么朋友？贼友。还有别的类型的朋友，如你偷了东西，非但不来阻止你，还要为你窝赃；你要去坦白，他对你说，你是傻瓜，不要坦白，越坦白越倒霉，结果你上了他的当。所以交友是有学问的，益友就像是一个好的老师，贼友给你创造了一个"贼"一样的环境。特别是犯流氓罪的刑事犯，我调查了一下，很多都是从交朋友开始走入歧途的，追求所谓的江湖义气，结果就上了当。良好的环境要靠自己去创造，也就是要有一个明辨是非的过程。古代有一句话：近朱者赤，近墨者黑，说的就是这个道理。

第三，从小事培养必需的道德修养。

有了明确的目的，有了良好的环境，怎么去走我们人生的路？从小事做起，大事是由小事积累起来的。"勿以善小而不为，勿以恶小而为之"，不要以为这件好事很小就不去做，也不要以为这件坏事很小，没有关系，做了也不要紧。一切的大事都是由小事积累起来的，道德修养也是从小事培养起来的。日常生活中就有许多这样的事情，比如公共汽车上，好不容易抢了一个座位，这时上来一个孕妇，站在你的旁边，你主动起来让一下，这是非常小的一件事情，举手之劳，但是有人就不愿意做，为什么？这件事做了也没有人说我好，我好不容易抢的位子，挤也挤死了，我干吗还要去让？于是就坐在那里，或者把头看向窗外，或者假装睡觉。

不让座是一件小事，但能看出这个人非常自私。还比如随地吐痰，有人说吐痰有什么好和坏，吐就吐了。地上本来就很脏，多吐一口痰，也不会脏到哪里去。但是痰里有很多细菌，会传染许多疾病，你吐了一口痰是件很小的事，但是吐痰妨碍别人的健康，就与道德有关。再比如开会，经常有人窃窃私语，妨碍别人。陶行知先生曾经说，私德很坏的人不会有很好的公德。开会说话就是一种私德，应当想到会影响别人听讲。陶行知先生认为，一个道德修养很好的人，一定爱祖国，爱人民；道德修养不好的人，一定不会去爱国，甚至会去卖国，说得很严重。这话到底有没有道理？有道理！比如有人因为家里要装修房子，在单位顺了一些电线、油漆，这是很普通的现象，叫做顺手牵羊，没有人管，别人看见了也不一定会说，就拿回去了。这是很小的一件事，但这就是一个道德的问题，拿公家的东西据为私有，伤害了集体利益。私德坏了，公德一定不会好，这是有联系的。

怎样提高道德修养呢？从小事情做起。你们将来是要回归社会的，能做的小事情有许多，先学着做起来。陶行知先生曾经在学校里定了150多条做人的规则，他是对学生说的，但我想对每个人都有用的，我念几条给大家听，对你们将来回归社会也许有帮助。

起床第一件事情，要去叫自己的父母。

回家第一件事情，要去叫自己的父母。

见师长要立正、脱帽、鞠躬。

上课时，有来宾来，行注目礼；来宾走，点头致意。

开会前，小凳子排列成行，然后端坐静候。

和女同学一起出去，让女同学先走。

有人掉到河里，要立即大声呼救，会游泳的要马上跳入河中救人。

痰、鼻涕，要包在废纸或手绢里。

到人家家里去，要轻轻地敲门。

去做客，衣服全部要扣好，衣帽要整洁，走的时候要向人道别。

吃饭的时候不讲话，喝汤时不出声，等等。

实际上都是一些小事情，有人会说这是对小孩说的，但是我们对照一下，日常生活中你有没有这样的修养呢？做人要少犯错误，就从小事做起，不要把要求提得很高。就从身边的小事做起，对父母、对师长，对你的邻居、同事、朋友要有礼貌，包括不随地吐痰、不高声叫喊等。实际上这里面都有做人的道理，不去侵犯别人的利益，不去妨碍别人，也就是不损人利己，或损人不利己。

道德的概念究竟是什么，包括很多方面。在原始社会里，人类刚刚形成社会，道德观像共产主义一样，是非常高尚的，但有一个先决条件，人要聚众生活，离开社会就会被野兽吃掉。他们的生产工具也非常低劣，独自一人不能去打一只老虎，他们要群体生活，必须在集体中生活。他们的道德观念是什么呢？人人平等，东西要平均分配。"人人为我，我为人人"，他们就是这样做的。但这是由于生产力的局限性，因为离开集体寸步难行。原始社会的另一面是残忍，人要吃人，氏族之间打架，要复仇。他们的道德观只是为了生存。到奴隶社会，有了奴隶主和奴隶，奴隶主对奴隶有生杀大权，奴隶是工具，奴隶主可以杀人。杀人就是他的"道德"。生产的所有东西都属于奴隶主，奴隶依附于奴隶主，一切要听他的话，奴隶不听他的话，可以杀、可以卖。奴隶制社会的道德观念是什么？就是奴隶主对奴隶的绝对权威。到了封建社会，君要臣死，臣不得不死，父要子亡，子不得不亡。到了资本主义社会，生产力的发展推动了社会的发展，金钱至上，认为人都是很自私的。另一方面，努力向上，个人奋斗，也有一些好的东西。纵观每一种社会的道德观，都有特定的规定和要求，但也有共同点，那就是讲忠孝仁义，讲良心，要有爱。没有一个社会说偷盗是一件好事情，奸淫是一件好事情，这也是人类社会发展史共同遵守的道德规范。

下面我就要讲一讲什么是人类共同遵守的道德，如，良心。实际上良心这个词没有什么阶级区分，所谓良心，就是人的善良之心。我用很小的一个例子来说明它。最近我们楼里发生了一件事，邻居的自行车被偷了，当时有什么飞车队，专门偷抢东西。我们一个楼里被偷了四辆自行车。第二天，邻居家18岁的孩子在夜里三点钟拿了一把菜刀，到楼下去抓贼。他早晨回来，我看见他拿了一把菜刀，吓坏了，赶紧劝。"如果贼真的来了，你跟他斗起来，这就不是正当防卫了，你如果把他杀了，你要犯法，他把你杀了，你是无谓的牺牲。"这与良心有什么关系呢？贼把自行车偷了，拿去卖了，也许只有三十块、五十块，但如果那天夜里孩子真的碰上这个偷车人，打起来了，也许就会酿成大祸。偷自行车的人如果想到这些，他的良心怎么能平静？

犯罪的人进来以后常说："我对不起某个人，我很对不起谁谁谁。"但是我想，你们最对不起的是家庭，你们的良心时时刻刻要背上沉重的十字架。有的说："我贪污受贿，是为了家庭生活过得好一些。"你们想一想，你们的良心会很沉重的，因为对一个家庭来说，一个家庭成员到了大墙内，在政治上、经济上，特别是在精神上，压力是无法形容的。你犯罪时，也许没有觉得做的是违背良心的事。实际上，犯罪行为不但损害社会，也损害了家庭。人的良心问题，不是资产阶级的，也不是无产阶级的，应该是人人都有的。人的良心，就应该是对社会负责，对家庭负责，不做任何损害家庭、集体、国家的事情。

最近在我们馆附近的农村发生了这样的事情，单位隔壁有个老人上吊自杀了，70岁，为什么自杀呢？原来他家里来了个惯窃，说是他儿子的某个朋友，叫他到家里来拿一样东西。这个老人也不问，就去拿了，那人趁他到楼上去拿东西的时候，把家里的彩电、录像机都偷走了。老人的儿子、媳妇回来以后，破口大骂，骂老人没把这个家管好，老人一时想不开，就上吊了。这个录像机、彩电卖出去值一两千元吧，可是却把一条人命赔进去了，你说这条人命是这个小偷杀的吗？不能。小偷被抓住了，绝对不会判他死刑，但这个老人却无辜地死了，如果小偷知道了这件事，他的良心一定会受到谴责，因为你偷人家的东西，一个家庭因之被破坏了，一条人命葬送在你手上，你的良心何在？

陶行知先生曾经说，一个人活在世界上，是要对世界负责的。对世界负责的第一步是对家庭和他的妻儿负责。这句话，他是对一个学生说的。对国家负责这个高度太高了，实际上，对家庭、妻儿负责的人，才能对国家负责，如果对家庭、妻儿都没有责任感的人，他绝不会对国家负责。陶行知这个学生要到解放区去，来向老师告别，他说："我要走了，家里的事不能管了。如果我不走，国民党要把我抓起来了。"陶行知先生说："不！你不能这样走，你要把妻子儿女送到乡下去。"学生说："我来不及了，革命者可以为国家抛头颅、洒热血，家庭算得了什么？"陶先生说："你完全错了，抛头颅、洒热血，是革命者应尽的义务，但只要有一丝可能，不能抛下你的家庭。"这个理论很新鲜，许多人为了革命抛头颅、洒热血，家庭可以不顾，但陶行知先生说："不，首先要把家庭安顿好，否则他们生活无着，国民党还要把他们抓去。"这个学生觉得陶先生说得很对，把他的妻儿送到四川的乡下安顿，然后到延安去了。这个人是谁呢？就是当年的小先生张健同志。

陶先生说，人活在世界上，家庭是第一重要的。家庭第一主要的中心是父母、妻子、儿女。所以做人的责任，在于对家庭、父母、妻儿负责，道德修养也是从对家庭、父母、妻儿负责开始的。

各位，我在这儿看到了许多白发苍苍的人，也有年纪很轻的、中年的。上午参加了座谈会，有的人是流着眼泪说的，我也很感动，我愿意和大家说句心里话，今天到这里来宣讲，我做了很多准备，可是一上台，我却不知道怎么样把自己心里的话讲给大家听。有一点我想说的是，你们在这里服刑，你们的家人在外面也是"服刑"，我朋友的儿子要写入团申请，他对我说："我们班里很多人都写了入团申请，只有我一个人没有写，我也要写，可是爸爸在牢里，他的工作我怎么填呢？"我考虑来考虑去，对他说："你暂时不要写了。"因为交上去后，人家难免对他有看法，当然也许我的想法不对，可这是事实。到社会上，一直被人提作刑满释放分子，怎么过下去？我想提到刑满释放分子虽是事实，但如果你们变好了，人们就不会提了。要想改变这个事实，只有一个可能，那就是重新做人，从什么时间开始？就从今天开始。中国有一个成语叫埋头苦干，大家都知道，我们也提倡。陶行知先生却说"埋""苦"这两个字不大好，埋头，不知为什么低着头干，要抬起头来，知道为什么干。苦干，越干越苦，怎么干得好？要改为"抬头乐干"！你每年要在这里过 365 天，只能快快乐乐去干，从工作中寻找乐趣，使你的工作变成一种乐趣，很愿意去干，日子就会变得很宽很短。如果你是埋头苦干，改造之路就会无穷无尽，每一步路都会很沉重，越走越艰难，越没有希望。陶先生还写过一首诗："人生天地间，各自有禀赋。为一大事来，做一大事去。多少白发翁，蹉跎悔歧路。寄语少年人，莫将少年误。"人生是做大事来的，不要到头发白了，才觉得蹉跎一生。要在年轻的时候抓紧时间，把自己的日子过得非常有意义。你们在里面可以学技术，也可以学生活，把人生错的航向纠正过来。

按照以上三方面去做，有一个明确的人生目标，创造一个良好的环境，从身边小事做起。人生中犯错误有偶然性，正像上午有人说的，罪犯不是每天都在犯罪，他们也曾经为国家、为人民做过贡献，将来还要对社会做更大的贡献。你们不会永远在大墙内，家属盼望着，社会期盼着。人生这一课要靠自己来上，你的行动，就是最好的回答。我人生道路系列讲座还有很多课，今天我主要是想看一看大家的反应，因为我心里没有底，我过去都是宣传陶行知，从来没给大墙内的人讲过课，对你们宣传陶行知是以后的事。我只是摸一摸底，我讲的这一切，是否和你们心中所想一致，或者你们有什么问题想提，我可以针对大家的思想状况做一些准备。

我希望，每个人都能感觉到社会和亲人对你们的期望，我希望你们能在这里好好改造，早日回家，争取早日团聚。

我祝愿，在座各位将来出去以后，有个安定的家，过上正常的生活；有份合适的工作，担负起家庭的责任。从此，平平安安顺顺利利地过日子。

我留下来的问题就是：人生的目的究竟是什么？希望每个人都能想一想。你活在世界上的目的究竟是为了什么？是为了找钱，是为了家庭建设，还是要当一个工程师，或者要加工资，或者是别的什么。我想经过讨论以后，听听你们的心里话，对我以后的工作也许更有帮助，希望你们在这里过得快乐，过得顺利，希望你们很有收获地过好每一天。

1989 年 6 月 30 日于上海市监狱

第二讲　人性和人的本质

一、什么是人性

　　人性就是人的自然属性，人的共同属性，也就是区别于动物的特性。什么是人的自然属性？就是人性结构中的重要因素，讲得通俗一点，就是生理因素。什么是生理因素？大家都知道，比如食欲，人饿了要吃东西，这就是生理因素之一。人见到异性，觉得有好感，被异性所吸引，产生了一种性欲；把东西据为己有，把妻子视为自己的人，这是一种占有欲；人还有防卫欲，遭到突然打击，会去反击，这都是一些生理因素，是人所属的动物界所共有的。但是，人区别于其他动物最主要的一点，是人有意识，也就是人有思维，所以人就成为主宰自然界的主人。由于人有了意识和思维，人的一些本能就升级了，有了思维，人的食欲使食物变成美味，我们吃东西不光是为了填饱肚子，还讲究色、香、味，结果有了美食享受。性欲从两性相吸变成了爱情，变成了婚姻。人的防卫欲就提升为协作和理解，并不是说别人打你，你都可以去还击。人有思维能力，就可以反对侵略或者是侵略别人。人的自然属性，在人性中只占很小的部分。人性中还有共同属性，什么叫共同属性？就是人有社会性，人是依附社会的，产生在社会中，所以在人类发生的关系当中，就存在着消亡和依附。没有一个人说，他不要和别人搭界，他一个人能独立生活在社会上，最自私的人，也要依靠别人才能活下去。要依靠农民种粮食，他才不会饿死。依靠工人造房子，才能安居乐业。有了军队保卫祖国，才过上安定的生活。在人际关系中，产生了友谊，会有朋友、邻居、同志等。人际交往使得人成为更加优秀的人类。在理论关系中，产生了道德性，父子、夫妻、伦理中有道德性。我们古代称父子有别、君臣有别、朋友有别、长幼有别。人不但是自然的产物，有自然属性，而且是社会的产物，有共同属性。如果一个人生下来就与世隔绝，会成为什么样的人呢？要么除了吃、拉以外，什么都不懂；要么就像狼孩、猪孩那样的人形野兽。你们听说过狼孩吗？两三岁时被狼叼去，狼把他当作自己的孩子，给他喂奶，结果当他十几岁回到人类社会时，只会四肢着地，不会说话。实际上他已不是一个真正的人了，是一个狼孩，只能说是一个人形的野兽。有的人，由于长期与社会隔绝，有些本质、本能也会退化，如果把一个成人与世隔绝 30 年或 40 年，他的语言能力也会消失，思维也会变得迟钝。所以说，人是社会人，人性中最重要的是有共同属性。我们讲人性，有自然属性、有共同属性，也就是说有生理因素和心理因素共同组成。共同属性最主要的是由思维和意识组成，比较高层次的。人性到底是什么？那就是人区别于其他动物的根本所在，也就是说，人在去掉了动物的本能之后，留下来美好的东西，就是人性。

二、什么是人的本质

人性和人的本质不是同一个概念。人的自然、社会、意识属性是人的共同属性，不具备这些，人就不成为人。但无论哪一种属性或它们的总和都不是人的本质。

人的本质和人性的区别在于层次的区别。人的本质是人性的根据和基础。人性是人的共同属性，是人区别于动物的标志，人的本质则是使人或其为人的并与动物相区别的根源所在。人的本质决定人的属性。

人与其他动物相区别，根源在于有意识地创造工具，并以工具为中介改造客观环境的劳动，劳动创造了人。通过劳动，类人猿的肌体、四肢、大脑逐步变成人的肌体、四肢和大脑，使动物水平的自然属性提高到人的自然属性。通过劳动，人们形成一定的生产关系，并在此基础上形成丰富多样的人际交往，使动物的群体性提升到人的社会性。通过劳动，在分工与合作中产生了语言符号和文字，使动物处于萌芽的智能跃进到人的意识和思维。

劳动把人从自然必然性的支配下解放出来，把人同劳动的对象分开，通过劳动活动及其产品直观自身，确立自我。劳动产品是人的本质力量的对象化，是人的本质的具体肯定。人还通过劳动及其产品实现和体验自己的本质。

马克思对人的本质的定义：强调劳动，有时强调社会关系二者的统一。人的自然性、社会性、意识性是人的本质。在一定意义上说，人的本质是多层次的，自然性、社会性、意识性是人的本质的第一层次，最低的层次。劳动和社会关系是人的本质的第二层次。能动性、创造性、自主性是人的本质的第三个层次。这是人的本质的内在逻辑。

人与动物相区别，根源在于有意识地创造工具，并以工具为中介改造客观环境的劳动，劳动创造了人。

我要讲人性的共同点，既然有人性，那么人与人之间就有很多相同的地方，哪一些是人性的共同点呢？恻隐之心人皆有之，羞耻之心人皆有之，恭敬之心人皆有之，是非之心人皆有之，还有许多如扶助弱小、保护妇女儿童，等等，这些都是人性中相通的地方。但并不是所有的人都具有这些好的东西，人有时也要做坏事情，那是什么原因？那就是人性的扭曲，我刚才讲人皆有之，有人说我就没有，对了，是会没有的。或者不全都有，什么原因？人性在一定的环境下会扭曲，会丢失，会走向反面，表现出兽性，就是人的本能出现了，人的高级思维能力、意识能力，被兽性掩盖了。人性扭曲，人性不断消失，结果兽性大发，兽性本来就是动物的本能。凡是动物都有兽性，人本来不该有兽性的，因为人是高级智能动物，但在某种特定环境下，它却出现了。什么样的兽性呢？比如强奸。我们知道，动物在发情的时候，主要满足自己的性欲，为了传宗接代，延续它的种族，所以它是不顾一切的，不管是白天，不管旁边有没有其他动物，都要去做这件事。一般情况下人是不是会这样做？不会的，因为人有思维能力、有控制能力。有的人为什么会有这种事情出现呢？我觉得也许在一瞬间，也许是在日积月累之中，人性没有了，出现了兽性，人的动物本能占了上风，结果剩下的，只能是赤裸裸的性欲。为了满足感官上的需要，他就不顾一切，不管什么道德、法律，甚至也不管伦理。另外比如发怒，或在遭到打击时，会突然跳出去还击，这是本能。但是人有思维能力，在反击的时候，要经过自己的头脑去思考，我这一拳头打出去，应该不应该，你在遭到突然打击的时候，不能由着性子来。有的人不经过思考，一时冲动，兽性就出现了，动起刀子来了。或者丧失了理智，把人置于死地，打得伤残了。又如贪污受贿，有一种说法，说贪污受贿的人比起拦路抢劫和强奸的人，犯罪的程度是不是轻一些？实际上呢？是一样的，都是占有欲高度膨胀的结果。在自然属性中人有一种占有欲，今天有一支钢笔，我把它据为己有后，不希望别人把它拿走，这是一种很本能的占有欲。但自私到极端时，占有欲极端膨胀，就要去贪污、受贿，把国家的、集体的财产据为己有，这种占有欲的结果就触犯了法律。从人性的角度来解释犯罪，有的是一刹那的兽性大发作，比如拦路抢劫、拦路强奸。有的是日积月累，因为他没有好好学习，没有抓住人性中美好的东西加以发展，结果兽性在他的思想意识中占了上风，忘记了自己是一个高级动物。人性被扭曲，造成了道德的沦丧，俗话说，人若无欲不成为人，但人若有欲而无控制能力，就丧失了人性。我这里讲的，是从人性的角度来说，不同于法律角度。

从人类有了阶级社会开始，为了人类的延续和发展，就有了道德和法律，为什么？为了维护本阶级的统治，也为了人类更好地延续和发展。人的共同属性，决定了人必须遵守共同的道德和法律，否则就乱了套。

人的一生会受各种影响，特别是环境的影响，会不自觉地去做一些坏事情，有的是小事情，有的是大事情。实际上，做坏事情不是偶然的，这就是我以后要讲的偶然性和必然性的问题，今天我们不探讨。实际上人类有一些很美好的东西应该去共同遵守。比如人有性欲这个问题，几千年人类在不断地犯错误后，总结出了公序良俗。我国古代就达成"朋友妻，不可欺"的共识。这是很好的一种美德，到人家家里去，目不斜视，不能去瞪着人家的妻子女儿，更不可行苟且之事。说明在性欲方面，我们的民族一直有着很好的美德。比如第三者问题，我们坚决反对。滥交、淫乱，我们也是不允许的。为什么要做这样的规定？是为了维护我们社会的稳定。你们中有一个人问我一个问题，也就是关于性欲。他说他过去是个好人，孝顺父母，公共汽车上让座位，道德修养较好，可是后来犯了法，犯了一种大家认为是很难说出口的罪行，就是奸淫不满 14 岁幼女的罪，被判 13 年徒刑。他想不通，因为他原来是一个道德修养很好的人，怎么会犯这样的罪？我从人性的角度来回答这个问题，不知道大家能不能接受。法律规定奸淫不满 14 岁的幼女要判很重的罪。因为不满 14 岁的幼女，身心都没有得到很好的发展，正处在成长的阶段，身体没有发育完全；更主要的是思想没有发育完全，她不能对自己所做的事情负责。对奸淫幼女判刑很重主要是为了保护妇女儿童的权益，也是为了民族的优生和繁衍。当然上面所说的这个人的犯罪可能有一点特殊性，但是我认为，在一刹那的冲动下，你的人性丧失了，留下来的只有动物的本能，你说你爱她，我说你完全不是爱她，是在害她、摧残她。你如果是一个真正有道德修养的好人，就应该有很好的克制能力，你真正地爱这个孩子，就应该很好地珍惜她、关心她。奸淫幼女，危害了社会安全，摧残了孩子的健康，就要对自己的行为负责，付出代价。他被判了很重的刑，我也觉得很遗憾，但是，这是罪有应得，只能深刻地反思，不要去找任何理由解释，没有什么好解释的。你所做的一切已经永远不能挽回，只能用你的青春为代价。

人有占有欲，占有欲在合理程度以内对社会是有益的，由于人有占有欲，为了家庭，要去创造财富，必须工作，得到应有的报酬。但人的占有欲到了膨胀的地步，人性没有了，留下的只是动物的本能，他要去偷盗，把人家的东西拿回家去，一次、两次。贪污受贿也是这样子，占有欲把人性封杀，第一次、第二次，他也许觉得很害怕，也许良心受到责备，可是慢慢地习以为常，越拿越多。就像前几天晚报上登的，做户证工作的一个人，从她家里抄出的现金就有15万元，埋在地底下霉得斑斑点点的物资也估值15万元。30万元的钱物，她一辈子也花不完，但她还继续贪污，为什么呢？她已控制不住占有欲，到了疯狂的状态。

人的自然属性中还有一种是惰性，这也是动物的本能，如果你到动物园去，会看到狗熊在肚子饿的时候，会一再地向人求拜，但等它吃饱了，就不动了，站也不肯站起来。人虽是有意识的高级动物，但也有惰性，惰性的结果是好逸恶劳。从奢到俭很难，从俭到奢很容易，所以有的人会"二进宫""三进宫"，我认为这实际上是人身上惰性的发展。我有一个邻居，三次到过白茅岭（上海市监狱名），他是"钳工"（小偷的别称）。出来后，街道为他安排工作他不去，街道工资一天二三元钱，还不够他买一包外烟，整天待在家里。没多久，摩托车也骑起来了，钱哪来的？不用说，又在当"钳工"了。我看见他总说："小鬼啊！你当心一点。"他说："有人当工人，有人当农民，也有人当'钳工'。"这就是一种惰性，他认为当"钳工"钱来得容易，一下子几百元到手了，再也不愿意付出一定的劳动，去换得很少的报酬。对他来说，一天几块钱，看不上眼。惰性发展到一定程度，人就会堕落到不可救药，我相信，不久的将来，他还要到这个地方来的。

人还有一种侥幸心理。第一次贪污的人，一定很害怕，第一次受贿的人也一样，总问要不要签字，若要签字，钱就不敢拿，因为他明知这样做是错的。

明知是错的，为什么还要去做？这就是人的一种特性所决定的——侥幸心理。中国有一句古话，"若要人不知，除非己莫为"，宁波人有句俗话，"门背后拉屎，天要亮"。人有了侥幸心理，就以为大家不知道他做了坏事。古代有个官，人家来送礼，送他十斤黄金，对他说："没有人知道的，你拿着吧。"他说："怎么没有人知道呢，天知、地知、你知、我知，已经有四个知道了。不能拿，坚决不能拿！"这样的人就不会犯错误。根据犯罪心理学的研究，这种侥幸心理是很大一部分犯罪行为的诱因，犯了罪以为别人不知道，实际上总会有人知道的，就像俗语说的，"不是不报，时辰未到"。

犯了罪的人，是否一定没有道德？一定没有人性？并非如此，人性的范围很广，缺失了某一部分，并不意味着完全没有人性了，关键是要把缺失的人性补回来。有的人强调，我孝顺父母，我在家里是一个孝顺儿子。也许你一回家就跟父母打招呼，走了跟他们说再见；他们冷了，为他们送衣服；渴了，给他们倒水喝，这是一种小的道德。我们所讲的人性是具有社会性的，道德也有社会性，是社会主义的大道德。通俗一点来说，既然你孝顺父母，那你在犯罪的时候有没有想到父母呢？父母养育了你二三十年，望子成龙，脸上的皱纹一条条爬出来，头上的白发一根根长出来，结果你犯了罪。到了里面，非但不能侍奉你的父母，还要让父母为你担忧。这是真的孝顺父母吗？真正孝顺父母的人，做任何事情都要把父母考虑在内，对父母负责。

我是从哲学角度来讲人性的，我认为如果每个人都能找回自己的人性，就会少犯一些错误。到了里面的人，都是追悔莫及，有的人说，我出去以后怎么办啊？怎么面对社会上对我的偏见？社会上是有偏见，很正常。我邻居曾经"三进三出"，他到我家里来的时候，我不由自主地将东西放好，怕他来偷东西，我对他也有偏见，这是人之常情。但是，是否出去以后就没有前途了？不是，我举一个例子，我娘家隔壁有一个邻居，今年还不到 30 岁，但是他的改造历史已有 12 年了，也不知是几进几出了。但最后一次出来后，的确改过自新了，开了一个小商店，搞电器修理，一年后他就到日本去了，现在在玻利维亚，拿到了绿卡。他最后一次出来，正好我回娘家，我说："你很有本事啊！"他说："我没有什么本事，我已付出了 12 年青春的代价，我再也不能浪费我的青春了，人没有几个十年，路要靠自己走，这是我出来时管教人员对我说的。"所以他就老老实实做人，他开的电器修理部被评为个体先进，得到区里的表扬。他到日本去，做卫生清洁工作，之后又去玻利维亚，现在生活过得很不错，常回国。他也是一个刑满释放人员，我们国家没有因为他是一个刑满释放人员而不给出路，没有不批护照给他。如果你不去走自己的路，像前面所讲的那个"三进三出"的人一样，就没有出息了。你们回归社会后，好好做人，安分守己，人们不会另眼看待。每个人的路要靠自己去走，哪里跌倒，哪里爬起，锻炼自己坚强的意志，受得住旁人的流言蜚语。

做人，要靠自己，不但是你们，大家都要靠自己的努力，因为做人本身就很难。你们看我在这里讲话，做过几千场报告，社会地位较高，但过去我也吃过很多苦，当我有机会为国家效力，把我的才华献给祖国时，我拼命干，努力干，这个力量就来自于对自己的相信上，相信自己能够一步一步去走，相信自己能够取得最后的胜利。

你们问我，出去以后怎么办？只有一个办法，让人家去讲，自己只管走自己的路。不怕千难万苦，不怕流言蜚语，只要你好好地做人，路总是有的。今天上午一位管教科的干部告诉我，每个犯人在释放前，干部要为释放人员的就业到处奔波，为你们的前途去争取。在社会主义国家，只要自己努力，每个人都有路可以走。

人性中有真善美，也就是善良、正直、诚实。找回这些好的品格还不够，人性要升华为爱祖国、爱人民、爱事业。有的人说，国家关我什么事？这种思想就是错的，为什么？没有国家就没有家庭，没有国家的安宁就没有家庭的安宁。如果你仅恢复你一般的人性，不将人性升华，还将会陷入泥坑。人要找到自己应有的位置。你们现在都偏离了航向，没有关系，只要把自己的轨道拨正了，重新回到正确的位置上去，恢复人性中的真、善、美，并升华到爱祖国、爱人民，将来去爱你们的事业，那样，你们就永远不会再到大墙里面来了。

最后，我想讲几句心里话，陶行知先生曾经说，人生是欢乐和苦难交织而成的。人的一生，苦难和欢乐交织，一个人是在与苦难搏斗中寻找乐趣，取得胜利。这段话是我高中毕业时，我的老师送给我的，几十年来，我一直记着这句话。实际上人生好像苦比乐多，因为我们在欢乐的时候，觉得这是应该的，就不觉得欢乐的分量有多重。而碰到苦难的时候，就会觉得为什么这么倒霉，一天到晚碰到的都是倒霉的事，所以觉得苦比乐多。苦和乐是生活的两个面，一个人不可能一生都很幸福，或者一生都很痛苦，是在与苦难搏斗中寻找乐趣，变得坚强，获得成功的。在工作中我经常碰到许多苦恼的事，现在有许多单位请我去做报告，有些单位要我对青年讲爱国主义，有的要我讲教师的品格和才能，有的要我讲献身和理想，有的叫我讲怎么做人，都是新的题目，我连背书都来不及，有的时候就讲得不算很成功。在单位里工作很苦，回到家里还有很多家务，有时累得要命，站都站不住。但是否就可以不干了呢？不行的，人需要一种精神支柱，我的精神支柱就是我要为许多人送去陶行知精神。我精神饱满，碰到不愉快的事情，这就是我的良药，精神不能倒。你们的精神支柱是什么？好好地盼望着，盼望着回到社会上去，做一个新人，做一个真正的人，做一个高尚的人。陶行知先生有一句诗，我觉得很有意思，很短，我就读给大家听："登山要到绝山顶，划船要到海中心，战要拼命，干要拼命，玩如果有，也要拼命，活在世界上更要拼命。"

我想一个人如果能够做什么都去拼命，这个人就成功了。"明日复明日，明日何其多"，写这句诗的是明代诗人钱福，这首诗叫《明日歌》，明代另一位诗人文嘉还写了一首《今日诗》，其中有一句："努力请从今日始"，努力从今天开始，不要等明天，不要等下个月或再下一个月，更不要等机会，今天就开始努力，现在就开始努力。

各位学员，第二讲到此结束了，我希望你们哪一天在街上碰到我，叫我一声叶老师，就是对今天"人生道路"讲座的最好的肯定，我等着这一天。

1989 年 8 月 9 日于上海市监狱

第三讲　道德和社会

一、什么是道德

道德是调整人与人、人与社会、人与集体关系的一种行为规范和准则的总和。

道德处理人与人之间，个人与阶级、民族、社会的关系问题，即个人利益和社会利益的关系问题。比如工人与工厂、农民与生产队、学生与学校、公民与社会……

孤立的一个人谈不上道德，道德总是以构成一个社会为前提。鲁滨逊在孤岛上，孑然一身，与世隔绝，就无所谓罪恶与道德。所以，道德与社会有关。

道德的基本原则是公利高于私利。对于个人来说，在个人利益与大多数人的利益，或民族利益不能两全的时候，要牺牲个人利益以至个人的生命。

马克思主义者把人看作是社会中的人，是处于一定生产关系中的人。各个阶级的经济利益，决定了不同的道德观念和原则，所以道德是有阶级性的。不同的阶级社会对道德有不同的要求和准则。如司马相如、卓文君私奔在封建社会是不允许的，因为当时人们普遍认为饿死事小，失节事大。

原始社会，由于人们要不断地和动物、自然界的威胁作斗争，猎取食物的能力很低，不可能单独生活，必须群居，共同劳动，才能维持生存。平等、诚实、勇敢，团结互助、吃苦耐劳，就是原始社会所必需的道德，否则集体不可能存在，个人也无法生存。

奴隶制社会，由于生产力有了很大提高，人们的生产品除去吃用之外，还有了剩余，就产生了私人占有剩余产品的私有制。私有制催生了人的自私、暴虐、凶残等，也产生了"勿偷盗"这样的道德要求，以此保护奴隶主的私有财产。

封建社会，以土地占有者，即地主阶级与农民的剥削关系为基础，要求农民忠顺地固定在土地上，为他们效劳，所以道德原则以"忠顺服从"为主流，即忠君、孝亲、敬长、法天为道德规范。而农民阶级要反对压迫，就提出均贫富，杀富济贫，有福同享，有难同当等道德要求（如梁山英雄）。

资本主义社会以自由贸易和自由竞争为经济的基本原则，在政治上提出"自由、平等、博爱、民主"，以此对抗封建阶级的压迫和君主专制。道德上以个人自由和享受为行为准则，它以个人主义、利己主义为其特点。而无产阶级除了自己的劳动力外一无所有，他们反对剥削，反对私有制，提出大公无私。由于集体劳动，又提出了集体主义，这即是无产阶级的道德基础和准则。

人类社会发展的过程证明，道德在任何社会，都是和社会物质生活条件以及各个阶级的社会地位紧密相连的。人们自觉或不自觉地在他们阶级所依据的实际关系中，培养和遵守自己的道德观念。

二、中华民族的优秀传统道德

道德有继承性，我国有五千年的文明史，历代社会都有道德准则，它们中的精华，就成为我们民族的优秀传统道德。

中华民族是一个伟大的、勇敢的、勤劳的民族。我们的人民不畏强暴，在数千年的历史中团结奋斗，组成了一个坚强的群体，我们的许多道德准则，有别于西方国家，它符合我们的国情和传统。如：

精忠报国：岳飞，南宋人，建炎三年金兀术南侵，岳飞领兵抗金，收复建康（南京）后，又大破金傀儡伪齐军，收复失地。宋高宗、秦桧要议和，他坚决反对，在河南大破金兀术。高宗、秦桧一心议和，下十三道金牌招他回朝，解除了他的兵权，然后以莫须有的罪名在风波亭被杀。岳飞的精忠报国，世代传颂。

舍生取义：荆轲，战国末年卫国人，游侠。至燕国，被燕太子丹尊为上卿。有感于太子丹的优待，毅然接受刺秦王的重任，带了秦叛将樊於期的人头和重要地图晋见秦王，图穷匕首见，刺杀失败，荆轲被杀死。风萧萧兮易水寒，壮士一去兮不复还。荆轲的舍生取义，历代景仰。

杀身成仁：史可法，崇祯元年进士。崇祯十七年（1644），李自成灭明，史可法在南京拥立福王（弘光帝），后守扬州。1645年，清军南下，兵临城下，他拒绝投降，坚守孤城，城破后自杀未成，被清军杀死。史可法的杀身成仁，被人崇尚。

廉政：海瑞，明代廉吏，嘉靖年间任浙江淳安知县，为官廉洁。后任户部主事，因上书批评明世宗迷信道教不理朝政被下狱。世宗死后出狱，任应天巡抚，推行一条鞭法，令徐阶等退田，被革职，闲居多年后被起用，任御史，力主严惩贪污，平反冤狱。

刚直不阿：包公，北宋人，任开封府时，以廉洁著称，执法严明，不畏权贵（如陈世美案），被人称为"关节不到，有阎罗老包"，被百姓称为"包青天"。

还有如："滴水之恩，涌泉相报""克己""慎独""责己严，待人宽""富贵不能淫，贫贱不能移，威武不能屈""君子一言，驷马难追""孝亲"等等。

继承中华民族的优良传统和优秀品质，是树立和发展社会主义公共道德的丰厚基础，它将使民族素质大大提高，使中华民族在世界文明史上继续谱写动人的篇章。

三、道德和爱国主义

中国经历两千多年的封建社会，一百多年的半殖民地半封建社会，无论社会如何变迁，中国始终是一个统一的国家。中华民族的传统道德——爱国主义，是使我们国家保持统一的重要精神力量。

道德的最高层次是爱国主义，几乎从有了国家开始，中华民族就在道德准则的最高层次，提倡爱国。由于历史和阶级的局限，古代人爱国与现在的表现形式和要求不同，但爱国主义精神是相通的。

"先天下之忧而忧，后天下之乐而乐。"范仲淹，北宋政治家、文学家，在泰州任盐官时，修建海堤，使大量土地不被海潮淹没。西夏入侵，他任陕西经略副使，改革军制，巩固边防。后主持庆历新政，主张改革任官制，注重农桑，推行法制等，因保守派反对不能实现。后在徐州病逝。

"人生自古谁无死，留取丹心照汗青。"文天祥，南宋大臣，在抗元中被俘，押至元大都被囚三年，其间屡次被威逼利诱，誓死不屈，1283年1月从容就义，写下《过零丁洋》以明志，被后人广为传颂。

"鞠躬尽瘁，死而后已。"诸葛亮，刘备的主要谋士，提出联孙抗曹，形成三国鼎立之势。刘备去世后辅佐少主刘禅，五次北伐，尽心竭力，以图中原，写下著名的《出师表》，流传后世。

热爱祖国，是人们在历史上形成的对自己国家的一种深厚感情。人类在社会生活的早期，随着定居的乡土生活的发展，自然地产生一种对故乡和故乡人的感情。这种感情后来随着国家的形成，逐步发展为一种明确的民族意识和对祖国的爱。祖国是国民赖以生存的靠山，她和每个人血肉相连，休戚与共。历史上吉卜赛人、犹太人没有国家，他们四处流浪，到处受欺凌，过着悲惨的生活。

历史上我国人民的爱国主义表现为维护集中统一，反对分裂和割据，抗击侵略，下面我介绍几位爱国名人。

屈原，战国时楚国人，辅佐楚怀王，任三闾大夫，主张举贤授能，彰明法度。后遭谗去职，被贬放逐。秦兵灭楚都，他深感亡国之痛，投汨罗江而死。后人以粽子投江喂鱼，免屈原被噬，以划龙舟，寓意寻找他的遗骨。他的精神千古流传。

戚继光，明朝抗倭名将。嘉靖三十四年（1555），调浙江任参将，抵抗倭寇。他招农民、矿工编练新军，成为抗倭主力。嘉靖四十年大胜倭寇，九战皆捷。次年奉调援闽，将福建境内的倭寇主力消灭殆尽。他领导的"戚家军"训练严格，倭寇闻之胆战，据传宁波光饼即百姓为迎他而做。

林则徐，清末政治家，道光十八年（1838）任湖广总督，后受命为钦差大臣，赴广东禁烟，在虎门当众销毁鸦片237万斤。1840年1月任两广总督。鸦片战争爆发后，他严密设防，使英军无法登陆，后遭投降派诬害，被革职。

邓世昌，清末海军将领。光绪十三年（1887）奉命赴英接收致远号巡洋舰，回国后升副将兼致远舰管带。1894年黄海海战中，指挥致远舰勇敢战斗，弹尽舰伤，仍下令加快速度猛撞敌吉野舰，不幸被鱼雷击中，全舰200余名官兵壮烈牺牲。

现今，我们的爱国主义，主要表现是保卫祖国的独立、统一和领土完整，把祖国建设成为富强、民主、文明的社会主义现代化国家。这就要求每一个公民必须履行自己的职责，为祖国的繁荣富强贡献自己的力量。每个人都应当在自己的岗位上兢兢业业，辛勤工作，为我们的祖国添砖加瓦，这是最好的爱国主义的体现。

曹杨街道，是上海第一个工人住宅区。1950年，国家百废待兴，党和政府关心工人居住的困难，在曹杨地区兴建了全市第一批工人新村。

这批后来被称为二万户的工房，装上了煤卫设备，铺了地板，黄墙红窗，绿树环绕，搬进新工房的全部是旧社会苦大仇深的老工人，其中有著名的劳动模范陆阿狗、裔式娟等，这些饱尝了地主、资本家的剥削之苦，几代人挤在棚户区的老工人，搬入新居时，一个个都激动得流下了热泪，许多人深情地高呼："共产党好！共产党万岁！"

近40年过去了，曹杨地区从1952年第一幢房子算起，已经有了第五代、第六代新工房，当年的二万户正在陆续改建，当推土机将这些矮小的不起眼的工房推倒时，一些老人留恋地注视着自己住了几代人的旧房，眼里闪着激动的泪花。

曹杨新村从一村发展到现在的九村，居民已有十几万人。整个新村有公园两座，各种文化设施齐全，一条环村河清水荡漾，夏日荷花散发着清香，河上有九座风格、颜色各异的小桥，显示出曹杨鲜明的地区特点。

当年第一代新村的居民已垂垂老矣，这些老人经常坐在曹杨的绿化地带——全市有名的空气纯净地区，打拳、做操、跳舞，他们经常向儿孙们诉说当年从窝棚搬到新工房的往事，不由自主地重复着："共产党好，我们享共产党的福！"

只有共产党才能救中国，只有祖国，才把公民当作子女那样呵护、照顾。我们以什么来报效这份恩情？

"我是一个中国人，应为中国作贡献。"

"我是中国人，我爱我的祖国。中国现在不得了，将来一定了不得。"

"国家是自己的，自己是国家的。"

爱我们的祖国，为她奋斗、献身，这是最大的德。为做一个中国人而感到骄傲，每个人都能如此，我们的祖国将会谱写更光辉的历史！

1989 年 9 月 14 日（中秋）于上海市监狱

第四讲　什么是真正的幸福

陶行知说，一切为了人，为了人的幸福。

真正的幸福，不是拥有更多的财富，也不是积攒更多的贵重物品，而是在人本身。深信人身上存在一切美好的东西，以自己的行动去帮助别人，发掘美好。

当一个人从小就深信，没有友谊、没有纯洁的心灵、没有诚挚的感情、没有真理，就不可能有生活的真正欢乐时，他就会成为一个为心灵美、为大众的幸福而探索的勇士。如果没有这种信念，他就会变成一个践踏他人幸福的人。

俄国革命家捷尔任斯基说："为别人照亮道路，自己必须放出光芒——这就是人最大的幸福。"

如没有对于人海中每一个具体的人发自内心的忘我的爱，就不可能成为忠实于全人类的人。培养美好的人，就是培养他的良好愿景。

社会的基本单位是牢固的家庭，它建立在丈夫、妻子在精神心理、道德审美方面息息相通的牢固基础之上。感情是无法用任何物质来代替的，也不能用任何规章制度来代替。只有关心别人的欢乐与痛苦的人，才能在精神上做好对爱情坚贞不渝的准备。

如何才能在爱情中获得幸福？一个人在步入新生活时，为他的现在感到骄傲，并满怀信心展望未来，在萌发爱情之前找到生活的幸福，并满怀信心建设未来。这样的人才能从爱情中得到幸福。在有所作为，在英雄有用武之地的情况下，人才能变得崇高。得过且过，看不到明天的毫无个性的庸夫俗子，生活也是平庸的。

什么是幸福？

幸福就是吃得好、穿得好，无忧无虑地生活？是金钱、物品和财富？不！

心灵高尚、纯洁的人，最大的幸福是为祖国服务，进行发明创造，为人处世光明磊落。

物质要与精神财富并驾齐驱。热爱劳动是为了塑造美的灵魂。崇高的生活目的，心中唤起的理想火花，是人的指路明灯。

只有精神富足了，人才能得到真正的幸福。

1989 年 10 月 14 日于上海市监狱

第五讲　家庭婚姻伦理道德

在任何社会里，都存在着一定的道德规范和规则，家庭是以婚姻和血缘关系为基础组织起来的社会单位，受社会经济关系和政治关系的制约。家庭是社会不可分割的组成部分，它的安定、和谐、幸福，直接影响社会的各个方面。所以，确立家庭婚姻伦理道德，对建设社会主义精神文明，提高民族素质，有极其重要的作用。

一、家庭和社会

家庭是社会不可分割的组成部分，是构成社会的细胞。一般说来，它已经不是一个生产单位（如在封建社会里，一个农户就是一个生产单位）。它的主要职能，就是家庭成员都要参与社会生产、改造、发展，为社会贡献自己的力量，从社会中获得物质和精神的滋养。

从某种意义上说，家庭在社会中，具有普遍性、广泛性和群众性。每个人都生活在一定的家庭之中。只要把全国所有的家庭都动员起来了，就是把全社会的力量都动员起来了。所以家庭的荣辱、成败都直接影响到社会的安定进步。

为了社会的繁荣进步，必须从法律、道德上，维护家庭的完整。为了家庭的幸福和谐，社会必须给以物质和精神的基础，二者相辅相成，缺一不可。

二、婚姻和家庭

婚姻是指男女两性基于当时社会制度或风俗，公认结合而形成的夫妻关系。家庭是指人们基于两性结合和血缘联系，在一定范围内形成的亲属关系。家庭婚姻现象，并不是人类生活中一开始就存在的，也不是永恒不变的。它是人类社会发展到一定阶段的产物，是受物质资料的生产方式决定的。

原始社会由于生产力低下，人类的生存时时受到威胁，所以并没有婚姻或家庭，只有乱交——从某种意义上是人类本能，为了繁衍子孙。后来，有了聚居——母系社会，只知有母而不识父亲。在与大自然的搏斗中，人类认识到只有合作才能维持生存，开始以血缘维持这种关系。

社会发展，有了物质积累，人类进入奴隶社会，但是只有奴隶主有家庭，奴隶是一种有生命的物品，隶属于主人。

封建社会产生了畸形的家庭，一夫多妻，皇帝甚至三宫六院七十二妃……

资本主义社会，家庭以物质为基础，也存在不牢固的因素。

婚姻观的内涵主要表现为两个方面：一方面是指人们对恋爱、婚姻、家庭道德及其制度等的根本观点，属于社会伦理观的一部分；另一方面指人们对自己的恋爱、婚姻和家庭生活的根本态度，属于人生观的重要组成部分。不同阶级、不同社会伦理学派、不同思想道德境界的人们，有着不同的婚姻观。

婚姻家庭关系，本质上是一种特定的社会关系，其性质和职能，在社会发展的各个阶段中各不相同。

封建主义的婚姻道德，是无视爱情的封建家长制。"门当户对"是缔结婚姻的重要条件——篱笆对篱笆，大门对大门。婚姻的合法形式是家长主婚和媒妁制度。"父母之命，媒妁之言"，婚姻的存亡完全排斥当事人，而以家长的意志为主导——如陆游和唐婉。陆游写出了"红酥手，黄縢酒，满城春色宫墙柳。东风恶，欢情薄。一怀愁绪，几年离索。错错错"，抒发内心的愤懑和痛苦。

另外，封建社会的婚姻道德准则是男尊女卑，封建的夫妻关系是统治与被统治、依赖与被依赖的关系："妇人，从人者也，幼从父兄，嫁从夫，夫死从子。"

简言之，封建的婚姻观无视爱情，只强调客观的封建义务，是封建主义婚姻的道德基础，它使婚姻充满了无尽的辛酸和眼泪，给人们带来深重的痛苦。

社会主义婚姻道德，同社会主义的婚姻制度是一致的，一夫一妻，男女平等，实行婚姻自由。

婚姻自由是《中华人民共和国宪法》赋予公民的一项重要权利，是社会主义婚姻法和婚姻道德的一项基本原则。婚姻当事人有权按照法律的规定，基于本人的意志，自主自愿地决定自己的婚姻问题，不受任何人的强制和干涉。如包办婚姻，有附带条件的婚姻等，都视为非法。

但婚姻自由并不意味着当事人可以在婚姻问题上为所欲为，它不仅要受法律的保护，而且要受道德的约束，有时还要考虑国情和民俗。婚姻不仅是男女双方的事，也涉及社会道德。

婚姻道德中夫妻关系是平等的，共同承担对家庭和社会应尽的责任。夫妻之间的关系，可以用周恩来曾勉励一对新婚夫妻的"八互"来概括：互敬、互信、互学、互助、互爱、互让、互勉、互谅。

互敬：有礼貌地相处，不蛮横、不强求于人。

互信：不猜疑，诚实相待。

互学：要多看对方长处，取对方之长，补自己之短。

互助：要在思想、学习、家务等各方面彼此关照，尽量减少对方的辛苦。

互爱：要有深挚的感情，要互相体贴、关心，不做伤害感情的事。

互让：谦让，不争论长短，不无故责怪对方。

互勉：在学习、工作上互相支持，积极向上，不拖后腿。

互谅：发生了矛盾，不埋怨、挖苦对方，求同存异。

婚姻自由中还有民情、民俗的约束，如老妻少夫、老夫少妻、第三者等都会引起一些非议。

爱情是一对男女基于一定的社会关系和共同的生活理想，在各自内心形成对对方的最真挚的倾慕，并渴望对方成为自己终身伴侣的最强烈的感情。

爱情的内涵有五个基本特征：

1. 爱情包括情欲的因素，但并不归结为情欲，它是经过社会文明所净化的美好感情。人对异性的要求不是以简单的自然方式，是以恋爱的形式，使情欲人格化了。这是一种理性的人类感情。

2. 爱情是一种高级的心理现象，具有排他性、热烈性、持久性等心理特点。一夫一妻制是爱情能在其中发展起来的唯一形式。

3. 爱情是高尚的道德感情，突出表现在对对方的强烈义务感，意识到生活的美好和自己的责任。

4. 爱情具有丰富的社会内容。如在阶级社会，爱情要受到阶级、阶级斗争和阶级感情的影响。

5. 爱情在两性关系中具有巨大的能动性。

我们重视爱情，赞美爱情，从根本意义上，就是要充分发挥爱情在人类社会生活中的积极能动作用。

情欲指人的欲望欲念，特指男女之爱。情欲是人类生活的一种真实的需要。在不同阶级和社会里，满足情欲的方式是不同的，剥削阶级在剥削的基础上穷奢极欲，劳动人民正当的情欲得不到满足。

几千年来的封建社会，对"情欲"这一词是避讳的，认为这是下流的东西，不能公开谈论。实际上，情欲是人类正当的美好的一种需要，我们反对纵欲主义和享乐哲学，也反对禁欲主义。但是在家庭关系中，情欲置于爱情和义务之中，不能割裂开来。

性行为，是男女双方感情升华的顶点，它有别于动物的本能，不但要适当克制自己，还要为对方在需要时作出牺牲和忍耐。

爱情和义务的统一，构成了当前社会主义婚姻的道德基础。随着人们行使爱的权利，也就产生了爱的义务。这种义务一经产生，有一定的相对约束力。这种约束力，既反映了义务和爱情的一致性，也体现了义务和爱情的矛盾性。由于义务的存在，爱情变得具体化、现实化了，义务推动爱情不断向前发展，使爱情更加深化；另一方面，义务比爱情更稳定，当爱情减弱或消失的时候，义务并不能完全随着个人的主观意愿立即减弱或消失。只强调爱情而忽视义务，或只强调义务而无视爱情，都是片面的。爱情和义务的统一，才符合社会主义婚姻的客观要求。

我就家庭中经常出现的一些问题，说一说我的观点：

1. 离婚自由

在婚姻关系确实破裂，并无法挽回的情况下，离婚对于夫妻及其子女是切实可行的路。感情破裂的夫妻，维系着死亡的婚姻，实际上是不道德的。

对于私人生活放荡、喜新厌旧和追求所谓的性解放、性自由，以至于道德败坏而要求离婚的人，必须进行道德教育，使他们改正错误。

2. 家庭成员的道德

父母之爱是无私的，儿女有义务在父母年老时予以赡养，尊重老人，给予精神、物质上的支持。

孝是中国封建社会的道德规范，幼有所教，老有所养，才能维持社会的安定。如果在家赡养老人，则老人可享受天伦之乐。若子女无暇顾及，则可以将父母安置在托老所、养老院，经常去看望，也是一种选择。

3. 婚外恋与第三者

19世纪末到20世纪初，资产阶级为反对封建禁欲主义，提出"性解放"。从广泛的意义上来说，反映了西方世界对享乐主义的崇拜。从时代意义上说，具有进步的倾向。但是随着"性解放"的泛滥，它使资本主义婚姻关系面临着解体的危险。艾滋病流行、性病猖獗……这些不能不影响到我们的社会，婚外恋成了破坏家庭幸福的暗流。

4. 教育子女

家庭是青少年的第一课堂，父母是青少年最早的也是最长久的老师。

子女不是家庭的私有财产，父母教育子女，不仅要讲道理，使子女明礼知义，最重要的是以实际行动教育、感染和影响子女，身教重于言教。父母的言谈举止、为人处世，起的是潜移默化的作用。

从生活上说，不要让子女过于舒适优越，以便使他们将来能经受各种艰苦生活的锻炼；从学习上说，要求自己的子女认真刻苦，真正领会所学科学文化知识的内容；从工作上说，要求子女勤勤恳恳，精益求精，全心全意为人民服务；从政治上说，要求子女热爱党、热爱社会主义，遵纪守法。

要积极支持子女"远走高飞"，到最艰苦的地方去经风雨、练本领、增才干。温室里的花经不起风霜，娇生惯养的孩子挑不起重担。对缺点不掩饰不护短，对品德上的原则问题，丝毫不能退让。

道德主要是调整人们之间，以及个人和社会之间关系的行为规范。道德的一个基本问题，是个人利益和社会利益的关系问题。所谓道德是根据一定的善恶观念，调整人与人之间关系的行为规范或规则。

身修而后家齐，家齐而后国治，国治而后天下平。

1989 年 10 月 20 日于上海市监狱

‖ 课题报告

"和谐校园文化的建设与策划"开题报告

"和谐校园文化的建设与策划"于 2007 年 11 月 20 日被批准为中国陶行知研究会"十一五"教育科研规划重点课题，此课题与上海市教委教研室共同立项、管理。经过各方紧张的筹备，今天正式开题了。我代表总课题组向参与课题研究的各位领导、专家、校长、老师作开题报告，请大家多提宝贵意见。

一、课题研究的背景及意义

（一）背景

进入 21 世纪以来，党中央相继作出一系列重大战略部署。党的十六届四中全会审议通过了《中共中央关于构建社会主义和谐社会若干重大问题的决定》，五中全会再次强调推进社会主义和谐社会建设。我国经济社会发展已进入人均 GDP 从 1000 美元向 3000 美元跨越的关键阶段。这个阶段既是发展黄金期，又是矛盾凸显期。社会转型期通常伴随着不稳定这一特定现状，是社会问题多发期，社会结构最不稳定期。比起经济发展快速增长，教育的投入、发展都相对滞后，教育关乎民生，矛盾更加突出。当前，教育与社会、教育与人民的要求相差尚远。在这一背景下，社会对教育事业的发展提出了新的更高的要求。

构建社会主义和谐社会是我们党从全面建设小康社会，开创中国特色社会主义事业新局面的全局出发提出的一项重大任务，适应了我国改革开放进入关键时期的客观要求，体现了广大人民群众的根本利益和共同愿望，是实现中华民族伟大复兴的必然选择。归根结底是要实现人与人的和谐，人与社会的和谐，人与自然的和谐，人的生存状态和生存方式的和谐。

人与人的和谐：现代化在促进物质文明飞速发展的同时，人的异化、物化和工具化的弊端愈发明显。人与人之间不信任、相互设防，大家都觉得活得很累。谁先放下心头的架子，谁就先感到温暖。社会的"冰冻三尺"便会渐渐融化了。关注人、尊重人、重视人的精神世界的丰富和生存的价值，才能达到身心统一，创造出人与人的和谐。

人与社会的和谐：迅速发展的现代化，让人们产生了就业压力、教育压力……社会也出现了许多问题：贫富不均、城乡差别、东西部差异。如今人们呼唤社会的公平，其实，公平只是暂时的、局部的，从整体讲，真正的公平永远不存在。

人与自然的和谐：由于人们无限制地推崇科技的发展，以对自然的掠夺和征服来满足人类社会发展的需要，导致自然环境遭到严重破坏，土地贫瘠，河流污染，北极冰融，天空充满阴霾，对人类的生存构成严重威胁。现代化进程中破坏自然的做法，已使我们付出了惨痛的代价。古人倡导"天人合一""天清地旷，浩乎茫茫，皆我友也""仁者乐山，智者乐水"，在充满快节奏和竞争的现代社会，抱有一份对自然的欣赏、崇尚、敬畏，"万物皆可为友"。在享受大自然的同时，保持大自然的原状，热爱大自然，才能摆脱心头的浮躁和空虚，才能保持积极向上的健康心态。

人的生存状态和生存方式的和谐：一个人，可以依靠自己的奋斗，选择生存方式，但是"生存状态"往往不能如己所愿。要奋斗，有时也要学会妥协。比如陶行知放弃高薪职位，为了"教育是共和国的保障"的理念去办学。办学是他选择的生存方式，"要饭办学"是他的生存状态。为了把学校办下去，他想尽办法，很苦，很累，但他说"我是抱着爱人游泳……"

构建和谐社会必须加强和谐校园文化建设。陶行知先生说，师生共同生活，"大家由相亲而达到相知相爱，自然可以造成和乐的境界"。提倡师生"灵魂相见""人格摩擦"，以形成校园和谐之氛围。校园是精神文明建设的重点领域，是平安社会的坚固防线，也是青少年接受教育的重要场所。没有和谐校园文化建设，没有青少年整体素质的提高，和谐社会就缺少基础。

我国社会主义建设正处于转型期，同样，我国教育工作也处在转型时期。社会上的不少问题，会反映到校园里。在中国这样存在较大地区差异的大国里，在传统农业、大工业和信息化并存的时代里，在建立和完善社会主义市场经济的过程中，我们遇到了不少从来没有先例的问题，所以，在解决有关问题的过程中，社会产生了一些不和谐，校园同样也产生了一些不和谐，这些状况在所难免。在这个艰难的探索中，从中央到地方，从干部到广大人民群众，都认识到构建和谐社会的重要性和紧迫性。而和谐社会呼唤和谐教育，和谐教育呼唤和谐校园文化，这是本课题研究最基本、最直接的社会背景。

（二）意义

和谐校园文化建设是社会主义文化建设的重要组成部分，是学校育人工作的重要环节，它是引领学校教育、思想、教育管理、教育方法发生变革的灵魂。在素质教育的大背景下，它为学生的全面发展、师生的个性张扬、优化的人文环境建设提供了取之不尽、用之不竭的精神源泉。

和谐校园文化建设的核心是"校园精神的挖掘和升华"，培养师生和谐的思维、和谐的心态、和谐的处世方式、和谐的言谈话语，使师生具有感恩的心，以及赏识别人的目光和奉献的精神。如陶行知先生说，组织起来，干他一个大扫除，肃清一切龌龊、垃圾、灰尘、微生物，打扫出一座清洁光明的房子来。也就是在清洁光明的校园里引导学生树立坚实、正确的政治方向、爱国爱民的精神，"天行健，君子以自强不息"的骨气，提高思想道德素质，弘扬中华传统美德。

和谐校园文化能构建和谐的人际关系，促使师生产生积极的情感，树立社会主义荣辱观，扶正祛邪，扬善惩恶，培养奋斗精神、进取精神、冒险精神、变革意识、献身精神和创造意识，培养"敢为天下先"的锐气和勇气。

当前，众多不和谐的校园音符，是我们担忧和思考的问题，这已是摆在教育界面前的现实问题，不得不面对，必须去解决。和谐校园文化促进师生全面发展，对进一步推动教育改革的深入发展具有重大作用。这也就是这个课题研究的现实意义。

二、课题研究目标和主要内容

（一）课题研究的总体目标

本课题研究的总体目标是：以构建社会主义和谐社会的理论为指导，深化和谐校园文化体系研究，加强和谐校园文化环境优化和人文关怀。通过实效性研究，总结推广区域性和谐校园文化典型经验，整体构建适应社会主义和谐社会的和谐校园文化理论体系。加强对"和谐校园文化"与学校整体优化、特色建设的研究，进一步发挥和谐校园文化的作用，促进师生整体素质的提高及学校的长远发展。为师生创造"自我实现"的机会，创设"超越自我"的氛围。体现人性的自然、质朴。构筑"修身为本"的校园环境；创设"完美人格"的人文氛围。

（二）课题研究的主要内容

本课题立足于当前学校教育改革的现状，从"校园文化"发展的科学视角出发，在理论与实践相结合的基础上，探讨"和谐校园文化"与学校优质发展的关系，构建"校园文化"发展战略理论体系，初步确定研究内容为以下四个方面：

1. 从学校教育的主体入手，探讨优良的校风、优化的校园文化对学生成长的影响。择校择什么？名校名在哪里？优良的校风是首选。陶行知提倡：要把育才办成一所诗的学校，要以诗的真善美来办教育，使每个同学、先生、工友都过着诗的生活，渐渐地扩大去，使每个中国的人民、世界的人民，都过着诗的生活。

陶诗《长青不老歌》：博爱存心，和光映面，不惑不忧，不惧不恋。偶萌烦恼，念梅百遍。不急不息，法天行健。学而不厌，诲人不倦。服务最乐，手不释卷。思想青春，何可不变。愿师少年，立在前线。

陶诗《偶咏》：宇内地球小如粟，人生更比粟儿小。但愿多种几粒粟，何事营营争多少！

2. 从学校教育的客体入手，探讨家长素质、家长心理、家庭教育、社会环境对学生的影响。

家庭是书香满屋还是麻将声声；社会环境是物质供给畸形发展，精神滋养受到压抑，还是"兴于诗，立于礼，成于乐"。二者对学生的影响是大相径庭的。

3. 从和谐校园文化的表现形式入手，探讨师生和谐与和谐校园文化的关系。须打破一切障碍，使师生的感情可以化为一体。大家一举一动都融洽，彼此明白事之当然和事之所以然，才能同心同德，完成共同的目的。它的表现形式就是形成师生共同生活，亲如兄弟姐妹，校园是一个大家庭的氛围。

4. 从和谐校园文化与其他教育的联系入手，探讨教师、家长、学生的沟通方法，陶行知语："不要你的金，不要你的银，只要你的心。""学校是师生共同生活的处所，他们必须共甘苦。甘苦共尝才能得到精神的沟通，感情的融洽。"师生之间不能生隔阂，更不能分阶级。

从学校教育的主体入手，从学校教育的客体入手，从和谐校园文化的表现形式入手，从和谐校园文化与其他教育的联系入手，是课题研究的主要内容。

三、课题研究的理论价值和实践价值

（一）理论价值

本课题的理论价值在于提出了和谐校园文化发展的命题，从社会大背景下对和谐校园文化建设进行宏观的理性思考与实践探索，构建和谐校园文化发展的理论框架，立意颇高，具有较强的时代特征。党的十六届四中全会第一次在文献中提出构建社会主义和谐社会的战略任务。这种以民主法制、公平正义、诚信友爱、充满活力、安定有序、人与自然、人与社会、人与人和谐相处为基本特征的和谐社会，是与人的思想品德紧密联系，相互对应的。探索并构建和谐校园文化体系，是建设和谐社会的客观要求，是学校各方面工作创新发展的客观要求，是推进教育和谐发展的必然选择。研究和谐校园文化，探索和谐校园文化的规律性、创新性、可操作性，是本课题研究的理论价值。

（二）实践价值

本课题的实践意义在于使"和谐校园文化建设"工作更具有科学性、前瞻性，探索切实可行的建设和谐社会校园文化发展之路。陶先生说："世界的沟通，在于人的沟通；人的沟通，在于心灵的沟通。"学校是社会的细胞，每个校园和谐了，整个社会也就和谐了。目前学校存在着一些不和谐因素：

社会普遍追求升学率；

家长期望值太高；

教师为应试教育拼命；

老师、学生身心俱疲……

这些因素阻碍了学生德、智、体、美的全面和谐发展。陶先生说："第一，我们应该承认儿童的人权……要解除儿童痛苦，增进儿童福利，首先要尊重儿童的人权。第二，我们应该了解儿童的能力需要……必须走进小孩的队伍里去体验，而后才能为小孩除苦造福。第三，承认了儿

童的人权并了解儿童的能力需要，才有可能谈儿童福利，否则难免隔靴搔痒，劳而无功。"因此，克服学校教育的各方不和谐因素，是构建和谐校园文化的基础；构建和谐社会体系，也理应从校园和谐做起。做好和谐校园文化建设，提升师生人文素养，使校园具有良好的秩序，充满宽容性。构建既有竞争性，又有公平性的师生快乐的精神家园，是学校解决教育中的热点、重点、难点问题的好方法。发挥学校教育在整个教育体系中的指导和引领作用，从而为构建和谐社会体系打下坚实的基础。为实现学校整体优质发展提供坚实的支撑，这就是本课题研究的实践价值。

四、课题研究的基本原则和方法

（一）基本原则

1. 科学性原则。科学性是和谐校园文化研究的生命所在，也是本课题的首要原则。实验区、实验学校和子课题承接单位，在开展子课题研究时，要坚守科学性这个基本原则，要加强对党和国家的有关政策与和谐社会理论著作的学习和借鉴；要加深对陶行知教育思想与"爱满天下"精神的学习和研究，用科学的理论指导我们的研究，确保课题研究沿着科学的轨道健康发展。

2. 创新性原则。创新是一个民族进步的灵魂，是一个国家大步向前的动力。创新是科学研究的本质特征，也是教育科研的本质特征。陶行知先生说："敢探未发明的新理。"想自立，想进步，就须胆子放大，向那未发明的新理贯射过去，一心要把那教育的奥妙新理，一个个地发现出来。各校在开展子课题研究过程中，要根据各校特点，有创见、有新意、有特色，切勿人云亦云，力争进行原创性研究，避免重复性低效研究。

3. 人本性原则。人本性原则就是以人为本的原则，其实质就是促进教育者和受教育者全面主动发展。要将"以人为本"的理念在构建和谐校园文化体系研究中进行深化和推广。

4. 实践性原则。和谐来源于生活，只有在和谐的大环境下，才能产生个体的和谐。实践是和谐校园文化建设的基础，通过不断的实践积累，产生规模效应。实践的观点是和谐校园文化建设首要的、基本的观点。

5. 实效性原则。提高和谐校园文化建设的实效性，是本课题研究的根本出发点。实效性是指"和谐"的内在效果和外在效果，即和谐校园文化的实践既能顺利地转化为学生个体的思想道德素质，又能通过提升学生的思想道德素质促进社会的物质文明和精神文明建设。学生良好的思想道德素质可以用陶行知所提倡的健全人格来概括：（1）私德为立身之本，公德为服务社会国家之本；（2）人生所必须之知识技能；（3）强健活泼之体格；（4）优美和乐之感情。这些素质是学生在学校、家庭、社会各方面综合影响下形成和发展的，只有构筑和谐校园文化体系，优化校园、家庭、社会的环境，开展丰富多彩的和谐教育活动，和谐校园文化建设的实效性才能有显著提高。

（二）课题研究的方法

本课题运用教育实验法、行动研究法、调整统计法、个案分析法、比较研究法、经验总结法进行重点研究和改进，通过各种形式，多角度多层次开展研究。

五、课题研究的实施步骤

本课题实验时间自 2007 年 10 月始，计划三年时间完成，于 2010 年 12 月结题，大致分为三个阶段。

（一）第一阶段：申报与立项阶段（2007 年 10 月—2008 年 4 月）

1. 组织课题指导小组，商订实验区课题，落实实验学校。

2. 制订课题研究计划，组织学校申报子课题及方案。

3. 组织实验区、实验学校子课题负责人学习相关文件、资料及理论。

（二）第二阶段：实施阶段（2008 年 5 月—2010 年 9 月）

1. 各子课题学校按实验方案开展研究，注意总结成功经验，形成研究结果；注意总结不足原因，及时调整。

2. 在前期研究探索基础上，子课题学校进行一定范围内的交流研讨；组织专家予以定点指导；组织召开实验工作现场会；课题指导小组对子课题学校的阶段性研究成果进行鉴定验收，及时帮助有困难的学校解决问题。开展优秀论文评选工作。

（三）第三阶段：结题阶段（2010 年 9 月—2010 年 12 月）

1. 实验区、学校、子课题学校整理实验资料，准备实验成果，写出研究报告。

2. 课题指导小组对实验区、实验学校、子课题单位工作进行检查、评估、总结，做好评选优秀子课题、实验学校、优秀成果，做好表彰准备工作。

3. 课题指导小组对实验情况进行汇总，写出实验区研究报告，出版研究论文。

4. 课题指导小组向总课题组推荐子课题优秀研究成果。总课题组召开课题总结表彰大会，推广实验学校的优秀成果。

六、课题预期效果

（一）各子课题的研究成果

1. 研究报告

2. 研究论文

3. 编著

（二）专题研究成果

1. 结题报告

2. 专著

3. 论文集

4. 其他

各位专家、教师，我们承担的这一课题是中国陶行知研究会方明会长生前亲自制订的"十一五"教育科研规划重点课题。由方老担任总顾问的这个课题，因方老不幸去世遇到了一些困难。对于这一项复杂又艰巨的系统工程，我们将牢记方明会长的嘱托，以陶行知"爱满天下"的精神，扎实工作，刻苦钻研，勇于探索，开拓创新，我们一定能够在大家的支持下，按照预期的目标圆满完成研究任务，并一定能多出成果，出好成果，为推动和谐校园文化建设，创建和谐社会作出应有的贡献！

2008 年 5 月 15 日于华东师范大学

弘扬人文精神
——"和谐校园文化的建设与策划"研讨会

课题简介：

"和谐校园文化的建设与策划"课题是由上海市教委教研室指导和管理的全国陶研"十一五"重点课题，参与课题研究和指导的专家学者有两位中陶会常务理事（张燊、金礼福），一位中陶会理事（叶良骏），一位国家督学（丁焰），四位教授（张燊、王厥轩、潘洁、叶良骏）和四位特级教师（于漪、袁瑢、居志良、金礼福）。子课题的立项、中期评估、结题等证书由总课题组和上海市教委教研室共同颁发。

总课题组批复立项了上海、江苏、浙江、湖北、甘肃，还有第二批批复立项的广东、黑龙江、山东等共67所中小学（后增加至84所）、幼儿园为课题子课题学校，批准上海市闸北区、江苏省张家港市为"全国和谐校园文化建设实验区"。

2008年5月14日至16日，总课题组在华东师范大学举行了课题开题会，上海市教委教研室领导到会致词，总课题组顾问、著名教育家于漪老师作了"教育的目的是培养人"的报告；上海陶研会常务副会长张燊教授作了专题辅导报告，由我作了开题报告。

子课题学校已陆续举行子课题开题会议，并把课题开展进程向总课题组作了汇报，总课题组将对各子课题单位予以关注并适时进行指导。

一、人文精神的含义

人文精神是求善的精神，是人类的自我关怀，表现为对人的生命、尊严、价值、命运的维护、追求和关切，对人类遗留下来的各种精神文化现象的高度珍视，对一种全面发展的理想人格的肯定和塑造。

人文精神不仅是精神文明的主要内容，也会影响到物质文明建设。它构成一个民族、一个地区、一个学校文化个性的核心内容，是衡量一个民族、一个地区、一个学校文明程度的重要尺度。一个国家的公民文化修养的水准，在很大程度上取决于国民教育中人文教育的地位和水平。一个学校的好与差，同样取决于学校人文精神的地位和水平。

二、人文精神的内容

1. 以悲天悯人的情怀来关心、理解、尊重他人，对人类所遭受的苦难深表同情，对人类当下和未来深怀忧虑。
2. 对自然与他人充满敬畏和感恩之情，尊重自然，敬畏生命。
3. 在人的全面发展中，善于反思，对自己的行为、思维、心态具有自然批判精神。

三、学校的人文精神

学校的人文精神是学校的一种精神与追求，是学校最值得品味的东西。学校文化建设是最高层面上的建设，它引领学校各项建设，推进学校可持续发展，提高教育的品质。文化立项是现代学校走内涵发展之路的坚定选择。深厚的文化底蕴和优良传统，赋予学校最鲜活的生命，给学生最美好的童年。学校的人文精神体现在以下几个方面：

1. 校园景观营造整体美。绿化，如人之服饰粉黛，精心打扮确为重要。校园绿化是一首隽永的歌，它时时散发出美的韵味。

2. 淳厚书香满校园。陶语："处处是学习之地，天天是学习之时，人人是学习之人。"让读书成为习惯，让习惯成为自然，让健康相伴每一天。

3. 丰富校园文化活动。丰富校园文化生活，让师生放松心情，陶冶情操，培养良好的精神品质。

附文：积储快乐的节日/叶良骏（刊 2007 年 12 月 21 日《新民晚报》）

我爱过节。有的节，想起来，心里便暖融融的，比如，圣诞节。

"圣诞"并不是近年西风渐盛才吹来的"洋节"。它距今已 2000 年，经过多少年的修润，它逐渐演变成一个平民节日，与当初的定义已相去甚远。

我对这个节日的最早记忆，在 6 岁。当年我就读的圣心小学，除了多外籍教师，与其他校没什么两样。但每年的 12 月，就有些不同，我们从月初就忙得不得了。每天放学，人人留在大礼堂里：老师在高高的木架上装饰屋子；学生缝演出服、串珠子、做头饰、排节目……不时有人被针扎了，发出夸张的尖叫；那边珠子打翻了，一群人满地乱爬；男生抢着试圣诞老人装，大胡子遮眼，衣服又长，稍一动就仰天大叉躺在地上吼；唱诗班老师作示范："声音从肚子往头上冲！"我们按按肚子，摸摸脑袋，笑得一个字也唱不出……全校几百人都挤在礼堂里，忙的、唱的、玩的、做事的，还有捣蛋的、荡来荡去的，到处都是人，到处都是笑声，彩色玻璃窗天天被震得哗哗响。

一天天地过去，我们的忙碌有了结果：校门口停了一辆雪橇，几头"鹿"昂首站着；操场上竖起巨大的枞树；窗户上贴着老爷爷的笑脸；饭厅里，"火鸡"在招手；"雪地"上，圣诞花艳红；走在校园里，到处可碰到"扫烟囱的人""匹诺曹""白雪公主""小矮人"……夜晚灯光打开，学校成了诗意朦胧的童话世界，我们东摸摸，西看看，都不肯回家。如有人走过，孩子们会自豪地抢着说："这些都是我们做的！"

25 日终于到了。我们系上雪白的餐巾吃大餐。大家记着老师的话：嚼食要闭嘴，喝汤勿使出声，个个成了绅士、淑女。好不容易吃好饭，我们急不可待地冲出去。管风琴奏起《铃儿响叮当》，我们围起圆圈跳舞。唱啊、跳啊、疯啊，一直到夜半钟声响起，玩得一头一脑汗的我们，刹那间静下来。礼堂的大门开了，缓缓地驶进一辆金碧辉煌的"马车"，圣诞老人带着满满一车礼物进来了。震耳的欢呼声响彻整个大厅，许多人兴奋得在地上打滚，我们争着、抢着，最后每人得到了一只长袜子，里面鼓鼓囊囊地塞满了糖果。老师亲吻我们，学生互祝新年，欢乐的节日到了顶峰。

这时，门房张伯伯跑过来说，门口有个乞丐。老师带我们去看。梧桐树下坐着一个人，光脚，穿一件破衣，他抱着树干，大口大口地啃树皮。我们被吓坏了。老师说，让我们照顾他、爱他……孩子们争先恐后地把"长袜"送给他。我是多么不舍得啊，但只犹豫了一下，还是倒出了所有的礼物。乞丐笑了，我拿着空袜子，手舞足蹈地跑回家。在这个节日，做个好孩子，感觉真是妙极了。

从此，我牢牢地记住了这个节日。因为，真正的节日并不取决于它的名称，而在于究竟能发掘和引导出什么。正像快乐，有时近在咫尺，有时又遥远模糊，但只要心是活泼的，它便会觉醒，生命也就会燃起欢快的火花。如果所有的节日都能积贮快乐，都能给我们留下悠长的回味，人生就会淡定从容，那该有多好啊！

4. 动情动心的规章制度。"不依规矩，不成方圆"，一所学校，须有一套完整的制度。但是要赋予制度以文化色彩，使制度"文化"化，把"软文化"与"硬制度"熔于一炉，铸造出刚柔相济、软硬相容的"合金"式的规章制度，使师生在执行制度、遵守纪律的同时，享有自尊，实现自我价值。

例：育才的卫生教育29事（摘选）：

（1）凉开水漱口；（2）吃饭最多以三碗为限；（4）吃水果用高锰酸钾消毒；（8）离开咳嗽者五尺远；（9）各人用各人的手巾、脸盆、碗筷；（10）用公筷分菜；（11）不要拉手；（13）睡眠时腹部要盖着；（15）黄昏时不得看书、写作；（18）夏日每天要饮六杯开水为度，其他季节酌减；

（19）每日注意排大便一次；（24）不随地吐痰；（27）睡觉前必须刷牙。

校园礼仪是学校目标、价值观念和精神作用指导下的学校文化传统形式，是礼节仪式化的价值观念。要修养成被尊敬的人格，需长时间的自律，但人格"破产"只需做错一件事。

例：育才的礼节与公约：

（1）会场中：争辩是非正义，不动意气；集会，都要做到迅速、整齐、安静；让客坐高（前）位；遇友来，注目点头，无声招呼；开会前、休息时，邻座可以低声说话；轻步进出；会未毕，不退；不大声咳嗽、随地吐痰、瞌睡；端正而坐；脱帽。

（2）同学间：同学有过，则劝他速改；见同学违犯风纪，则爱校甚于爱友，劝他主动承认错误，如有人不愿，则向有关方面报告；戒互骂、打架、轻佻。

（3）穿衣：衣不违时。

（4）饮食：盛饭盛汤时，依先后排队，公筷取菜，喝汤吃稀饭，不出声；需要说话，必须低声。

（5）居住：吐痰入盂；纸屑入篓。

（6）图书馆：肃静；整洁；遇校宾到时，应起立；退出时，必将坐凳整理还原，放置桌下。

校园礼仪能激发和强化师生的文化意识，受到浓烈的感情熏陶，产生归属感和自我约束力，为将来做一个受人尊敬的文明人打下坚实基础。

校园文化活动主要目的是育人，在参与中自我教育、自我管理、自我发展，培养手脑双挥自助助人的有用人才。

例：怎样培养十六常能：

（1）写小楷、会写信、会写信封；（2）会管账目：会记账、会报账、会管理现金；（5）会游泳：仰游，常游；（6）会急救：治小毛病、救溺、救触电、救火煤烟毒；（7）会唱歌；（9）参加开会：做主席、参加讨论、熟悉民权初步；（10）会管图书：编目、晒书、修补、陈列、借书。

5. 塑造友爱、诚信、感恩的校园文化。学校常偏于硬件建设，因为有形的校园文化易造（如校园景观），无形的校园文化难做。无形的校园文化是学校的文化底蕴，基础越厚实，发展的基石就越牢固，潜移默化的影响就越大，就会形成一个巨大的教育磁场。将有利于学生的全面发展，是培养学生高尚道德情操、精神境界的健康审美观点的必要手段，其影响是终生的。

四、教师的人文精神

教师的人文精神是在日常生活中体现出来的思想、道德、情感、心理、性格、思维模式等方面的气质和修养。表现为对学生的尊重和对学生成长的关心；教书育人的强烈责任感和历史使命感。

人文精神处在教师师德的核心位置，应有：

1. 正确认识教学基本目标，重要的是学生知识与能力，过程与方法，情感态度价值观三维目标的培养。不是教书，而是教做人。

附文：把垃圾扔进筒／叶良骏（刊 2004 年 12 月 20 日《新民晚报》"师德小故事"专栏）

刚进初中的小D，听说班主任叫金颖，立刻高兴得笑起来：听名字就是个又聪明又美丽的"佳人"。一见面却大吃一惊，是男的，还梳着一个时髦的刺猬头，额前翘着几根头发。圆脸蛋，大眼睛，嘴抿起来让人感到有点淘气。吃惊的事还在后头呢。

上体锻课，班级里总有人东荡西逛的不认真活动。金老师来了，脚穿耐克鞋，身着阿迪达斯T恤衫，手里还拿了个CBA专用的篮球。他说："怎么样，敢不敢与我比一比？我一对五！"学生立刻哄起来："比就比，谁怕你！"于是，篮球在金老师手中飞速旋转，他左躲右闪，5个人居然抢不到他手中的球。一不小心，他的球就砸在了漫不经心的同学身上，一阵尖叫响起，金老师却笑得喘不过气来。再无人敢呆站着不动了。

金老师也有厉害的时候。他常说："班级是所有人的班级，教室是每个同学的家。"但这个"家"实在不敢恭维。每天午后，教室里到处是方便筷的包装袋，用过的餐巾纸，垃圾桶旁更是一片狼藉。常常由劳动委员加班长、值日生奋力打扫，还是难改脏貌。

金老师发急了："人人都想读好书，将来有出息，但好成绩却不单是读出来的。好的习惯、好的作风、好的素质与责任心是必需的，所有事都是以小见大。要成为优秀的人，从把垃圾扔进桶做起！"从此，每天午饭，金老师就站在门口，一见到垃圾着地，飞奔去抢，又重重地扔进垃圾桶里。想去抢，谁跑得过这个"体坛健将"？想快出手，谁能赶得上这位"灌篮高手"？结果"人人自危"，教室里的垃圾从此绝迹。

金老师却常常掩不住狡黠的笑容。

2. 尊重孩子的人格和权利。孩子首先是人，不是待雕琢被动塑造的"物"，是独立的个体，有他自己的思想、观念、个性、习惯，他们有权设计和规划自我。

3. 理解孩子的个性化成长。人文观念强调，孩子的成长是个性化的。在遗传素质及后天环境（家庭、文化、人际关系）等方面存在差异，不能用好或坏去评价。要安排个性化测试，设计个性化教案，布置个性化作业，展示孩子的闪光点。

优秀的教师，一定是文化底蕴深厚的，有人文精神的。他应是很美的：端庄大方、慈祥和蔼、多才多艺、开拓进取、以身作则、热心工作、为学生作示范，言行、服饰、才气俱佳，只有提高人文素养才能从教书匠成为能师甚至名师。

五、学生的人文精神

学生的人文精神是在学习、生活、家庭、社会中表现出的综合素质，体现在以下方面：

1. 以热爱祖国为荣，以危害祖国为耻；以服务人民为荣，以背离人民为耻。热爱祖国、服务人民是"立身之本"，是每个人之所以为人的"大我"，也是人们实现个人价值的根本依托。

"天下兴亡，我的责任"，唯有坚持这个思想，我们的国家才有希望。学校更应该训练学生这种思想。我们每个学生如果人人都说：学校秩序不好，是我的责任；国家教育办不好，是我的责任；国家不强盛，是我的责任……每个学生都应该把责任拉到自己身上来，而不是推出去。如果教室很脏，哪个学生看到了，应该马上去打扫。灯泡坏了，哪个学生看见了，赶紧联系人维修——这才是教育。也许有些人说这是吃亏，我告诉你，"勿以善小而不为"。良好的道德是慢慢建立起来的，而不是专门找到大事才干。看到礼堂里有很多废纸，请先把自己脚下的纸屑捡起来。同学们，捡起自己脚下的废纸，这就是服务人民的开始。

陶诗《笔伐平时教育》："遍地发瘟，妈妈病倒在床。叫他倒口开水，他说功课忙；叫他去请医生，他说功课忙；叫他去买一服药，他说功课忙。等到妈妈死了，寒门不幸忙，写祭文忙，称孤哀子忙。"

2. 以崇尚科学为荣，以愚昧无知为耻；以辛勤劳动为荣，以好逸恶劳为耻。崇尚科学、辛勤劳动是"成人之路"，劳动创造了人，科学成就了人，人之所以能够自我创造、自我生成，靠的就是劳动和科学。

要进行为国家而求学问，为社会分工而学技能，利他、利群的道德教育。要懂得生命的意义和价值，读书绝不是为了自己，是为了国家而求学问。读书、做事要确定一个方向：先做自己应该做的事，再做自己喜欢做的事。读书的真正目标不应是兴趣，而是责任，在责任当中找兴趣，不能用兴趣代替责任，越在黑暗中越做光明的事，这就是道德教育。读书是为了国家。道德教育必须以国家为前提，所以今天我们要爱我们的国家。

爱国不是空洞的口号，国家在哪里？"不识庐山真面目，只缘身在此山中。"作为老师，国家就是你面前的学生，必须尽心尽责，要产生教化作用、影响作用；作为学生，国家就是你的学业。你必须认真学习，不虚度一日，为将来成才打好基础，这就是爱国。

3. 以诚实守信为荣，以见利忘义为耻；以团结互助为荣，以损人利己为耻。团结互助、诚实守信是"做人之道"，人是社会的人，做人之道在于诚信、助人和团结。

（1）坚守诚信、正直的原则。工作能力可以学习，一颗正直的心是无价的。小事是塑造人格和积累诚信的关键。贪小、耍小聪明，把自己变为贪小利没出息的人，是因小失大。勿以恶小而为之。

例：王永庆语："一根火柴棒价值不到一毛钱，一栋房子价值数百万元，但一根火柴可以摧毁一栋房子，可见微不足道的潜在破坏力一旦发作起来，其攻坚灭顶的力量无物能御。"

（2）客观、直截了当的沟通。看问题应有自己的眼光，有独立思考的能力，不一定大多数人认为的、权威认可的才是对的，多问几个为什么。

有了客观的意见，应直截了当地表达，敢于说"不"，但要用适当的方式和口气表达意见，不要在很多人面前让别人难堪。

陶诗《和气的说吧》："和气的说吧，以爱待人远胜于以威吓人。和气的说吧，不要让恶言来毁坏我们在此地可做的好事。和气的对小孩子说话吧，这样必能得到小孩子的爱。教导他要平心静气，小孩的时代不会久留。和气的对青年人说话吧，因为他们的担负是够重了。他们要尽力过这一生，这一生充满着忧患。和气的对老年人说话吧，不要使伤心过的人再忧愁。他的生命漏壶中的沙粒将要流尽了，让他在和平中离别。和气的对犯过的人说话吧，要知道，他们已经是劳而无功；或者是因为受了虐待才做错事，啊！争取他们回心转意吧！和气的说是件小事，却能打到人心的深处。它所带来的福气和快乐，将来会有事实告诉你。"

4. 以遵纪守法为荣，以违法乱纪为耻；以艰苦奋斗为荣，以骄奢淫逸为耻。遵纪守法、艰苦奋斗是"律己之规"，是人们自强不息和自我完善的不竭动力，是他律内化为自律的根本途径，也是检验每个人道德自律状况的重要依据。

陶诗《败家子的体操》："进城考学堂，学会拍网球。洋人发大财，老子叹气卖老牛。"《乡下先生小影》："有油没有盐，饿肚看水仙。试问甜中苦，何如苦中甜？"

学校生活是系统地学习基础知识，学习思考和解决问题的方法，又是学会处世做人的开始，一栋高楼不打好基础，经不起风吹雨打。

六、人文精神的核心——爱与美

教育的目的是培养有文化的人，人文精神的核心是爱与美。

1. 教育伴随丰富浓厚的情感活动。教学的中心应从知识、学问转到人生、人性，强调以情意为基础开发学生的潜能，积累学生的人文精神。中国文化灿烂古老，博大精深，教师作为传承祖国文化的人，根本责任是要把学生培养成有文化素养和有文化气质的人。教师自身要积淀一定的人文底蕴。《礼记·学记》说："能博喻，然后能为师；能为师，然后能为长；能为长，然后能为君。"学高为师，身正为范。"腹有诗书气自华"，教师若能厚积薄发，自然会对学生产生深远影响。教学应具有深厚的人文情怀，情感是教学的生命，教学应把人文关怀、情感熏陶放在重要位置。

2. 人文精神培养学生审美的眼睛。美学是真正的人学。教学过程实际上是审美活动过程。教师授课讲究教学艺术，使教学活动具有可欣赏性、创造性和个性。

附文：点滴师恩润心田／叶良骏（刊 2004 年 9 月 1 日《新民晚报》）

"出生便是破蒙，进棺材才算毕业。"这是陶行知提倡的终生教育。凡夫俗子，花鸟虫草……固然皆可为师，但在授业的老师中，可以"一日为师，终生为师"是大幸事。我便有这样的幸运。

那年，励天予老师来教我们语文。在好老师成堆的母校，我们对新老师是很挑剔的。第一堂课就有人出难题："四声读不到位，有何办法？"励先生脱口而出："虾仁炒蛋。"全班哄堂大笑。忽然，大家不笑了：虾仁炒蛋，每个字读到位，不就是四声？励先生说，看上去很难的问题，有时实在很简单。这堂课印象太深了。

有些同学对英语很头疼，励先生自告奋勇："我有办法。"第二天课外活动，他来了，为我们背《街灯》，用英语。纯正的口音，抑扬顿挫，我们听呆了。"想不想学？"当然想学，于是大家跟着读。这首诗语文课刚教过，人人会背，虽是用英语，诗意仍在脑中，觉得美极了。这以后，励先生常把教过的诗文译成英语教我们背诵。背着，背着，有时觉得自己成了中译英的小行家了，兴趣越来越浓，学英语变成了乐事。励先生说："熟能生巧，贵在坚持。"

新年，学校举办通宵舞会。我跳厌了"波尔卡"，希望有个新的集体舞。励先生又自告奋勇："我教你一个。"他轻握我的手，一面跳一面唱："左边一个圈，右边一个圈，转一个圆圈，大家来跳舞……"他极为优雅地带着我旋转，然后轻轻一推说："这是交换舞伴。如围成大圆圈，一节音乐可换一个舞伴，可以跳到天亮。"他兴致勃勃地跳着，一面又说："这叫干的时候干，玩的时候玩。"

1957年那场风暴，励先生未能幸免，我想疼了脑袋也想不明白，只是不敢去找他。有一次，他和同样倒霉的郭泰娥老师抬着一桶水迎面走来。我突然惊奇地发现，励先生虽然不再西装革履，但他的头发依然一丝不乱，还搽了发蜡。他腰挺得笔直，步跨得有力，水桶微摇，扁担晃悠，不像是劳作，倒像在吟诗，那么有韵味。未等我考虑好是否招呼他，他已与我擦肩而过，只听他轻轻一句："我看到你的文章了！"这句话和他期盼的脸在我心中化作了永远的定格。

班上有几个孤儿，励先生每月每人发2元钱。新年，他请这几个同学去自己家。阿瑜、阿珍她们回来说，钢琴上放着火红的圣诞花，枞树上垂着一包包礼物，她们下跳棋、吃蛋糕、听师母弹琴，临走还得了一大包礼物。我羡慕死了，吵着也要去，励先生却说："你有父母，新年应该回家。"多少年了，每当新年，我陪着父母吃团圆饭，总会记起励先生这句话：有家的孩子多幸福，新年应该回家。

阔别40年，我又见到励先生，那时我才知道他原来是留美博士。他在华师大带研究生；参加编百科全书；与社会学的同道们为恢复中断了几十年的学科奔波；他和师母无偿地为将出国的人教口语，一拨又一拨，不知教了多少人。耄耋之年的励先生，许多事依然是"自告奋勇"。每当新年，尽管我们早已长大，励先生和师母还是准备了礼物。后来师母走了，钢琴上的圣诞花却依然火红。

励先生只教了我一年，以后，是长长的空白，以至于记忆只是点点滴滴。但就是这些点滴，汇成了一条长流不息的河，永远滋润着我的心田。好老师，教一生。祝福您，励先生；感谢您，我永远的老师。

教学伴随着丰富浓郁的情感活动，爱美是人的共性，当学生对教学过程产生了美的享受，才会真正引起心灵的共鸣。用审美精神把教学当作一个审美的整体加以感受，用审美的精神分析教学的各种因素，以及这些因素之间的关系，从而培养学生的审美兴趣，陶冶学生的审美情操，让学生用审美的眼光去发现美、感受美、欣赏美、创造美，提升学习的人文品位，提高学生的审美能力，是我们期待的教学的高层次境界。

七、结束语

人文精神在历经长期被淡化甚至扭曲后，现又重新定位，成为各级各类学校教育的基本理念。

开展人文素质教育，有利于提高学生的思想文化素养，树立正确的荣辱观。人文精神对于充实学生的精神，确立真善美的道德情操具有不可替代的潜移默化的作用。

开展丰富多彩、健康有益的学术科学、艺术体育、社会实践等活动，可以为师生员工提供一个愉悦身心、陶冶情操、锻炼技艺、施展才华的文化舞台，使校园形成热爱祖国、服务人民、崇尚科学、辛勤劳动、团结互助、诚实守信、遵纪守法、艰苦奋斗的氛围，才能培养传承中华民族优良传统、富有民族自信和爱国主义精神的中国特色社会主义事业的合格建设者和可靠接班人。

2008 年 10 月 29 日

校园特色景观与人文精神
——浙江海盐行知小学课题辅导报告

"和谐校园文化的建设与策划"是由上海市教委教研室指导和管理的全国陶研"十一五"重点课题。子课题学校已陆续举行子课题开题会议，海盐行知小学由海盐陶研会推荐，申报的子课题"和谐校园文化建设中开发'行知'特色景观的实践与研究"已被总课题组批准立项。此课题将学校独特的物化环境与陶行知教育思想有机融合，是一个操作性很强又有深刻文化内涵的研究课题。通过本课题研究，探索出一套构建校园和谐文化的基本策略，使学校的环境文化、学生文化、教师文化等糅合成有强大生命力的教育文化，使学校成为师生共同发展、共同成长的生命乐园。

一、党中央关于加强未成年人思想道德建设的重要战略思想

构建社会主义和谐社会是党的十六大提出的新的奋斗目标。创造和谐校园，按照以人为本，落实安全、健康、文明、和谐的总体要求，加强校园文化和师生和谐建设，努力使学校成为培养全面和谐发展的一代新人，加强精神文明建设的重要阵地，是国家长治久安，健康发展的重要战略思想。

二、和谐校园文化中的校园特色景观

（一）校园景观的独特性

没有独特性的校园景观无异于没有校园文化。学校应根据自己的特点和具体环境，进行具体的设计定位。因为景观是为学校教育服务的，学校文化的独特性决定了校园景观的独特性。如行知小学的"学陶"，这是学校已定下的方针，一切就要围绕这个方针去塑造，有形的如陶馆、雕塑，无形的如规章制度。要让师生把陶行知了解得透彻，才能被陶行知精神感动，才能去学习陶行知。

（二）校园景观的主题

校园景观不仅包括以学校建筑和场地在内的静态环境，同时也包括校园的文化气息和各种课外活动等的动态环境，它是一种氛围，它使人一走进校园就在心灵中产生一种震撼，在情感上产生一种认同，从而激发出一种积极向上、开拓进取的激情。主题是育人为本——陶冶学生的情操，启迪学生的心智，促进学生的全面发展，例：行知小学里的"陶行知"雕塑，是校园景观的主题，陶行知的平民教育符合行知小学民工子女多的特色。但雕塑不应仅是一座铜像，"它"还应是会说话的陶行知：平易近人、有书卷气、有教育家的宽广胸怀、有爱满天下的精神。

（三）有形的校园景观

有形的校园景观指学校特定的环境、建筑、绿化、墙壁、花坛、长廊、水池等。

学校的每一个景观都有故事，都有内容，让学生去发现、想象，死的景观便成了教育的好材料，是教育性与艺术性的融合。

每一堵墙、每一朵花都体现校园文化气息，在潜移默化中，让心灵沐浴阳光，让校园坚守纯洁，让精神得到滋养。

校园景观表面上是物质文化，实际上是精神与文化整合的产物，是一种生态环境，它对形成学校特色文化具有导向功能、提升功能和稳定功能。优质学校对人一生的影响，往往是从校园景观开始的。

我们离开学校后，想起自己的学生时代，记忆最深的是什么？草顶大礼堂、小池塘的蛙鸣、圆顶铅皮活动教室、绣球花、暑假后开学操场上疯长的草……这些景观是陶行知学校特有的。

（四）无形的校园景观

无形的校园景观是精神形态的校园文化，是校园文化的最高层面，蕴含深厚的文化底蕴和优良传统，它结合传统与现实，弘扬热爱祖国、热爱人民、热爱学校、热爱艺术的精神，包含学校的传统、校风、学风、人际关系、集体舆论、心理氛围及各种规章制度、非明文规范的行为规则。无形的校园景观可以从制度、礼仪、校园文化三方面来打造。

1. "不依规矩，不成方圆。"一所学校，须有一套完整的制度。但是要赋予制度以文化色彩，把"软文化"与"硬制度"熔于一炉，铸造出刚柔相济、软硬相容的"合金"式的规章制度，尽可能创造出浓厚文化气氛以及动情动心、催人奋进的规章制度，使师生在执行制度、遵守纪律的同时，享有自尊，实现自我价值。

例:育才的卫生教育29事:(1)凉开水漱口;(2)吃饭最多以三碗为限;(3)隔绝蝇蚊，尽可能消灭之;(4)吃水果用高锰酸钾消毒;(5)针刺刀割，两分钟内用碘酒敷伤口;(6)预防疲劳之休息;(7)防备急剧之冷热变化;(8)离开咳嗽者五尺远;(9)各人用各人的手巾、脸盆、碗筷;(10)用公筷分菜;(11)不要拉手;(12)不用功或运动过度;(13)睡眠时腹部要盖着;(14)游泳不得超过半小时，并不得令水入耳;(15)黄昏时不得看书，写作;(16)饭后半小时内不得看书、运动、游泳;(17)私人脸盆饭碗不得在水缸或公用水中取水;(18)夏日每天要饮6杯开水为度，其他季节酌减;(19)每日注意通大便一次;(20)睡眠时间充足，16岁以下以9小时为度;(21)吃水、洗脸水必须过滤;(22)保持水源之清洁;(23)菜必须弄熟吃;(24)不随地吐痰;(25)一切环境要保持清洁；（26）肃清米中之谷秕；（27）睡觉前必须刷牙；（28）营养之科学分配；（29）适当的运动。

2. 校园礼仪是学校目标、价值观念和精神作用指导下的学校文化传统形式。校园礼仪能激发和强化师生的文化意识，产生归属感和自我约束力，为将来做一个受人尊敬的文明人打下坚实基础。

例：育才的礼节与公约：

（1）会场中：争辩是非正义，不意气用事；集会，都要做到迅速、整齐、安静；让客坐高（前）位；遇友来，注目点头，无声招呼；开会前、休息时，邻座可以低声说话；检点仪容；轻步进出；会未毕，不退；离开会场，必得值日分队长之允许；不大声咳嗽、随地吐痰、瞌睡；端正而坐；脱帽；有意见发表，先举手，得主席允许而后发言。

（2）同学间：同学有过，则劝他速改；见同学违反风纪，则爱校甚于爱友，劝他主动报告，如有人不愿主动报告，则向有关方面报告；戒相骂、打架、轻佻。

（3）穿衣：衣不违时；整洁；纽扣扣起；破烂即补；衣服洗干晒干后，即折叠收存。

（4）饮食：盛饭盛汤时，依先后排队，公筷取菜，另碗分菜；吃饭要细嚼，喝汤吃稀饭，不使出声；需要说话，必须音轻，饭后不立即喝开水；饭后半小时内，不做剧烈运动。

（5）居住：吐痰入盂；纸屑入篓。

（6）图书馆：肃静、整洁；阅书报及摘录笔记自修以外，不做别事；遇校宾到时，应起立;阅览公众书报，不折角，不画线，不加批，不粘唾，依照规定手续借还；退出时，必将坐凳整理还原，放置桌下。

3. 校园文化活动主要目的是育人，在参与中自我教育、自我管理、自我发展，培养手脑双挥自助助人的有用人才。

三、校园文化的人文精神

学校的人文精神是学校的一种精神与追求，是学校最值得品味的东西，学校文化建设是最高层面上的建设，它引领学校各项建设，推进学校可持续发展，提高教育的品质。文化立项是现代学校走内涵发展之路的坚定选择。深厚的文化底蕴和优良传统赋予学校最鲜活的生命，给学生最美好的童年。可以从以下几个方面建设校园人文精神：

第一，校园建设营造整体美，绿色植物营造环境美。校园绿化是一首隽永的歌，它时时散发出美的音符。一个每天面对鲜花、绿草和大树的孩子，他从小就在心中埋下爱和美的种子，他爱大自然，爱花草树木，爱蜜蜂、蝴蝶、小鸟……长大了，他怎么会去虐杀动物？更不可能去杀人或漠视自己的生命。

第二，书香满园，让读书成为习惯，让习惯成为自然，让健康相伴每一天。

第三，丰富校园文化活动，鲜活校园文化生活，放松心情，陶冶情操，培养良好的精神品质。

例：新年晚会、学生演讲、歌咏比赛。

第四，设立动心动情的规章制度。

例：校训、校风、教风、学风；校旗、校服、校歌、校徽。

评师德模范、教研之星、优秀班主任等；评文明班、读书大王。

第五，建设班级文化。

例：班训、班名、班徽等，主题班会；办好班报、社会实践、图书角、"读名篇、看名篇、背名诗、唱校歌"。

（一）教师的人文精神

教师的人文精神表现为对学生的尊重和对学生成长的关心，表现为教书育人的强烈责任感和历史使命感。

人文素养处在教师整体素养的核心位置，也是师德的核心位置。体现在：

1. 正确认识教学基本目标，不是教书，而是教会学生做人。

2. 尊重孩子，孩子是独立的个体，他们有权设计和规划自我。

3. 理解孩子的个性化成长。

优秀的教师，一定是文化底蕴深厚的，有人文精神的。他应是很美的：言行、服饰、才气，只有提高人文素养才能从教书匠成为真正的好老师。

（二）学生的人文精神

学生的人文精神是在学习、生活、家庭、社会中表现出来的综合素质。

要懂得生命的意义和价值。读书绝不是为了自己，读书是为了国家而求学问。读书、做事要确定一个方向：先做自己应该做的事，再做自己喜欢做的事。读书的真正目标是责任。

学会表达和沟通。不论你做了多么优秀的工作，不会表达，无法让更多的人理解、分享，等于白做。尽量学会与各类人交往和沟通，主动表达对事物的看法和意见，公众场合发表演讲锻炼能力。

团队精神非常关键。读书之余积极参加社团工作，与他人分工合作、分享成果、互助互惠的过程中，体会团队精神的重要性。"你付出越多，得到也越多"。但如果你让人觉得"你的是我的，我的还是我的"，谁会再帮你？反之，你会得到更多人的回报。

如何提高自己的综合素质：

1. 做一个主动的人。应主动去了解自己要什么并规划它们，再全力以赴去完成。有责任心和爱心，全力投入，不断努力，没有做不成的事。

应虚心接受别人的批评，努力寻找一位良师，使其对你有所指点，包括为人处世、看问题的眼光、应对突发事件的能力。除了自己的老师，还可以求教于别的专家、老师，更不要忘了去求教"最博学的老师"——网络。做一个"有心人"，充分利用学校时间，为一生打好基础。

2. 挑战自我、开发自身潜力。给自己设定目标，竞争没有边界，开放思维，站在一个更高的起点，设定更具挑战性的标准，切不可做"井底之蛙"，山外有山，人外有人。

看问题应有自己的眼光，有独立思考的能力，不一定大多数人认为对的、权威认可的才是正确的，不能盲从，多问几个为什么。

四、结束语

学校是文化机构，是传播知识、传承文化的地方。建设学校就是要建设学校文化。学校文化表现在哪些方面呢？

（一）学校文化建设首先表现在培育目标上

学校的培养目标是育人，培育德智体美全面发展的社会主义建设者和接班人。而育人，包括道德品质的形成、体质的增强，也包括知识的增长。

（二）学校文化建设还表现在课程上、教学上

当然课程本身包含着知识文化的传承。要认识到课程和教学是文化的载体，努力去探讨课程的文化蕴涵，同时结合学校的具体条件，创设学校的校本课程，教学中重视教材中的文化内涵，不仅传播知识，而且重视价值观、思想情感的熏陶。

（三）学校文化建设更重要的是表现在校风上

什么是校风？校风是指一个学校的治学态度和思想方法。它不仅表现在教师怎么教，学生怎么学上，还表现在其他的方方面面。表现在领导班子身上就是有没有先进的办学理念，有没有人文管理的精神，有没有组织团队不断学习，不断进步规划；表现在教师身上就是有没有敬业笃学的精神、教书育人的品质；表现在学生身上就是有没有刻苦钻研的态度、开拓进取的精神，等等。

学校应该成为学习的典范。通过学习求学校的发展，通过学习求师

生的发展。校园环境、师生谈吐，都能反映出一种校园文化。学校是一个人文荟萃的地方，一草一木、一言一行都反映出这个学校的文化，反映出这个学校的人文精神。这种文化潜移默化滋润着每一位师生。因此学校文化是学校教育的灵魂。

校园文化是一本书，是一个实习基地，是实施素质教育的好课堂。抓好校园文化建设，研究校园特色景观蕴含的人文精神，可以进一步增强学校的凝聚力和向心力。良好的校园环境、校风校貌，能使师生员工感到学校更可爱，从而由衷地产生一种爱我学校、美我学校、为我学校增光彩的情感，这样就能使学校的办学质量上一个新的台阶。打造好一个和谐的校园文化，建设一个和谐的校园，弘扬浓郁的人文精神，使学生无论在学校的任何一个地方，都有一种满足感、舒适感、温馨感和求知欲，都会感到一种成长的需要和力量，即使将来离开学校，也会运用在学校学到的文化知识和做人的道理，去应对复杂的社会和繁重的工作。心中种下善因，必然结出丰硕的善果，对社会和谐、国家强盛产生不可估量的作用，是功德无量的大事，也是我们必须做，必须做好的大事。让我们万众一心，共创伟业，为实现中华民族的伟大复兴而奋斗！

2008 年 10 月 10 日

‖ 党员讲座

先锋模范
——致静安区康定街道

    在我很小的时候，每当听到人们提起共产党员，我的心里就肃然起敬。有一次，学校附近一个农民的孩子掉到井里去了，第一个跳下去救的，是我们的共产党员老师王大哥。当学校组织我们去灭钉螺的时候，第一个跳到河里面去挖泥的，是我们的学生会主席共产党员叶大组。我自小就知道，共产党员是世界上最好的人。

    作为共产党员要有许多可贵的品质。

    第一，共产党员要有真实坦荡的精神。陶行知先生曾说过：要说真话，做真人，去创造真、善、美的世界。

    吴承仕，著名学者。抗战爆发后，他留在天津办地下进步刊物，参加抗日救亡运动，被日军抓住后，日军劝他投降，他严词驳斥，坦然就义。临刑前，问他有什么话说？吴先生昂首挺立义正词严："人生自古谁无死，留取丹心照汗青。"陶行知得知先生以身殉国，半夜，披衣起床挥笔，为吴先生送行。

    第二，共产党员要有爱满天下的精神。这句话包含的意思很多，我在这里只想说一点。陶行知先生说过，把爱心捧在手上，你将得到爱的回报。我们每个人活在世界上，都希望别人能够爱自己。生下来，希望父母爱；结了婚，希望爱人爱；生了儿女，希望儿女爱；在单位里，希望领导爱、同事爱，等等。人人都需要爱，但如果不把爱心捧在手上，你将得不到爱的回报。我有一个老师，他曾教过我物理，在学校里，我是一个调皮捣蛋的学生，物理老是不及格。而我的老师屠大哥（我学习的行知中学，前身是陶行知先生创办的育才学校，我们所提倡的就是陶行知先生的爱的教育，称老师为大哥、大姐）没有因为我的物理成绩不好而嫌弃我，天天晚上给我补课。可是我这个人没有物理思维，教了三遍还是不懂，最后，我自己也不好意思了。但是他没有因此对我有什么看法。他给我补课，有时候给我讲宁波的风土人情，因为我和他是同乡，都是宁波人。有时他还给我讲故事。就这样，在一年的交往中，我虽然物理没有学好，却懂得了老师对我的一颗爱心，我要以同样的爱来回报。几十年过去了，我们的屠大哥年事已高，疾病缠身，回到了宁波乡下。我每年都要到宁波去看我的父母，每次回家乡，都忘不了去看我的老师，我虽然没有能力来改变老师清贫的生活，也不能使屠大哥恢复健康，更买不起昂贵的礼物，但是我准备了一份礼物——一盒磁带，一盒载着爱的磁带。每当有老同学来看我的时候，我就叫他跟屠大哥说几句话，我录下来，等到去宁波看屠大哥的时候，就把这盒满载着学生们对老师的爱的磁带送给他。屠大哥一边听，一边哭，听完了，他对我说："今天，你把春天给我带来了，把光明给我带来了，这是对我最大的安慰，为此我可以多活十年。"屠大哥在他的晚年得到了学生们的关爱和惦念，就是因为他在年轻的时候，把爱心献给了我们。如果我们每个共产党员都把爱心捧在手上，献给别人，那么我们这个社会将会充满爱。我们要像陶行知先生说的那样，把爱心捧在手上，从自己身边的人做起，爱周围的一切。爱父母、爱家庭，从而爱我们的学校、工厂、机关，爱周围的一草一木，爱一切真、善、美的事物。

第三，共产党员要有乐观进取的精神。我在这里看到许多白发苍苍的老人，大概是退休的老党员，你们的党龄可能比我的年龄还大。陶行知先生说过，人活的时候少，死的时候多，如果他活着的时候能为人民做点事，那他将会得到永生。怎样才能做到这一点呢？人的一生有许多苦恼，有的苦恼是外界给的，无法避免。而有的苦恼却是自己找的。我朋友的母亲七十几岁了，她经常到我这里来告状。她的儿子三十岁了，还没有结婚，她急得不得了，托张三找李四，要给儿子找一个媳妇。媳妇找到了,结了婚,成了家,矛盾就来了。她说:"端起饭碗我的气就来了,如果今天吃鸡,鸡大腿就送到媳妇的碗里了,我这个娘只能啃骨头。买来橘子,我还没吃,儿子跑到房里剥给她吃,她自己没有手啊?看不惯。"我说:"你怎么吃醋吃到媳妇的头上了?如果他们夫妻吵架,你又不高兴了,现在他们夫妻和睦,你却吃醋吃到这种地步!没有人买橘子给你吃,你可以自己去买,没有人剥给你吃,你可以叫丈夫剥给你吃。这不是很好吗?"我们生活中的烦恼的确很多,但只要我们时刻保持乐观的精神,一切困难都将迎刃而解。陶行知先生说过,人生是欢乐与患难交织而成的,一个追求真理的人就是以与苦难搏斗为乐。有人说:"叶老师,你现在出名了,到处去讲课,作报告,还上了报纸,评上了先进。"可是他们哪知道我的烦恼多得不得了。人们所说的,"人怕出名,猪怕壮",我现在是深有体会了,比如说,我外出讲课的日程早已排好了,于是我一点活动的自由也没有了,如果突然出了一件急事,我怎么办呢?上星期五,我的一个老同学去世了,按理说我应该去参加他的追悼会,可是有几百个人等着我去做报告。有什么办法呢?我连他最后一面都没有见到。有一次我生病,发烧 39 度,可早已约好到学校去做报告,会场上有 550 人在等着听我的演讲,怎么办呢?只好咬咬牙去。这个滋味是很难熬的。我还达不到陶行知先生"捧着一颗心来,不带半根草去"的境界,只能说是有一点对工作的责任心。有的时候,我真是希望今天一个人也不要来,让我休息一天。但是人家怎么知道呢?对你来说,今天是第六场报告了,可是对别人来讲,可能是一生中第一次,也可能是最后一次到陶馆来,所以我必须认真接待。生活中这种烦恼有很多,但快乐也有很多。去年教师节有人送花到我家,我到现在还不知是谁送的。每次,当我的报告结束的时候,大家对我报以热烈的掌声,虽然只有短短的几秒钟,但我从中得到了乐趣,我觉得我没有白活。有人说我傻到无药可救了。陶行知先生曾经写过一首诗:"傻瓜种瓜,种出傻瓜,唯有傻瓜,救得中华。"有的时候就是要傻,人傻一点,苦恼就少一点,乐趣也就多一点。陶行知先生说,不要自寻烦恼,不要埋头苦干。要抬头乐干,也就是抬起头来，知道我们为什么要干，抬起头来知道我们为什么做人，要快快乐乐地工作，快快乐乐地做人，在自己的岗位上去寻找乐趣。这就是陶行知先生提倡的抬头乐干精神。他说一个人有烦恼，这是没有办法的，因为人生本就是欢乐与患难交织而成的。烦恼的时候，你就唱歌、跳舞、演戏、游戏，或者吟诗，然后烦恼就没有了，心也就平静了。

各位同志，在我的幼年时代、少年时代、青年时代，我对共产党员都是非常尊敬的。一直认为世界上最好的人、最高尚的人，就是共产党员，他们用行动给我留下了深深的印象。我希望，我们国家的党员要无愧于这样的称号，不论在什么岗位上，为了祖国的兴旺，为了祖国的富强，继续起党员的先锋模范作用。那么在我们中国，每当人们提起共产党员，想到的总是无比高大的形象。到那时，我们的共产党员一定都像陶行知先生说的那样，"捧着一颗心来，不带半根草去"。我们的国家一定会兴旺发达。

第四，培养自己多方面的兴趣。现在单位里工作很忙，家里的家务又很多，生活的圈子就因此变得很小。陶行知先生曾说过：要做一个快乐的人，就要把自己的生活圈子放大一点。也就是他提的要去唱唱歌、跳跳舞，去演戏、去写生、去参加各种文艺活动，要学会收拾整理自己。对一个妇女来说，不要一天到晚就是台子、锅子、炉子、盘子，假如是这样，生活就会变得枯燥乏味，会越活越没有劲，越活越觉得没有意思。苦恼的时候可以出来走走，看看戏，找朋友聊聊天；或者可以去大哭一场，把苦恼化为眼泪，不要把苦恼憋在心里面。还有一点，要学会收拾和整理自己。年轻的人，不打扮也很漂亮，随便穿什么衣服都是很美的，但是老人就不同了。脸上的皱纹很多，头发也白了，更加要梳妆打扮了，显出一种精神焕发、朝气蓬勃的样子，永远保持一种青春常在的精神。

最后一点，我想讲陶行知教育儿女的问题了。陶先生说，看一个家庭是什么样的，就看这个家里的主妇是什么样子；看家里的儿女是什么样子，就看他的母亲是什么样子；看一个国家，就看这个国家的妇女是什么样子。我很赞同这段话，的确是这样，儿女们最好的老师是他们的母亲。母亲是一个知识分子，儿女多半温文尔雅；母亲是个纺织女工，儿女说话大多粗声大气；母亲是菜场里的营业员，儿女也许会骂人。当然也不是一概而论，我讲的是一种共性。虽然作为一个母亲，她不希望自己的子女继承她的缺点，但是她的一举一动、一言一行，会无形中影响她的儿女。因此作为一个母亲必须具有公德和私德。公德即爱祖国、爱人民、爱事业、爱真善美等。今天，我主要讲私德。所谓私德，就是生活中的小节，比如，我经常在车上看到这样的场景，母亲带着孩子乘车，抢到一个位子坐下来，不一会儿，上来一个老人，孩子站起来，说："让老奶奶坐。"母亲却说："坐着别动。"孩子说："我们老师讲的，要让给老人坐。""烦死了，烦死了！"这位母亲觉得这样是为孩子好，却不知给孩子做了不好的示范，他将来就不会尊敬老人，不会尊敬家人。很多生活细节都是私德的流露。陶行知先生说，我们要多一点水仙花而少一点面包。这是什么意思呢？面包就是用来喂饱肚子的，这一点当然很好解决。但是，喂饱脑子这个问题却不大好解决，而水仙花，就是起了这个作用。水仙花就是精神建设，我们要拿面包去换水仙花，而不要只重视物质建设。现在有的家庭就只重视物质建设，彩电、冰箱、录像机，都有计划，一年买一样，而订书报杂志却没有计划。我曾在学生中作过一个调查，很多家里只订《新民晚报》，有的甚至连《新民晚报》都没有。有的家里连写字台也没有，家里人打麻将，孩子只好到凳子上去做功课。孩子的物质生活母亲很重视，天天鸡蛋、牛奶、排骨，而孩子喜欢什么，脑子里想什么，母亲却不知道。从来不带孩子到书店去，自己也没阅读的习惯，天天晚上坐在沙发上织毛衣、看电视，脑子空空，这样怎么去教育孩子？所以，生活中要有一点"水仙花"，有的时候甚至要拿面包去换一点"水仙花"。买一个书橱，给孩子建一个文化角落，使孩子从小就有很好的学习环境，养成良好的学习习惯，让他从小就知道"水仙花"比面包更重要。陶行知先生曾说，我们要建立一条人格的长城，使自己成为一个高尚的人。一个高尚的母亲，才能教育出高尚的子女来。

私德包括的方面还有很多，比如和婆婆之间的关系。我有个朋友的母亲是幼儿园教师，退休后做里弄干部，但是和所有的妇女一样，她的气量有的地方很大，可有的地方特别小。宁波人有一句话，"若要好，老做小"，这是生活的哲理，婆婆和媳妇之间的关系要好，婆婆首先要"老做小"，要宽容，要有气度。她女儿经常和她妈妈说："你对媳妇像对我一样好，就好了。"她就是做不到。每次女儿回家，她恨不得把心都掏出来，女儿喜欢吃什么她记得很牢。女儿喜欢吃卷心菜的头，这卷心菜的头是不值钱的，只有母亲会记得女儿爱吃。平时，都要到邻居家去讨来，"你们家卷心菜的头有吗？我们家大女儿来了，她喜欢吃的。"可是儿媳妇要吃点什么东西，她是不肯的，也想不到。这样子呢，吃饭的时候差别就来了，凡是吃鸡，母亲就把鸡大腿给女儿吃，媳妇坐在旁边是没有的。女儿说："妈妈呀，你这样子关系怎么搞得好？你不能宽容待人，不能老做小。"儿媳和婆婆之间虽然没有吵架，但关系却不能非常融洽。反过来媳妇对婆婆也是这样子，自己的母亲讲话很随便，和婆婆讲话就有顾虑，要想一想再说。所以婆媳之间总是有一定的界线。假如人人都能宽容待人，和为贵，那么矛盾也少了，烦恼也就少得多。陶先生这话是很有道理的。陶先生最反对人闹意见。他叫人家想一想："几个人掌舵，几个人摇桨，有祸别人当，有福自己享。这个骂得毒，那个骂得响。拿把秤来称一称，一个是半斤，一个是八两。"陶行知先生说，宽容待人，尽其所长，恕其所短，这个世界就会变得很美。

　　妇女要想在社会上有一定的地位，她首先要看重自己。也就是说要让社会看重自己，她自己首先要做到。陶行知先生提倡要想让妇女在社会上有地位，就必须和整个社会联系在一起。关起门来过妇女节是过不成功的，也没有什么意义。他认为妇女对我们国家的前途是重要的，在妇女的手里掌握着幼年人的命运，还掌握着我们国家的命运。他提倡妇女活到老，学到老，做到老，才有资格去教到老。很多妇女回到家里围着家务团团转，似乎很忙，开口不是毛衣花样，就是东家婆婆，西家公公，不是儿女，就是媳妇女婿，国家发生什么事情，因为她没有时间去看，什么都不知道。我们要增加自己的生活内容，要得到平等，必须有一肚子的学问，要做一个好母亲，要做一个好妇女，我们不能使一日虚度，一时虚度。

另外，要提高妇女的地位，得学会收拾整理自己。收拾整理自己，就是仪容仪表美的问题，这也是一门学问。在我们这里，30岁以上的妇女就不大打扮了，说打扮是年轻人的事了。老人就更加不打扮了，说老人打扮要给人笑掉牙了。可是在国外，越老越要打扮，为什么呢？要显示出你的精神。我每次外出总要精心地梳妆，有人说："叶老师，你出去讲课像赴宴会一样，做什么呢？"我说："我到讲台上讲课，不能上台就让人家倒吸一口凉气，倒了人家的胃口，这个人蓬头垢面的，像痴子一样，这个报告一定不会好的。"我希望自己永远也不要老。可是岁月流逝，我们是无力阻止的。只能尽可能地使自己显示出一种气质美，使自己变得精神一点。

最后，我要把陶行知先生的一首诗送给大家，诗的题目是"拼命"："攀山要到绝山顶，划船要到海中心，干要拼命，战要拼命，玩，如果有，也要拼命，活着就是要拼命。"做人就是要拼命，干工作要去拼命，打仗要去拼命，玩也要去拼命，什么事情都去拼命，做人就有意思了。今年4月初，我到黄山去做业务交流，一起去的还有12个人，一大半是小青年。到了黄山，我想登最高峰天都峰，海拔约有1800米，可是当离天都峰只有150米的时候，大家都爬不上去了。这时候腿不是自己的了，手也不是自己的了，背着的包重得要命，大家都坐下来休息，站也站不起来。我们就讨论要不要上去，有两个小青年说不去了，看见就好了。两个老人也说不去了，老命也要送掉，而我说，我要去的。有人说："好了叶老师，你别去了，你已经50岁了，你以为自己还是小青年，到了上面摔一跤，命也送掉。"我想了想，把鞋带系紧，继续攀登，一面上，一面念着陶行知的这句话，"玩，如果有，也要拼命。"我现在登山就是要拼命。"登山要到绝山顶，向山顶进发"，这150米的台阶，我整整爬了两个多小时，最后是"四脚"着地，口又渴，一步一喘，汗流浃背，身上背的包实在想扔掉。咒骂着山为什么那么高，也恨自己为什么要来爬，可是还是在那里爬呀、爬呀，终于到了山顶。站在山顶上，看脚下的景色真是美不胜收。无限风光在险峰，这句话我是体会到了。云雾在我的脚下飘动，山下的人像蚂蚁那样小，空气是那样的清新，山风吹着我的头发，我觉得自己像神仙一样。人生的乐趣就在于拼搏，像爬山一样。所以我在下山的路上想了这几句话：爬山的路，是艰难的路、曲折的路、单调的路、拼命的路，但是爬山的路也是光明的路、胜利的路、五彩的路、成功的路。爬山如此，做人也如此。我把我的体会告诉大家，我祝愿各位同志，各位大姐，能从生活、工作、事业当中得到乐趣，快快乐乐地做人，快快乐乐地生活，快快乐乐地工作，做一个快快乐乐的成功的中国人！

1990 年 6 月 2 日

追求真理做真人
——致静安区房地局全局同志

说明：此讲稿根据录音整理，因录音有损坏，缺了开头及一、二、三点。30多年前的报告，有着时代印迹，如补写，不能完全如旧貌，还是让它缺失，以保留原样。

各位同志：

前些日子，区房地局刘德年局长带党员来我们馆参观，听了我的报告，他说，这报告好，陶行知精神感人，但组织全局党员来参观比较困难，希望我能去局里讲一场。虽然我工作忙，但被他的热情感动，所以今天我来了。

刚才负责接待的柳方樑先生告诉我，刘局关照了，这么好的报告一定要借个特别好的会场，我看见了，这会场真的漂亮，还有空调，原来是市政协礼堂，请你们转告刘局，我谢谢他。

（内容缺失）

他说我干不来，那里遍地都是石头，拣也拣不完，我还是回来当你的学生，不当场长了。陶先生说：人生是欢乐与患难交织而成，一个追求真理的人是以与患难搏斗为乐，得到乐趣，得到胜利，最后成才。你必须把农场办起来，不办起来不许回来见我，非办到底不可。这孩子哭着走了，他心里非常委屈，可是陶行知先生是他尊敬的老师，他没有办法，只好去。到了那里他想起陶先生的话："谁办农场是一个人办的。"于是他拜老农为师，请农民帮助。在办农场的过程中与天斗，与地斗，与病虫害斗。把农场办起来，自己成为一个坚强的人。李长春是陶行知的学生，蹲过牛棚，坐过监牢，戴过帽子，但是他始终记着陶先生的话，一个追求真理的人是以与患难搏斗为乐。一直坚持到春天的到来，现在是陶研会的负责人，在上海师范大学当教师。

一个人的一生会碰到许许多多的苦难，而且生活中苦要比乐多，为什么呢？因为人在快乐的时候往往不觉得快乐，譬如加工资，加一级，也没什么，加个三级、五级还差不多，所以加工资也不算快乐。如果评上先进呢？唉，评上先进算什么呢，我本来就很好，老早就该评了，所以评上先进也没有什么快乐。分了房子呢，又想着人家住三房一厅，我住两房，比起人家差得远呢！所以凡是得到满足的东西，总是觉得比起别人来还差得远，没有什么快乐。而苦恼却不同了，当人碰到一点苦，就觉得自己很倒霉，怎么倒霉的事老是碰到我，那么苦恼，那么痛苦。实际上痛苦可以锤炼自己，培养自己百折不挠的精神，痛苦是一笔财富。拿我自己来说，别人称赞我的报告很生动，也有人说你的报告我听了好几遍了，还想听，这个原因是什么呢？我想这和我半生的经历有关，我做过许许多多的工作，使我有多方面的才能，能适应各种环境。陶行知先生说：向前看是勃勃的黎明，朝后看是沉沉的黑夜，走路这样子，做人也是这样子的。陶先生说得非常对，这就是战斗的人生观，但是有一种战斗是要不得的，那就是私斗。为了一句话，为了一个字，为了一个铜板可以打得头破血流，这是战斗吗？这是小小的私斗，浪费了我们民族的战斗力，这是千万不能要的。

陶行知说：我们做人就是要瞄准大众的幸福，而不是谋私利，不是为我们个人的利益而搏斗，他曾经有这样一段话："大学之道，在明明德，在亲民，在止于人民的幸福。"止，就是瞄准的意思，这就是天下为公。人民是我们的亲人，和人民并肩作战，成为人民的一分子。陶行知先生爱人民，一生有许许多多的例子。在山海工学团，那些老农民给我讲了许多故事，一面讲，一面哭，虽然这些事已过去50年了。有一次，在山海地区闹百年不遇大旱的时候，陶行知先生看到农民抗旱，日夜拉水非常辛苦，就从上海募捐来两台抽水机，由人力车运过去，陶行知先生坐在车上，前面摆着一台抽水机，天很热，人力车夫从沪太路拉过去。那时的沪太路不像现在是柏油马路，而是坑坑洼洼。上面的太阳晒得很辣，下面的路又不好走。人力车夫汗如雨下，越拉越慢，到了龙潭那里，陶行知先生说："停一下，停一下。"人力车夫就停下了，一边擦汗，一边用自己的衣衫扇，陶行知先生说："你坐到上面去休息一下。"人力车夫说："不用了，不用了，我休息一下，马上就拉。"陶行知先生说："你坐到上面去，我来拉你。"人力车夫一看，穿着长衫，戴着眼镜，读书人的样子，这不是要寻我开心啊？大概要赖掉他的车钱，马上说："我不坐，我不坐。"陶先生说："你坐上去，我来拉你一段。"这个车夫傻了眼，他想今天这个人有毛病，不肯坐上去。陶先生说："我是一个先生，我要试试拉车的苦，我今天来吃吃拉车的苦头，我将来就可以更好地去教书。我会付你的车钱。"车夫很奇怪。到了目的地，两人从车上把抽水机搬下来，陶先生一面擦汗，一面脱掉身上的长衫，说："坐车不知拉车苦，从今以后不再坐车。"以后，陶行知先生真的不再坐车，总是说坐11号车（步行）最好了。在山海工学团，陶行知先生经常到农民家里吃饭，农民看见陶行知先生来，总是要备点小菜。陶行知先生为了不麻烦农民，有时候就不讲什么时候去。有一次，他到一个农民家里，揭开锅，里面只有一点菜叶煮的汤。农民看见陶先生来，很难为情，说："陶先生，我们今天什么菜也没有。"陶先生拿起碗舀了一碗菜汤，一面吃一面说："我从来没有吃过菜汤，今天尝尝不是很好吗？"结果他吃了两碗菜汤，把碗扣过来放在桌子上，碗下放了口袋里仅有的两块钱，然后回上海。结果他连坐车的钱也没有了，只好走着回去。像这样的例子，在陶先生身上非常之多，我们山海地区不叫陶先生、陶校长、陶夫子，而是叫陶老头、陶大哥。这就是陶行知先生止于大众之幸福，和农民打成一片的生动例子。你爱人民，人民才会爱你。

虚心，虚心，再虚心。我们要虚心地向周围的一切人学习，跟老师学，跟学生学，跟朋友学，跟小孩子学，跟敌人学，跟大社会学，跟自然学，学得多，学得专，学得精。陶先生提倡，一个人要进步，就必须学习，向谁学呢？向一切人学，包括那些被我们称作敌人的人。因为从反面也可以得到教益。陶先生在1946年6月、7月，被列为黑名单上的第三名，他在上海，经常到上海的茶馆和人谈事情，后来他在文章中说，茶馆里没有人认识我是陶行知，经常有特务来喝茶，他们在那里讲话："倒霉，今天抓陶行知又没有抓到，今天抓某某人又没有抓到。"他说："我从他们的谈话中得到信息，学到要怎么去周旋。"所以也要向敌人学。向小孩子学，是怎么回事？陶行知先生说："人人都说小孩子，谁知人小心不小。你若小看小孩子，便比小孩还要小。"小孩身上有许多我们可以学的东西。有一次，陶行知在南通作报告，他说我们大家都要教别人做小先生，他随口说："读了书，不教人。什么人，不是人。"这时一个六岁的小孩子马上站起来说："陶先生，不是人是骂人的话。不是人是什么呀，是鸡、鸭、狗、猫，还是桌椅板凳呀？""哎哟，"陶先生说："我没有想到，你给我改一改怎么样？"这个小孩不知道陶行知先生是大学教授，真的给他改了，"改成木头人，怎么样？""读了书，不教人。什么人，木头人。"陶先生说："我有了一个小先生，他比我行啊。"陶行知先生说："如果我们能向周围的一切人学习，那么我们就无往而不胜。"

这里我还要讲一讲向群众学习，因为你们都是党员，党员往往会有一种优越感。但作为群众，对党员的要求往往很苛刻。我们馆长老说我："小叶，你是一个理想主义者，你希望所有的党员都是真正的布尔什维克，那在现实还不可能。"但每每碰到事，我总要说："共产党员怎么可以这样子。"对于群众来说，他们对共产党员的要求要高一些；而对于共产党员来说，他们觉得群众不如我，我已经很好了，你总是挑剔我。像这种矛盾怎么解决？作为共产党员来说，要善于发现周围人的优点，向群众学习，哪怕这个人身上只有一个优点，我也向他学习，所以陶行知先生说，向我们周围的一切人学习，包括向敌人学习，向小孩子学习。

严于律己，待人宽容。陶先生写过这样一副对联："义则居先，利则居后。敬其所长，恕其所短。"陶先生的宿舍里有这样三个字"和为贵"。

陶先生朋友遍天下。为什么呢？就是因为他尽其所长，恕其所短。而他对自己的要求是非常严格的，严格到什么程度，举一个例子给大家听，在他办的晓庄师范，有许多校纪校规，规定学生不抽烟，不酗酒，不赌博。有一次农民请陶行知去吃饭，他去了，看到桌上有一瓶酒，就说："我不吃了，我要走了。"农民问为什么。陶行知说："这顿饭我不能吃，你要请我喝酒吗？喝酒违反校纪校规。"农民说："这又不是在学校里面，是在我家里，不吃饭，不喝酒，就不是真朋友。"为了不伤害农民的感情，陶行知先生喝了酒，吃了饭。可是回到学校里面，他没有到宿舍去，而是到反省室去了。（在陶行知办的学校里，没有什么开除、记过的处分，犯了错误，自己到反省室去）他面对墙壁坐下，学生觉得很奇怪，打了熄灯铃，陶先生怎么还不去睡觉？陶先生说："今天我犯错误了，我在外面喝了酒，违反了校纪校规，在这里面壁思过。"这就是他严于律己。宽容待人，体现在哪里？陶行知先生自己不抽烟，也反对别人抽烟，所以他的学校里是不允许抽烟的。后来翦伯赞到了陶先生的学校，翦先生是中国著名的历史学家，他很喜欢抽烟。他来了以后，陶先生就改变了自己的生活习惯，以前人家向他敬烟，他总是说不抽、不抽，你也不要抽。翦伯赞来了以后，有人再向他敬烟，他总是不客气地收下，做什么呢？攒多了以后用纸包一包去送给翦伯赞。有一次来了一个外国朋友，他们是不敬烟的，香烟拿出来自己抽，陶行知先生想外国朋友抽的一定是好烟，就动脑筋了，他说："今天我有点咳嗽，你不要抽烟好不好？"外国朋友就把烟放在桌子上，走的时候也不好意思拿走，陶先生一看，是一支骆驼牌香烟——外烟。很高兴，用纸包起来，写了一首诗，去送给翦伯赞，翦伯赞拆开来一看，诗是这样写的："抽一支骆驼烟，变一个活神仙。写一部新历史，流传到万万年。"陶行知先生的学校集中了当时我们中国的文化人，有郭沫若、茅盾、艾青、何其芳，等等。陶先生宽容待人，他自己不喜欢做的事，只要朋友喜欢，他就会去做。他就是以这样宽大的胸怀对待别人，因此朋友遍天下。譬如说，我朋友单位，每年他过生日都要送一盒蛋糕，送蛋糕也是一门学问。去年他们的工会主席来送蛋糕的时候，一进门就说："嘿，今天是你的生日，我送蛋糕来了。"朋友很开心，可是接下来就"多云转阴"了，因为这个工会主席说："唉，这个工会主席我不做了，累死了，我车上还有五盒蛋糕，我还要去送五个人。"朋友这个脸啊，就要下雨了，你是为送蛋糕而送蛋糕啊，不是真的来祝我生日快乐。朋友很不开心，"你看，是履行公事，连坐也不肯坐。"后来我就写了一封信给他们厂的工会主席，今年就不同了，他接受了我的意见，在朋友家里坐了一会，喝了茶，还问"老山，你对我们工作有什么意见？"我这个意见提得好，他也接受得很好。这个蛋糕不送也不要紧，而谈心问候却是少不了的。对待同志要真心、要宽容，这样才能赢得大家的心。假如你把陶行知的法宝学到手，你会赢得很多人的心。

乐观向上的进取精神。陶先生说："人总要老的，人总要死的，我们没有办法，但是我们可以想办法延长他的青春。有一个成语叫埋头苦干，这个成语不好。埋着头，低着头，闷着头，苦干，肯定干不好。苦干，越干越觉得苦，还干得好吗？改两个字，改成抬头乐干，抬起头来知道我们为什么去干，为什么去做人，抬起头来快快乐乐去干，快快乐乐地去做人。这就是一种进取精神，也是一种积极的人生态度。"有的人虽然已经五六十岁了，而我们觉得他不老；但是有的人，他只有四十几岁，看上去却很老。这是为什么呢？就是精神面貌不同。陶行知先生说：抬头乐干，青春常在，永远不老。应该怎么做？乐趣要自己去寻找。我自己就是例子，我觉得越活越年轻，越活越快乐。我宣传陶行知，有人问我："叶老师，你天天讲，讲了一千遍、两千遍，厌不厌？"我说："我不厌。"为什么呢？我不断从陶行知的著作里汲取营养，来修改我的讲稿。我针对不同的对象，准备了十个不同的讲稿。我现在讲的这个稿子，是今天上午最后定稿的。由于不断有新意，我不会厌。你们每个人在单位里都是有工作量的，今天应该做什么，明天应该做什么，一个月应该做什么，可是我的工作是被动的。来参观的人，是不定时定量的。去年我们陶馆的宣传组人手不够，三个人的工作压在我一个人身上，干得苦死了。我们馆里想了一个办法，凡是我外出讲课，就不安排人来参观。结果我在馆里的时候，就会来好多好多人，有的时候一天讲五六次，一次讲一个小时，一天六个小时，讲到最后连口水也没有了，真是连站也站不动了。让我坚持的，是责任心。假如我不在，来参观的同志只能看几张照片，半个小时就看完了，没有人给他们介绍，印象是很浅的。对于他们来说，是第一次来，可能也是最后一次来，所以我要好好接待。去年过年的时候，我光收到的贺卡，就有五十几张，都是不认识的人送来的。人生的价值莫过于被人认可，这就是我的乐趣，所以我现在精神面貌非常好，有人说叶老师，你现在是越活越年轻，我听了这话真高兴。人在苦恼的时候就要自己去寻找乐趣。最大的乐趣不是有很多钱，不仅是有一个很好的家庭，而是有一个合适的岗位，能够为之而奋斗的岗位，这个岗位不一定是很重要的领导岗位。比如我每天上班，在94路车站有一个废物箱，每天7点就有一个环卫所的青年来这里清理，我曾经为他写了一篇文章《快乐的清洁工人》。他清洗废物箱，第一是准时。因为我上班天天是7点整等在那里，他是7点一分钟也不差。我觉得了不起，没有人来管他，也没有领导来监督他，天天守时到岗，了不起。第二，总是唱歌。一面洗废物箱、痰盂，一面在那里吹口哨，快乐地在那里做被人们觉得是很低级的工作。哪怕是做一个环卫工人，去清洗一个废物箱，也有乐趣。所以人只要抬头乐干，就有乐趣。

做人要从小事做起。陶先生说：小事规规矩矩，大事规规矩矩，做人才会规规矩矩。这话是很有道理的。在陶行知办的育才学校里，有许多校纪和校规，他称为做人一百五十六条，我在这个学校里读过六年书，这些校纪和校规我直到现在还记得，可惜我到现在还没有全部做到。要是做到了，我一定也是一个高尚完美的人。为什么陶行知先生要定那么多的校纪和校规？就是从小事做起。比如走路也有规矩：走路要抬头挺胸、收腹、两手前后摆动。因为从走路可以看出一个人的精神面貌。所以直到现在，我也从来不会两手插在口袋里，或者手搭在人家的肩膀上走路。这就培养了我良好的体态。譬如说进图书馆也有规定：洗净双手，轻声入内，翻阅图书不许出声，阅毕放回原处，椅子放到桌内，轻声退去。在宿舍里也有规定，两样东西以上的都要排队，杯子排队、毛巾排队、茶杯排队，样样要排队，样样都要井井有条。办公室呢？陶行知说从办公室可以看出一个单位的精神面貌，回想起我曾经到很多单位里做报告，有的办公室乱七八糟，可以看出这个单位的精神面貌，至少是不振奋。陶行知说创造一个良好的环境要从办公室做起，办公室里的事情做好了，单位里面其他事也就随之做好了。

培养自己丰富的兴趣，增加自己生活的内容，使自己真正做到活到老，做到老，教到老。一个人一定要有广阔的视野，这个丰富的精神建设就是陶行知提倡的，要学习，不能让一日虚度，不能让一时虚度，要天天学习，这就是他提倡的要文明建设。家里要有一个文化的角落，要有读书的习惯，或者有一两种乐器、会唱歌、会跳舞、会演戏、会写生，创造一个文明的境界，使自己不断在社会、自然、历史的海洋中创造完美的精神生活。他说的完美的精神生活还包括了收拾和整理自己，也就是一种仪容仪表美。陶行知有很多次说到美育。他说基础的美育就是从每人的形象做起，也就是仪容仪表美。他说一个人即使是穿一件破衣，补丁也要用同样颜色的布补，同样颜色的线去缝，也会有一种和谐的美。我们讲仪容仪表美有人就会误解，认为梳妆打扮是年轻人的事情。陶先生说，一个人站在那里，他就应该是一个美育教育的形象，他的精神应该是很美的，外表也很美的，人人都能这样做，世界就能创造真、善、美。陶先生就是这样做的，他穿长衫的时候，每天要烫，平平整整；穿上学生装，横平竖直，透出来的白衬衫，白得耀眼，白的布袜，黑的布鞋，没有一点污垢。他整洁大方，胡子剃得溜光，剃个平顶头，站在那里就显示出振奋的精神。一个人应该像一个人的样子，整洁大方，美在精神，也美在外表。所以每一次上讲台，我总是穿得比较整齐，如果我穿西装，就要戴上领带，显示出我的精神，给大家一种振奋的美感。有人说：看一个国家是什么样子的，只要看这个国家的人民是什么样子的就可以了。这句话有一定道理。当然，我们说的美不一定就是要去赶时髦，或者去穿很漂亮的衣服。主要是服装整齐，创造出一种精神文明来，创造出我们中国的一种风俗和独特的民族的美。

千教万教，教人求真；千学万学，学做真人。最后，我想很简单地讲一下，陶先生的爱满天下，也就是他所提倡的丰富的感情。陶行知先生一生提倡：爱祖国、爱人民、爱集体、爱事业、爱青年、爱学生、爱朋友、爱孩子、爱亲人，爱诗、爱书，爱真、善、美，爱一切向前向上的东西。爱我们周围的一切事物和人，要有丰富的感情。一个人来到世界上总是希望有人爱他，小的时候希望父母爱，到了单位里希望领导爱，同事爱，没有人说我不要别人爱。可是，你希望别人爱你，你不先去付出怎么行呢？世界要充满爱，必须从我们自己做起，要得到爱的回报，必须去做爱的奉献。陶行知先生就得到了最好的爱的回报。到我们陶馆来参观的有很多陶行知以前的学生，他们站在陶行知的像前热泪盈眶。我们行知中学的校友，回母校去，都会流泪。去年我们母校建校五十周年，很多校友从英国、法国、澳大利亚以及全国各地赶到母校去参加校庆，他们花了几千美元或几百人民币是为了什么，就是为了到母校坐一坐当年的位置，叫一声："老师，你好！"和老同学站在玉兰树下，泪眼蒙眬。我们这些美好的感情，都出自当年母校老师对我们的培养，他们教我们要爱学校、爱老师、爱同学、爱玉兰树。几十年来，我们无法忘记母校。在校的学生在背后议论，这些老头老太太有毛病，到学校来哭什么呀，无法理解。我觉得很遗憾。也许一个人的感情就决定了他的生活内容。一个人要得到周围人的爱，他必须去付出。把爱心捧在手上，去献给人民。这个人民就是你的同事，你的亲人，你的邻居，你周围的一切人。你要想办法帮助他们，关心他们，然后你才有资格，才有可能得到回报。在陶行知的葬礼上，他的"爱满天下"，得到了验证。他在上海去世，上海人民把他的灵柩送到南京，将他安葬在他办的晓庄师范的崂山脚下，护送队伍中有名人董必武、翦伯赞、沈钧儒等，不断加入送葬队伍的还有叫花子、流浪儿、报童、女工、农友，甚至还有土匪，队伍有五里之长，他们都曾得到过陶行知先生的帮助。一路上家家户户摆上供桌和香、蜡烛，以我们民族的最高礼仪送别陶行知先生，这是我们在历史上很少见到的，很多人跪在地上失声痛哭。晓庄的农友们排着队，纷纷跪在地上，大声哭喊："陶先生，你是活活累死了。我们盼了你那么久，怎么盼来了你一个棺材。"情景非常感人。在陶先生的葬礼上，除了名人以外，还有他的农民朋友84岁的雷万源老先生。人民用自己独特的方式，纪念人民教育家陶行知。陶先生生前提倡的爱满天下，得到了最好的回报。

各位同志，在人生路上，做人就像陶行知先生说的，是一门最难的学问，有的人做得很成功，有的人失败了；有的人在困难面前夭折了，有的人变成了真正的铁汉子。这是为什么？大家听了我的报告也许会得出结论。我和大家一样，担负着家庭的重担，工作的重任。但是我觉得很愉快，因为我明白了人生的意义、工作的意义。

（整理此录音定稿这天，忽接到柳方樑先生的电话，真是久违了。31年前的这场报告，满场的掌声和感动的泪，至今还历历在目。柳先生后来一直与我保持联系，近年才疏于问候。人生苦短，岁月如梭，有许多遗憾，也有不少同行者，散失在时光中。但做过的事，会留下印痕，就如这场报告，现在想起，心里还挺暖的。）

1990 年 6 月 6 日

‖ 教师讲座

陶行知教育思想的前瞻性和实用性
——致山东寿光市实验小学教师

陶行知先生是我国现代伟大的教育家、思想家，是我国现代教育建设和改革的先行者和典范。他博大精深的教育理论和丰富的办学实践充分体现了革命性、实用性和预见性。他曾深刻地指出："教育是民族解放的武器，人类解放的武器""我们深信教育是国家万年根本大计"；"国家兴衰，视乎教育"；"我们必须拿着现代文明的钥匙，才能继续不断地去开发现代文明的宝库，保证川流不息的现代化"。陶先生光辉的教育思想和实践，与党的十六大精神和当今我国教育改革和发展的方针、原则有许多共通之处，可见其教育思想的前瞻性及其巨大的现代价值、实用价值。

革命教育家徐特立同志早就称颂陶行知，"在教育方面起了伟大的革命作用"，"陶行知的教育学说几乎与我们的教育事业完全一致"。这个"一致性"来自同人民群众和社会需要紧密的联系，来自与国家和人民的心愿保持一致，可谓同呼吸共命运。陶行知从把贫穷落后的旧中国改造成为富强昌盛的新中国这一崇高使命出发，强调教育要为经济和社会发展服务，强调为工农服务，强调现代世界的国家教育，一定要"顺应着时代和世界的教育趋势，而随伴着竞进"。

教育是为了国家的富强昌盛而为。作为教育家的陶行知密切关注着国家的命运，他的思想不但顺乎时代发展，也是历久弥新的。

今天，我从各个方面试着解读陶行知教育思想的前瞻性和实用性，以供各位老师参考。

陶行知说过："人民贫，非教育莫与富之；人民愚，非教育莫与智之；党见，非教育不除；精忠，非教育不出。"精辟地说明教育对于国家、民族的重要性。但是，多少年来，中国的教育问题不少，弯路走得很多，中国教育的出路在哪里呢？

一、教育之目的是"育才"

陶行知当年提出教育是"教人做人，教人做真人，教人做真善美的新人"。"教育的核心是做人。"陶行知提出的"做人"，有不少精辟的论点，又通过实践得到了证明，是行之有效的。

（一）尊重公共财产

陶先生说："要晓得一个人爱国不爱国，只须看他对于公有财产之态度，只须看他对于公有财产有没有不愿取之精神。"

育才学校有学生自治会，学生每人出1元钱，拿合起来的钱置办东西，就是自治会的公有财产。每个学生都要懂得对公产的尊重，陶先生规定："写私信不能用公家信纸信封；公款不能放在个人处。"

公家橱柜不能放私物，公家时间不能聊天或干私活。如有公款放在私人处，钱款进出，必有两个人签字，一则避嫌，二则防止漏洞。一切账目必须有专人审查，每半年至少一次，目的在于账目清楚以防公款之损失。"公私之间应当划条鸿沟，绝对隔离，不使它有毫厘之交通。"幼时就要让他懂得莫取之义有三：一不愿取，二不可取，三不敢取。习惯成自然，长大就成了严谨之人，小至爱校，大至爱国，均缘出于此。最近碰到上海教育出版社一高级编辑，说，中央要编三套教材，关于廉洁，小、中、大学各一套。廉洁要从小教育，小孩子容易犯的一些毛病，其实就是损坏公物。如图书馆的书随便乱翻，书店的书乱撕乱扔，公园的花木随意采折，外出旅行到处题名，在马路上吐痰扔垃圾……一个人从小懂得了尊重公有财产，就如阳光所照之处必无微生物一样，将来才能做个好国民。

（二）坚强的人格和百折不回的精神

陶行知认为，人的价值始终是社会的核心价值、终极价值。对于大环境我们无能为力，但教育必须教会人尊重生命，特别是尊重自己的生命。

陶行知提出教会学生有坚强的人格和百折不回的精神，与我们现在提的挫折教育是呼应的。

"困难给有志者以战斗之情绪与斗胜之智慧。""必须有战斗到底之意志，才能克服大的困难。"

每个人的人生道路都不会一帆风顺，从小让孩子吃点苦，懂一点生活的艰辛，甚至倒一点霉，摔几个跟头，使他们在生活的风浪中获得保护自己的本领，培养勇敢拼搏的勇气和力量，对他们的成长将起到重要的作用。

现实如何呢？我们的孩子经受了太沉重的爱，而失去了沐风淋雨的机会。我们举办过几届夏令营、冬令营，孩子们都很高兴，但哪一次如有家长参加，就什么事都做不好。他们觉得一切都应是风和日丽，有一点点不满意，就怨天尤人。使得孩子们不懂得珍惜，也不明白如何应对环境。

陶行知说："我只是常常的朝着光明迈进，常常的常常的面向着正义。夺去了，饿坏了，失败了，跌倒了，打散了，向前，拿出我所有的力量，回转到大路上来。"

战斗的人生观，百折不回的精神，坚强的意志，能使人从逆境中奋起，变平庸为神奇，经过锲而不舍的努力，必能成为真正的人才。

二、好教育应当给学生以出路

陶行知说"好教育必定可以给学生以能力，使他成为物质环境中的主宰，去号召环境。"

学校教育便应当着重于培养能力。晓庄师范有200亩荒地供学生种，自己盖房子、做园艺、修厕所，与农民交朋友……我们的学校继承了"育才"传统，下午3时以后不许坐在教室里，去参加各种各样的活动。在实践中培养能力，在生活中学到能力。

陶先生说:"人不能没有休息,但休息是人最险之时。人无论怎样忙,都没有损害,倘若休息,则魔鬼立至。我们可以看出社会上许多恶事,都是在休息时候做的。"所以教育还要教会人休息的能力。

学校教育还应教会学生技能。学生学会了各种技能,他可以在学习中感受到各种技能对于他是否合适,是否带来快乐,是否给自己带来便利……教育的"育才"是宝塔型的,除了精英,大多数是普通劳动者:工人、农民、裁缝、商人、职员……陶先生说,倘若一个人会读书而没有能力,则此人必分大家的利。倘若许多人会读书而没有能力……则许多人必分社会的利,就要造成社会的恐慌了。所以教育的"成绩"就是"技能",教育就是"技能教育",而非其他。

他还说到,学生离开学校,所学的课本知识都会忘记,但能力却如一颗种子,会发芽壮大,他就会有出路,有饭吃,他还可以以一种技能去主宰环境,即使是平凡劳动,他在私得以养家,对公是服务社会,使社会少了游手好闲之人,少了做不正当事的人,社会得益大矣!

陶行知提倡"做完整的人"中有一条:"有独立的职业",如果连生存都成了问题,还谈什么"做人"!可见"好教育应当给人以出路"是符合当今社会现状的。

三、办合理的、符合国情的教育,办好教育

陶行知一生关注最多的是"中华民族中最多数而最不幸之农人",他试图通过普及教育来改造农村,他办晓庄师范,对于农村教师首要条件是"农夫的身手",为农民教书,必然得像个农夫,过农夫的生活,知道农夫的疾苦。所以招生时先写好广告,说明"小名士、文凭迷不要来"。考试是种田、垦荒。这样才能在农村站得住脚,受农民欢迎。但当时国力不强,民不聊生,人人受教育不可能,陶行知提出:"注意国民经济能力,注意各地设学的能力。"酌量变通,以应社会与个人的需要。只知有"人才教育"是不对的,有的地方应该是扫盲识字,比如"四二制"初小四

年，高小二年。家贫读四年初小就可去当学徒，为父母分挑担子。家有余力的可读高小。然后可设中等专业学校（不收学费，还包伙食），让贫苦子弟可以读书，学得一技之长以谋生路。少部分人去上中学，更少的人上大学，乃至留洋。因国力弱，大部分人接受初等教育，使得不至于成文盲。家贫而好学者上中专……中华人民共和国成立以后，中等师范、护士学校等中专技校，实际上都如陶先生所说的不收费，包伙食。

这是当时的国情，并不是不要教育，而是提倡量力办事，竭尽可能让更多的人上学。虽说是初等教育，但比文盲肯定强多了。而且因为有了知识，他可以自学，继续升学。

现在有人提出要普及高中，提倡十二年义务教育；还有一种，争着上大学，似乎不上大学就没有出路，结果大学生是多了，但生产所需的技术工人少了。

让有限的国力合理分配，办符合国情的合理的教育，也许比动辄"办大教育""精英教育"要有效得多。

另外，是办好教育，指的是好的学校教育。办好学校，最主要要有好教师，好的课程设置。

育才学校1944年有一张表。学校有舞台一座，露天讲台4个，研究所4个，体育场3个，菜园10亩，荷花池1个，井3个，荒地245亩，图书2万册，人均132本书。钢琴2架，提琴、风琴各5架，仪器1000余件。152个学生有34位教师，其中留洋归来的4位，大学毕业的12人，其他的18人，大学毕业以上占一半左右。另外，还有外聘老师，如郭沫若讲甲骨文、翦伯赞讲中国通史、马思聪教小提琴、陈烟桥教版画……几乎包括了在重庆的中国文化界的所有名人。这一个优秀教师群体，对学生产生的影响是终生的。

"育才"课程设置。普修课：语文、数学、外语、哲学占3/4课时。特修课：音乐、戏剧、文学、绘画、社会、自然，约占1/4课时，另外便是走向大社会这个课堂，下矿山，去农村。

我们现在讲"课改"，改来改去，能否跳出"应试教育"，大家心里没底。

陶行知在办学实践中，已证明了开放的学校教育是好的教育。育才学校是一所中等学校，没有毕业证书，爱来就来，爱走就走，走了还可以再来。但离开学校后的育才学生，实践证明都是些手脑双挥、自主自动的人才。

四、教育的目标是培养好国民

陶行知说："教育就是教人做人，教人做好人，做好国民的意思。""读好书，做好人""会读书的人对于人类和国家应尽之责任，应享之权利，可以多明白些"，好国民的标准，陶行知认为有以下几点：

（一）健康的体魄

健康第一，除了身体健康之外，还需要兼顾心理健康。现在学生课业负担重，家长期望高，都想争第一，疏导少，加压多。需要对他们进行健康教育、性教育、责任教育。

（二）劳动的身手，做事的能力

我认识的留学生中有个高才生，住别墅，院子里长满了草，蒲公英花籽飞到隔壁，被人告上法庭。她读书优秀，但不知道如何锄草。如果人人只知读书，不会或不屑于扫地，天下谁去扫？

（三）科学的头脑

陶行知说一个真正的人，第一要有思想，要学而不厌。"我们必须拿着现代文明的钥匙，才能继续不断地去开发现代文明的宝库，保证川流不息的现代化。"他又说："科学是工业文明的母亲。我们要创造合理的工业文明，必须注重有驾驭自然力量的科学。"这是至理名言。

"神六上天"就是中国现代化最好的证明，我们需要千千万万个有科学头脑的人。但目前，不少青少年热衷于虚幻的网络游戏，改变这种情况，任重而道远。

（四）艺术的兴趣

艺术是人类最伟大的创造，陶行知说："大众的歌曲是大众的心灵的呼声……它来，是从大众的心里来；它去，是到大众的心里去。""最伟大的音乐是战斗的音乐，最伟大的文字是战斗的诗歌。""唱歌是最能启发人的心灵也是最厉害的迷魂汤。"

"创造艺术之环境"：校容要井井有条，井然有序，凛然有不可侵犯之威仪。什么东西放在哪里，只许放哪里，应该如何放，不许安不得其所。

（五）团体自治的精神

陶行知说："集体自治在育才是采用民主集中制"，"培养自动的力量……培养自觉的纪律。""……过于民主，发生过平均、平行等毛病"，"权力过于集中……被动呆板是其弱点"。

团体讨论让大家各抒己见，达到融会贯通之境界。

（六）优美和乐之精神

产生优美和乐之精神，首先要有好教师，好教师可影响学生一生，精神上的教育最易感动人。教师板着脸，训人不可取；应向小孩子学习，以心换心。

其次是恕道，恕道一是指感恩，感谢大自然赐予我们一切；感谢父母、师长、同学；感谢苦难、疾病。二是指宽恕，这是产生和乐感情的基础，陶行知说："敬其所长，恕其所短"，不要把自己之长与人之短比；也不要横向比，善于原谅别人。

第三，要有"情"。爱情、友情、亲情是人生三大情，拥有这三种情，人就会得到滋润。

第四，塑造良好的环境。在美的环境中产生美的感情，用美术的精神改造环境。陶说，我们对于四周的环境最忌是苟安，同流合污，听天由命，不了了之。

五、教育应教会人创造，教会人终生学习

（一）教育要教会人创造

陶行知说："教育不是造神，不是造石像，不是造爱人，他们所要创造的是真善美的活人。"真善美的大活人最重要的是学会创造。"在平凡上造出不平凡，在单调上造出不单调。"

陶行知对旧教育深恶痛绝，他说，把小孩子关在教室里，把课程表排得满满的，小孩子正襟危坐，像填鸭似的被强迫着硬灌，使得他们双手退化，大脑萎缩，最后无意创造，成了18岁的"老人"，个个是大头小手妖怪。书越读越蠢。

创新是一个民族进步的灵魂。陶行知说过："创造是社会进步之特征。"把"创造"看作是"民德"的基本内容之一，"民德"是"觉悟、联合、解放、创造"，最终目的是"要捣毁痛苦的地狱，创造人间的天堂"。

"创造"是当前教育最应该引起深思的问题。有次，我去幼儿园听课，上的是"认识春天"，幼儿说："春天的树叶是红的"（因为阳光照耀，金闪闪的），老师说："错！叶子是绿的，怎么会是红的？"我们的书画大赛，许多幼儿的画思维新颖，太阳是绿的，因为夏天太热了！房子是圆的，可以看清四周的环境！书包长出了脚，因为太重了！到了小学，交上来的画很漂亮，但是就中规中矩了。

十六大报告指出：创新就要不断解放思想，实事求是，与时俱进。创新没有止境。与陶行知当年所说"长久以来的现代人，创造出川流不息的现代化，川流不息的现代化又创造了长久的现代人"。二者有相同之处。

（二）教育要教会人学习

陶行知提倡"活到老，学到老，做到老"。"出世就是破蒙，进棺材才算毕业"。他说，日月星辰，风霜雨雪，农人樵夫都是我们学习的对象；向大自然、大社会，向一切人，包括我们的敌人学习，一定能学到书本

上没有的知识。陶行知的"山海工学团"就是边工边读边创造。育才学校也组织学生下矿山，去城里卖画、开音乐会，写矿工调查报告……这些活动都是学习，走向社会学活知识。

读书是学习，做事是学习，调查是学习，甚至打架也是学习。陶行知还在 20 世纪二三十年代提出"终身学习"的理念。

十六大强调"必须保持与时俱进的精神状态"，也就是要学习。不但个人学，社会也要形成学习的风气，上海首先提出建成"学习型城市"，全国有 58 个城市响应。上海的东方讲坛已办了 1300 多场，听众达 50 多万人次。现在上海人有了学习的好去处，朋友见面常会问："你在忙什么？"回答："听报告！"这是非常好的风气。

陶行知说："教育的使命是什么？不是放茅草火！不是灭茅草火！是要依着烧煤的过程点着生命之火焰，放出生命之光明。中国教育的使命，是要依着烧煤的过程，点着中华民族生命之火焰，放出中华民族生命之光明。"六七十年前，陶行知对于中国教育的注释，显示了一位人民教育家忧国忧民的感情，努力实践的奋斗。他的教育思想几乎与当今的教育事业全部一致，有着非凡的前瞻性和实用性。

陶行知的教育思想广博而精深，牵涉教育的各个方面，比如农村、职业、终身教育，等等，由于时间关系不能一一论述。

正如方明会长给党中央的信中所提，陶行知教育思想符合中国国情，它来自人民，来自教育第一线，有一整套完整的理论体系和实践，经得住时间的检验。历史证明，陶行知教育思想是中国教育界取之不尽的源泉，是符合教育规律，也是与党中央对教育的思考不谋而合的。陶行知教育思想的前瞻性，引出了它的实用性，值得教育界深入研究并用之于实践。

人民教育家陶行知，与祖国、人民心连心，他的所思所想所做所为，都为了国家的繁荣昌盛，人民的幸福安康。扎根于中华民族优良而丰厚文化土壤中的陶行知教育思想，是中国教育的瑰宝。"国家兴衰，系于教育"，中国教育前途光明，任重而道远，愿我们共同努力！

2005 年

教师如何做研究

在知识经济时代，教师仅仅做到恪守职责，有崇高的事业心，已经明显不符合要求了。一个大变革的时代，呼唤具有专业特长、有创新精神的研究型教师，这也是二期课改背景下必然的发展。陶行知在 70 年前就对教师提出了五大目标：健康的体魄、农夫的身手、艺术的兴趣、科学的头脑、改造社会的精神。其中"科学的头脑"，即提倡"实际生活是我们的指南针"。又说："他们是虚心的，好观察和尝试的。"

毫无疑问，研究型教师一向是符合时代要求的。当前无论是素质教育，还是新课程的实施，都在呼唤一种新型的学校文化，催生着教师新的职业生存方式，要求教师以研究者的姿态出现在讲台上。教师成为研究者，已经是当前教师基本素养的一部分。

研究型的教师应该：

1. 能够对自身的教育教学行为进行系统反思。零散的、片断的、偶然的反思都不能称作真正的反思。

要能对自身的教育教学实践进行持续不断的反思，将反思体现在教育教学过程的始终，将反思作为汇总教育教学经验，提升教育教学智慧的基本手段。反思应成为教师基本的工作状态和方式。

2. 能持续记录日常教育教学实践，并发现"佳作"或"不足"。教师的工作看似每天、每月、每年大致相同，但若细想，因为面对的学生性格相异、表现不同，不少细节转瞬即逝，不少事例生动有趣，若能一一记下，便成了研究的宝贵素材，日积月累，便是一座宝库。如没有记工作日记的习惯，多少事如指缝中的细沙，在不经意间溜走。待到要写论文，做研究时，没有案例，纵使引用千万句名言，写出来的论文、总结出来的经验，也是不真实的。

3. 借助论文表达教育科研活动成果。论文是教师教育科研活动成果的一种表达方式。论文可以汇总教学经验，集聚教师的教育教学智慧，解决教师实践中遇到的问题，形成对自己教育教学实践的感悟。教师论文研究的问题应产生于实际的工作情景之中，研究过程中自始至终贯穿着对教师自我反思的要求。写论文的过程，既是学习过程，也是找到解决方案的有效途径。

例：语文老师针对小学生识字问题所写的论文。浦东凌桥中心校姚晨露《提高学生的识字效率的研究》，张家港凤凰小学徐建花《识字也灵动》，均体现了教师对教学工作的思考。

4. 参加课题研究，使研究有明确的方向，并突出体现研究成果。

需要注意的是，教师的研究不应也不能向专业研究者的研究看齐。因为教师的研究是为自己的研究，是从自身内部发展起来改变教育教学独特情景的研究。它应该是教师职业生活的方式，体现了教师作为人、作为实践者所拥有的本性。在这种生活方式中，教师体会到自己的责任，体会到自己存在的价值和意义。教师凭借自己的力量，把自己和学生紧紧地联系在一起，并与学生共同构成了他自己的生活世界。在这种生活中，发展自己的理性，成为自己观念和行动的主人，研究才体现出其本原意义。

如何使自己成为研究型教师？

1. 不教一日虚度，天天学习。"出世就是启蒙，进棺材才算毕业。"陶先生提倡："我们要虚心地跟一切人学，跟先生学、跟大众学、跟小孩学，跟朋友学，也跟敌人学，跟大自然学，也跟大社会学，要学得专，也学得博。"

读书，对于教师来说，"看书是如同吃饭一样的要紧，也是生活所必需的"。

陶先生名言："有些人做了几年教师便有倦意，原因固然很多，但主要的还是因为不好学，天天开留声机，唱旧片子，所以难免觉得疲倦起来。……要想做教师的人把岗位站得长久，必须使他们有机会一面教一面学；教到老，学到老。当然一位进步的教师，一定要是越教越要学，越学越快乐。"学习使知识更新，使知识长青，写文章做研究才有底气。

2. 学会记录、反思。记录平时教育教学实践中的所思、所想、所见、所闻、所感。记录时，便是最初的反思；记录中，同样是反思；记录后，更是反思。日积月累便成了案例。

教师成为研究者，必须能对自身的教育教学实践进行持续不断的反思，只有反思才能总结，才能提高，才能创造。

3. 坚持撰写论文。

（1）中小学教师的论文不能一味求新求异。发现他人已写过便弃之不写，再去苦思冥想新题目。结果新名词、新概念迭出，只呈现"眼球论文"，却不能解决关键问题。教师面临的许多问题是有共性的，但学校环境不同，传统各异，办学思想也有所区别，别人的研究并不能解决自己的问题，所以写同一个题目同一个观点的论文，有时是必要的，不必怕撞车。

（2）不要贪大求全。真正的研究应是"大题小做"而不是"小题大做"。教师的智慧多为"积小智为大智"，对局部的关键性问题脚踏实地地研究，所产生的辐射、互动、连带作用，有时远胜于浮于表面的、面面俱到的研究。

以"爱满天下杯"论文赛中一所高级中学两篇参赛论文为例，一篇是《打造学校文化力，提升学校竞争力》，洋洋洒洒8000字，从对文化建设的理解，到塑造学校形象，提升教师水平，促进学校持续发展，似乎面面俱到，但各方面的探讨都浅尝辄止，有欠深入。研究论文不是总结，不是调查报告，一定要有鲜明的问题意识和线索。结果这篇论文落选了。

另一篇论文《花季扛不起爱情》，探索中学生早恋问题。文章从中外诗人的情诗，谈到爱情的纯洁、珍贵，对任何年龄段的爱情予以肯定；

又从班上男女同学"朦胧的向往"引发正方、反方对于"花季初恋"的辩论，最后以"课堂大讨论"让学生得出结论，中学生因没有独立生活能力，扛不起爱情……

整篇论文围绕一个中心、一个论点层层展开，步步深入，有事实，有论点，有结论，丝丝入扣，令人心服，又解决了班上早恋现象的困惑：再也没有昏昏欲睡的现象，学习效率明显提高。

论文并没有把"早恋"当作"洪水猛兽"，也没有扣上一顶"思想工作问题"的大帽子侃侃而谈。身为班主任的作者，利用教育教学实践中随机出现的资源，对行动过程进行调整，写出了有理有据、来自生活又高于生活的一篇有分量的论文，获得国家级二等奖。

（3）不要跟风追潮。社会上一旦出现新的动向或"潮流"，教师们常常会闻风而动。"创新教育"一出现，论文都以"创新"为题；"二期课改"一出现，便都讲"课改如何如何"。

研究要有主体意识，有对问题的捕捉能力和洞察力，要有应对问题的勇气和智慧，独立确定研究问题，自主开展研究。

（4）不要穿凿附会。有的教师写论文会不自觉地向专业研究者看齐，想方设法引用大量理论文献，国外学者怎么说，国内学者如何讲。似乎引用经典越多，才能彰显出研究的力度和分量。一篇论文不要有多个论点，其实好的论文，只要一个中心就可以了，把问题讲深讲透，文中所举例子围绕这个中心讲；引用的理论文献、名人经典也围绕中心阐述。

切忌论点多而杂，中心不凸显，东一榔头西一棒槌，似乎什么都说了，其实哪一点都没说透，别人一头雾水，作者本人也解决不了任何问题。

引用的国内外学者的经典论述要确切，不要崇洋媚外。其实中国本土教育家不少，如陶行知，关于教育的论述很多，如"教育是共和国的保障""教育是国家万年根本大计""教育是什么？教人变！"言简意赅。本土教育家从中国国情出发，经过教育实践，留下许多宝贵的经验，也许更符合中国教育的实践。建议多看多用。

中小学教育科研的魅力并不在于验证某种既定的理论，其鲜活的生命力，并不在于诠释这样或那样的专家的论断。它之所以有存在的意义和价值，恰恰是对教育现场的把握和判断，恰恰是对教育事件所做出的意义分析。这恰恰是专业研究者不能为或难为的。写论文是为了总结、提高，为了解决教育教学过程中的问题，更是为了提升教师本人的理论水平，而非其他。但有的人功利性很强，要评职称了，赶快写论文，平时又没有积累，其水平可想而知。更有东摘西抄，甚至从网上整篇下载的，科研是"宁要真实的遗憾，也不要完美的虚假"。研究型教师会及时捕捉到学生思想深处偶然擦出的火花，经实验、交流、反思，不仅成了论文资源，还会生成一笔具有灵光的教育教学资源。

中小学教师的科研，应该通过理性创造自己的世界，只有在这种创造出来的世界中，教师的研究才体现出其本原意义。研究中的"论文撰写"是一个极好的平台，每年坚持写 1 ～ 2 篇，坚持多年必有成效。20 年、30 年以后便是一本很好的"教育文集"。科研水平一定会在总结、发展、反思中得到提升，一个普通的教师便会成为一位学者，甚至是教育家了。

2008 年 4 月 11 日于上海外国语实验学校

教育的目的是培养人
——陶行知教育思想简述

一、教育的目的是培养人

（一）小学教育是国民教育的基础

小学教育是"培养人中人"，即培养合格公民之基础。小学教育不能只教孩子读书，还要教会孩子们怎样做人。小学教育的培养重点有以下几个方面。

1. 培养身体健康、精神活泼的儿童。陶行知认为："中国要强盛，强国必须强种"，"强种就得从小开始培养"。体育是教育的重要组成部分，"健康第一"，"建立健康的堡垒"。

2. 培养良好的生活习惯，教给孩子正确的基本技能。

3. 培养欣赏真善美的能力。对音乐、舞蹈、美术、戏剧、大自然，发生浓厚的兴趣。

4. 培养爱国心和为人民服务的初步愿望。陶诗："小事认真干，零用自己赚……自活有余力，帮助人自立。"

小学教育是为社会教育、终身教育打基础，培养人才之幼苗，绝不仅仅是学知识。

（二）陶行知的儿童观

1. 儿童最有创造力。

"儿童的创造力是千千万万祖先，至少经过五十万年与环境适应斗争所获得而传下来之才能之精华。"

陶语："发挥或阻碍，加强或削弱，培养或摧残这创造力的是环境……教育不能创造什么，但它能启发解放儿童创造力，以从事于创造之工作。"

2. 手脑并用。

陶诗："人生两个宝……"培养手脑并用，能开发智力，为早出人才打下良好的基础。

3. 不要扼杀儿童的天性。

（1）他们爱说真话，不说假话。

（2）他们爱小动物，小虫也可做朋友。

4. 相信儿童的能力。

例：《小孩不小歌》，小孩可做大人的先生。

5. 提倡六大解放。

解放大脑、双手、嘴、眼睛、空间、时间。

真正的人才需有强健的身体、刚毅的品格、百折不回的精神；勇敢、好问、扶助弱小、不畏强暴，善良热情。以小见大，才能成才。

陶语："儿童世界里，只有真话没有谣言，只有理智没有恐怖，只有创业没有享福，只有公道没有残酷，只有用的书没有读的书，只有人——没有人中人，没有人上人，没有人下人，没有奴隶。"

二、培养创造型人才

陶语："教育者不是造神，不是造石像，不是造爱人。他们所要创造的是真善美的大活人……教师的成功，是创造出值得自己崇拜的人。先生之最大快乐，是创造出值得自己崇拜的学生。"

（一）不能读死书、死读书、读书死

育才学校：课堂与个别谈话；基础知识与专业知识；理论与实践；学习具体知识与学会学习方法相结合；重视自学能力的培养。

（二）用各种方法鼓励创造

陶行知写《创造年献诗》《创造宣言》,制订《创造奖金办法》和《创造年计划大纲》。

育才学校大兴创造之风,硕果累累。学生创作 4 个剧本、27 首曲子《太阳一出满天红》等)。自制仪器 30 余件,研究报告 10 余种；举办画展、演出⋯⋯学生流向全国,担任各种重要工作。

三、德智体全面发展

每天四问：

（一）身体

"要用科学的卫生方法,好好地调节自己的身体,不使生病。"

（二）学问

"学问是一切前进活力的源泉",陶行知将做学问的方法概括为一（专一）、集（搜集）、钻（钻研）、剖（解剖）、韧（坚韧）五字。

（三）工作

"站岗位",知责、明责、尽责。

（四）道德

"道德是做人的根本","一个人私德更是要紧"。

"为整个民族造就人才",培养德智体全面发展、有创造性的人才,是教育的根本任务。

2008 年 6 月 29 日于开鲁二小

陶行知教育多元和谐发展思想的现实意义

人是建设和谐社会的主体。和谐社会整体的要求，要靠千千万万个人去践行。学校也是有差异的，社会的方方面面也是有差异的，即"隔山不同俗，十里不同风"。这就是"多元"——事物的多样性、多极性。

"和谐"是指各种不同事情之间协调一致的统一，是对立统一的最高境界。

一、陶行知多元和谐思想的基本特征

（一）大同与大不同

这是一对似乎矛盾而实际相辅相成的名词。陶行知认为，一个花园里每朵花都是不同的，各有各的美丽，牡丹的华贵，梅花的高洁，是如此不同。但构成花园万紫千红的灿烂春色，却产生了大同。这些花草分别栽种，各得其所，及时发芽滋长，它组成的生命节奏，产生了和谐之美，便是大同。大同，从如此不同而来。

教育同样如此。学校里的学生，面貌不同，个性各异，是大不同。但经过教育，变得朝气蓬勃，天天向上，便成了大同。但是学校的大同是建立在"立脚点平等，出头处自由"的大不同之中的。

立脚点：你的脚站在哪里，我的脚也站在哪里，大家的起点是一致的。你读一年级，我也读一年级，在一个起跑线上。但各人的智力、能力、努力不同，便有了"出头处自由"：有的树可以长到一丈，甚至十七八丈，我们要使它尽自己的力量长上去。只有尽它的力长上去，再适当施以肥料、水分，它定能长成参天大树。有参天大树，有灌木、野草，高低参差不齐，品种杂又多，这才是森林。有了互相依赖又竞相生长的和谐，森林便可生生不息。教育同样如此。教育既保持人的独立个性，又互相感化、互相改造、互相融合，产生心的和谐，这就是因材施教。教育和谐产生于大不同，收获于大同。

（二）差异是创新的契机

和谐发展，是建立在差异与矛盾统一的基础上的。教育的和谐发展，需要在分析各种差异的基础上，确立统筹兼顾的思想。

承认差异是实现教育和谐的前提。

办"晓庄"时，社会上大多数人认为"教育等于读书"，学校是学校，社会是社会，教育和社会脱离，学生"两耳不闻窗外事，一心只读圣贤书"。结果，都读成了"书呆子"。

陶行知看到了教育与现实的矛盾，创建了生活教育理论——生活即教育，社会即学校，教学做合一，并付诸实践，实现"整个的教育"。

如今，陶行知的"生活教育理论"依然有强大的生命力。大学生毕业找不到工作，很大一个原因是仍然有"学校是学校""社会是社会"的观念，教育与社会脱节，不符合经济发展规律。

发现差异，就需要在分析各种差异的基础上，进行统筹兼顾，于是便有了创新。

"晓庄"拆去围墙，提出"好的乡村学校，就是改造乡村生活中心"，农夫、村妇、渔人、樵夫，都可做我们的指导员。村民需要什么就教什么——扫盲、普及农业科学、培植公民资格。

最后，陶行知提出"教学做合一""知识与品行分不开，思想与行动分不开，课内与课外分不开，做人做事与读书分不开，即教育与训育分不开。"陶行知要求学校立刻拆墙，拆去学校与社会中间的围墙，使师生亲民、亲物。

好的教育就是改造社会，"教育的力量与别种力量不同之点，就在教育的力量是能够达到个个民众的内心里头去的，它能够使民众自己，从'心里'发出一种力量来团结自己的"。这就是通过教育克服差异，达到矛盾的统一，最后不断创新，才能产生和谐。

二、陶行知关于教育多元和谐发展的标准

（一）"教人创造富的社会，不创造富的个人"

只要创造富的社会，在社会里的个人自然就富了。

教人创造合理的工业、农业文明，合理的机器文明，工业可吸收一大部分农人，也可使农业变成工业化的农业，全国无荒地，使地尽其利。

（二）必须注重驾驭自然力量的科学

科学是工业文明的母亲，也是社会和谐的重要因素。科学要从小教起。教育要使学生爱读科学书籍，听科学演讲，做科学实验，有兴趣探寻科学秘密。用科学武装学生的头脑，使其敬畏大自然，亲切大自然，解读大自然，与自然和谐相处。头脑里装着科学，手里掌握着马达，将大自然变成我们的宝藏，我们就吃不光，用不了，人人丰衣足食，才有理想的和谐社会。

（三）教人重订人生标准价值

1. 构建和谐的人格。
（1）感性与理性的冲突。
（2）理想与现实的冲突。
2. 学会正确处理心理冲突。
（1）热爱生命、热爱生活。
（2）执着追求、适时放弃。
3. 人际关系的良性互动。

（1）相互尊重、求同存异。

（2）相互关爱、相互悦纳。

（3）教学相长、多彩纷呈。

4. 精神与物质的关系。

（1）心态成就一切。

（2）信仰使人康乐。

（3）给予是一种快乐。

5. 和谐心态的养成。

（1）乐学与乐教（己愈教人，己愈博——陶行知）。

（2）学而不厌、诲人不倦。

（3）自制与宽容。

历史证明，陶行知的教育多元和谐发展的理论和实践，至今仍有深远的现实意义。学校的教育目标，是要把一个个时刻面对冲突的、不和谐的生命个体，培养成能够成熟应对冲突，有效排除来自身心及社会、文化、自然中不和谐的因素，达到和谐健康状态的成人、新人，为社会输送身心和谐的文明人。此举任重而道远，但教育责无旁贷！

2009 年 12 月 11 日于上海市行知中学

教师多元和谐发展的基本要素
——谈今天我们如何学习陶行知

在报告前，我说几句题外话。我的母亲是幼儿园教师，小时候，每逢周日她值班，我常去陪她。她在孩子们面前，一点火气都没有，男孩捣蛋，女孩爱哭，有时吵得天翻地覆，妈妈总是微笑着处理。如果是在家里，别说吵成一锅粥，就是两个弟弟打架，妈妈肯定要骂。在幼儿园她怎么变了一个人？妈妈退休那天，我去参加欢送会，结果会开不下去了——全班孩子哭声震天，妈妈抱抱这几个，搂搂那几个，哭得稀里哗啦。要走时，几个平时最顽皮的男孩死死地拉住妈妈的衣角不放，最后把妈妈的衬衫都撕破了。就在这一天，我看懂了一位老教师的心，那是一颗爱意绵绵，情深似海，柔软如水的心。爱孩子的老师，赢得了孩子的心。离别虽然很残酷，但老师的爱把这场离别浸在了诗意中，为孩子们的一生修筑了美丽的气场。这些在爱中成长起来的幼儿，人生一定比别人多一些光明。

幼儿教育是人生的启蒙，老师的作用至关重要。走进会场所在地——彭浦新村幼儿园，我惊叹着场地之大，房屋之宽敞，听说这是初中校园的规模。可见现在教育真的不差钱！

看着会场里坐满年轻的教师，听着你们的笑声和小声议论，我知道这场报告会被大家认同。陶行知先生对于教师有许多期望，他的"爱满天下"精神已深入人心。但想到平时听到的种种，我不由得在想，造所学校很容易，招聘教师也不难，最难的不是缺钱，而是缺一种信念，那就是，教师不仅是职业，而是要全身心投入的事业，它的核心是爱。我又想起了妈妈退休那天泪雨纷飞的情景，已过去了那么多年，我的眼前仍然闪着孩子们的泪光，那是纯真心灵因老师离去的痛断肝肠，令在场的大人都"泪飞顿作倾盆雨"，至今还使人觉得温暖。

希望我们的教育，不仅有高高的大楼，标准的操场，气派的校门，还要有温馨的校园氛围，更要有充满爱意的老师。这是重中之重。特别在幼儿园里，教师微笑、和气地对每个孩子说话，把爱心高高举起，让每个孩子都触摸得到，把孩子们的心浸在爱意里，将来，他们在成长中，会多么轻松、快乐！这比什么都好。

岁月流逝，时代前进，在新时期，如何做个与时俱进的好老师，是一个值得深思的问题。今天，我抛砖引玉，与老师们一起探讨。

人是建设和谐社会的主体，学校是和谐社会之源。"同心同德，必养成于教育"。但教育也应是有差异的，即"多元性"。教育多元才能和谐发展。

教师多元和谐发展的基本要素是什么？

一、承认差异，尊重个性

德国哲学家莱布尼茨说："世上没有完全相同的两片树叶。"佛说："一花一世界，一树一菩提。"何况是人。每个人的智力、能力、意志品质不同，家庭、生长环境、性格不同，从而组成了精彩纷呈的社会。学校里的学生，面貌不同，个性各异，和谐发展是建立在差异与矛盾统一基础上的。教师的和谐发展需要在分析各种差异的基础上，确立统筹兼顾的思想。

承认差异是实现教师多元和谐的前提。教师如不承认差异，将陷入无穷的苦恼中。老师左右不能兼顾，百般努力而无成就感。

发现了差异，需要在分析各种差异的基础上，以人为本，统筹兼顾。

拆去学校无形的围墙，正视社会与教育的差异，使学校融入社会，按社会多元的要求办教育，职校、技校、大专、本科、研究生，使学生按各自的兴趣、特长、价值取向发展，使教育多元和谐发展。

二、求同存异，相互悦纳

教育必须教人制定人生标准价值。陶行知说："话要软说，事要硬办。"要教人学会正确处理感性与理性的冲突，正确处理理想与现实的冲突，正确处理心理冲突和人际冲突。

三、以情育人，爱满天下

"爱是一种伟大的力量，没有爱便没有教育。""爱满天下"的情怀，是陶行知教育思想的精华，他倡导爱祖国、爱人民、爱儿童、爱青年、爱科学、爱民主、爱艺术以及一切真善美。

（一）爱祖国

陶行知说："国家是大家的，爱国是个人的本分……我觉得凡是脚站在中国土地，嘴吃中国五谷，身穿中国衣服的，无论男女老少，都应当爱中国。"

祖国无处不在，大到无限，小到随处可见。即使生活有许多不如意，祖国依然在我们的心中。

（二）爱亲人

一个人对于祖国、事业爱至极深，对自己的亲人当然不会冷漠。

抗战时期陶行知在新加坡回答朋友的问候时写了一首诗："你问吾妹安否，你问吾母康健，你问吾妻无恙。我听了说不出话来，眼泪要从心头泻。待我再上坟时，当诉说你的挂念。她们去了也好，我率性将家庭眷恋，化作民族解放宏愿！……"多少情，沉甸甸地化作一腔热泪！

（三）爱孩子

陶行知说："不要你的金，不要你的银，只要你的心。"教师要爱每一个学生，把爱公平地分给每个孩子。爱每个孩子，了解孩子。切莫轻易断定孩子们的品格。孩子的世界一片纯净，孩子的头脑里，有许多稀奇古怪的念头，孩子有问题要准许问，尽可能地予以解答。

爱能滋润孩子的心田。用爱心施教才能培养学生爱祖国、爱人民。爱孩子，便会找出适合孩子的教育方法。

（四）爱真善美

和谐心态来自对于真善美的追求。

1. 环境要诗化。
2. 做事要有美术精神。
3. 服饰整洁，美观大方。
4. 教育学生爱真善美、恨假恶丑。
5. 珍惜生命。

（五）爱自己

适应环境，学会妥协。"杯方水方、杯圆水圆。可以穿石，可以灌田。分出氢焰，化铁之坚。会合众川，白浪滔天。居高临下，马力万千。流血流汗，开新纪元。"杯方如水不方，杯圆如水不圆，不是杯碎就是水干。人不被环境压倒，就能"成亦成，败亦成"，而不是世俗所谓之成败了。

"爱满天下"往大处讲博大精深，往小处讲就是尽心尽责。教师多元和谐的重要要素——爱是最重要的，培养纯净、赤诚、真挚、善良、有同情心、会感动、内心热情似火、外表高雅沉稳的人，才能创造和谐的校园，推而广之，便能产生和谐的社会。

和谐校园是一种以和衷共济、内和外顺、协调发展为核心的素质教育模式，是以校园为纽带的各种教育要素的全面、自由、协调、整体优化的育人氛围，是学校教育各系统及各要素间的协调运转，是学校教育与社会教育、家庭教育和谐发展的教育合力，是以学生发展、教师发展、学校发展为宗旨的整体效应。

从社会学角度看，和谐直接表现为各方面的利益关系得到妥善协调，使社会共同体处于融洽状态。就教育系统来说，和谐体现为一种教育生态的平衡。就内部环境来说，和谐体现为校园内的教育主体与教育对象之间的和谐相处。就外部环境来说，学校应与家庭、社会和谐相处。就教育本质来看，和谐教育是一种多元地提供适合每个孩子天性的教育，为每一个孩子的健康发展创造适宜的环境。

四、结束语

教师多元和谐发展的目标，是有效排除来自身心及社会、文化、自然中不和谐的因素，达到和谐健康状态的成人、新人、人中人。为把一个个时刻面对冲突的、不和谐的生命个体培养成能够成熟应对冲突、身心和谐的公民作出不懈努力。

没有教师，社会将一片黑暗。有了大批心境平和，胸襟宽广，身心和谐的教师，必将影响学生，影响校园，最终造就和谐而大不同的社会。

为此，让我们一起努力，直到取得最后胜利！

2013 年 5 月 14 日于闸北区幼教二总支

真理的歌者：亲民的大众诗人陶行知
——上海市普陀区纪念陶行知诞辰 125 周年"爱满天下"陶诗解读讲座

一、伟大的人民教育家

陶行知以"捧着一颗心来，不带半根草去"的赤子之忱，为中国教育探寻新路，鞠躬尽瘁，死而后已。他以"爱满天下"的胸怀和"甘当骆驼"的精神，"为整个民族的利益来造就人才"，几十年如一日，历尽艰难，百折不挠。

他的教育观："我们深信教育是国家万年根本大计。"

他的师德观："敢探未发明的新理，敢入未开化的边疆"，教师要做"第一流的教育家""教师必须学而不厌，才能诲人不倦""教师应当以身作则""教师应当运用困难，以发展思想及奋斗精神"。

他的人才观：要德智体美技五育发展，要"做人中人""发展学生的活本领——征服自然改造社会的活本领"等，都是超前的，至今仍有现实意义。

他被世界教育界公认为中国"两个半"教育家之一。两千年前的孔子，两千年后的陶行知，半个为蔡元培。

历届中央领导在教师节及其他场合，不止一次引用陶行知的名言。

二、学贯中西的文化学者

陶行知启蒙于私塾，在教会学校上中学、大学，后留学美国，融汇中西文化，他的思想既非固守传统，也非推崇他国，而是一个"最中国的留学生"。

他不仅是教育家，还是政治家、思想家、社会活动家、文学家，他涉猎天文、历史、地理、戏剧、翻译、音乐、舞蹈……简直无所不能，无门不精。

他留下的1000多万字著作，包罗万象，就文学领域，从格律诗到散文诗，从小说、童话、杂文、散文到学术论文，范围广而深。在中国文化史上占有重要地位。

三、亲民的大众诗人

（一）诗歌

诗歌是抒情言志的文学体裁，是最古老也是最具文学特质的文学样式，是文学皇冠上的明珠。

诗歌特点：

1. 高度集中，概括地反映生活。
2. 抒情言志，饱含丰富的思想感情。
3. 丰富的想象、联想和幻想。
4. 语言富有节奏感、音乐美。

（二）陶诗

陶行知是政治抒情诗人。他的诗是中华民族抗日救国联合战线之有力工具，是沉痛悲壮的呼声！

陶诗别有风格，既大众化又富有"诗味"，读了令人奋进，令人深思。

陶行知这样说自己的诗："有人说我是诗人，我可不懂。唱破了喉咙，无非是打仗的号筒。只叫斗士向前冲。"

四、陶诗解读

（一）陶诗通俗、生动、亲切、有力，是人民的语言

陶行知的诗感召了千千万万群众，为民族解放与自由而斗争。他的诗量多而质好，看似简单，内涵丰富，他有许多唤起民众抗日救国的爱国诗。

如第一首《国民与我》："你就是我，我就是你。只愿爱你，不愿害你。如果害你，就是害己。"写于1923年。在国家分裂之际，陶写下了这首诗，以非常简洁的诗句，阐述个人与国家的关系。

第六首《中国人》："我是中国人，我爱中华国。中国现在不得了，将来一定了不得！"这首诗写于1936年10月，陶先生受救国会的重托，去海外宣传抗日，到处受冷遇，这首诗喊出了他的心声。铿锵有力，充满自豪，充满对祖国未来的信心。

（二）陶诗有充满理想主义的豪情

如"理想"一栏的第二首《题黄山游记》："少年生长黄山边，足迹未到黄山前；黄山之神如有灵，应已记过万万千。我身未到黄山巅，我心已见黄山之尊严；三十六峰似曾到，峰峰与结梦中缘。泰岱匡庐虽奇异，比我梦中黄山远不及。人生为一大事来，丈夫志在探新地。屈指三万六千场，归老黄山终有日。此日终须到，此约今朝立。黄山与我愿毋违，看取方子之书助相忆。"这首诗写于1926年。陶的家乡歙县在黄山脚下，但陶行知一生未上过黄山。幼时因家贫，无心游玩。长大出外求学，也没时间玩。1917年他留美回国后，一直在外工作，办教育，到处奔波，一直没回过老家。

1926年，他还在北京办平民教育，但已感到光在城里办平民教育不符国情，经过调研，他决心要去农村办师范学校，提出"四个一百万"。预计到今后他的工作会更忙，担子更重，回家乡、上黄山更难，于是写了这首诗。诗中"人生为一大事来，丈夫志在探新地"，是一个决心，

是他一生办教育的开端。

"屈指三万六千场，归老黄山终有日"，人的一生只有两三万个日夜，人生苦短，陶行知希望实现理想后，总有一天能归老黄山。但他至死未能登上黄山，他爱家乡，爱黄山，但为了祖国和人民，他连这个小小的心愿也未能实现。

（三）陶诗写的更多的是教育，希望中国走出旧教育的死胡同，通过教育，让人民过上真善美的人生

"教育"第九首《我们是武训的队伍》："我们是武训的队伍，我们是创造的好汉，我们是中国的小先生，提着文化为公的花篮，要献给四万万五千万。只要是为苦孩子造福，我们讨饭也干！我们是武训的队伍，我们是创造的好汉，我们是中国的小先生，提着文化为公的花篮，要献给四万万五千万。只要是为老百姓造福，我们吃草也干！"这首诗写于1945年。当时，他在四川办的育才学校，经历了战争、反动派的重压，已到了"弹尽粮绝"的地步，师生衣不蔽体，食不果腹，他天天在外面奔波筹款，却所得很少。这首诗每段最后一句，是他办教育的苦心、决心。"只要是为苦孩子造福，我们讨饭也干！""只要是为老百姓造福，我们吃草也干！"他患高血压，买药的钱都没有，只好吃海带当药，但他为教育献身之初衷不改，再苦再难拼死也要坚持。诗里流露出的悲壮，令人崇敬！

第五首《春天不是读书天》："春天不是读书天，关在堂前，闷短寿缘。春天不是读书天，掀开门帘，投奔自然。春天不是读书天，鸟语树尖，花笑西园。春天不是读书天，宁梦蝴蝶，与花同眠。春天不是读书天，放个纸鸢，飞上半天。春天不是读书天，舞雩风前，恍若神仙。春天不是读书天，攀上山巅，如登九天。春天不是读书天，放牛塘边，赤脚种田。春天不是读书天，工罢游园，苦中有甜。春天不是读书天，之乎者焉，忒讨人嫌！春天不是读书天，书里流连，非呆即癫。"这首诗写于1931年，读了令人神往。陶行知主张"六大解放"：解放孩子们的大脑、双手、眼睛、

嘴巴、空间、时间，提倡读活书、读书活。诗中以孩子的口吻，写出了童年的向往，对"关在堂前，闷短寿缘"深恶痛绝，至今仍有现实意义。

（四）陶诗是为大众写的，写的是大众的心声

陶行知是伟大的人民诗人、大众诗人，他一生亲民，拜老百姓为师，做人民的朋友。

"亲民"的第三首《一文钱》："公家一文钱，百姓一身汗。将汗来比钱，花钱容易流汗难。"寥寥几句，言简意赅。写于1927年12月15日。1927年，国内发生了许多大事。蒋介石发动"四一二"反革命政变，国内一片混乱。在这种情况下，遭殃的是百姓，战火中毁去的是民族的财富，陶行知写出了人民的心声。这首诗是劝诫，也是喝止。

第六首《天诛地灭老百姓》："防身保国伸人道，助弱攻强平不平。我若鱼肉老百姓，天诛地灭有眼睛。"写于1933年，也是表达决心。

（五）陶诗在培养人才上有独到的见解

陶行知认为教育要培养人成为"一品大百姓"。为达到这个目标，就要教会青少年"做人"。

"做人"的第五首《我的小怀抱》："好也不算好，坏也不算坏。好好坏坏随人讲，心中玉一块。恩怨有偶然，毁誉多意外。翻手作云覆手雨，朋友我不卖。"写于1925年元旦。当时陶行知在南京办公徽公学任校长。办校过程中，痛感"国人气节，消磨殆尽，最尽痛心"，最痛心的是内耗，"因缺少度量，自取失败，因此丧失国家的元气"，故要提倡"恕道"和大公无私的容量。在1925年元旦，总结自己的一生，推己及人，写下此诗。

第九首《自立立人歌》："滴自己的汗，吃自己的饭，自己的事自己干。靠人、靠天、靠祖上，不算是好汉。滴自己的汗，吃自己的饭，别人的事我帮忙干。不救苦来不救难，可算是好汉？滴大众的汗，吃大众的饭，大众的事不肯干。架子摆成老爷样，可算是好汉？大众滴了汗，大众得吃饭，大众的事大众干。若想一个人包办，不算是好汉。"这首诗写于

1935 年。他提倡要做完整的人，即自立，不靠家庭，独立工作，独立生活。

1932 年，他办"山海工学团"，到 1935 年已很成熟，他实施小先生制，把工学团交给儿童自己办。新安旅行团在他的鼓励之下，没有老师带，由孩子们自己管理，自己筹钱，开始抗日救亡全国宣传活动。让报童去大学演讲，"几乎把教授的饭碗打破"。

（六）陶诗提倡学习

陶行知提出"活到老，学到老，做到老""出生就是开蒙，进棺材才算毕业"。要"每日四问，天天学习"。

"学习"中的第二首《问到底》："天地是个闷葫芦，闷葫芦里有妙理。您不问它您怕它，它一被问它怕您。您若愿意问问看，一问直须问到底！"第三首《每事问》："发明千千万，起点是一问。禽兽不如人，过在不会问。智者问得巧，愚者问得笨。人力胜天工，只在每事问。"都写于 1924 年。他痛心于当时的旧教育是灌输知识，老师怎么教，学生怎么学。做学问最忌是"妄想、武断、尽信书"，要尽力锻炼学生"知疑、假想、试验、推想、分析"，问即是学习的好方法。

第七首《水铭》："杯方水方，杯圆水圆。可以穿石，可以灌田。分出氢焰，化铁之坚。会合众川，白浪滔天。居高临下，马力万千。流血流汗。开新纪元。"这是首很有意思的诗，写于 1935 年。通篇说的是水，其实是教会学生适应环境。"杯方水方"，如杯方水要圆，不可能，即使可能也要花大力气。还不如先杯方水方，杯圆水圆，等到时机成熟，再设法跳出杯子，去更大的环境发展。

（七）陶诗教人珍视生命

陶行知说"天下之德，莫大于出生""人生之贵，惟兹寿命"。

"生命"第十一首《诗化》："困难诗化，所以有趣；痛苦诗化，所以可乐；危险诗化，所以心安；生死关头诗化，所以无畏。"这是晓庄时期的一首诗，写于 1930 年。困难、痛苦、危险、生死关头皆为人之难关，将它们"诗化"了，都可化解，乐观对待一切障碍，再大的沟坎也能跨越。

第十首《长青不老歌》："博爱存心，和光映面。不惑不忧，不惧不恋。偶萌烦恼，念梅百遍。不急不息，法天行健。学而不厌，诲人不倦。服务第一，手不释卷。思想青春，何可不变。愿师少年，站在前线。"这首诗写于1942年，同样展现了一种热情、开朗，让生命焕发光彩的向上精神。

（八）陶诗的爱情观立意深远

诗人善感，乃发为诗。陶行知的爱情观不是小家子气的一己之感，而是有说理有劝诫，始终不忘民族解放的大事。

第九首《送给××先生》："为个人而活，活得不高兴。为个人而死，死得不干净。只有那民族解放的大革命，才值得我们去拼命。若是为意气拼命，为名利拼命，为恋爱拼命，问我们，究有几条命？"这首诗是典型的爱情观宣言，写于1936年。鲜明地说出正确的恋爱，应是与时代结合在一起的。

（九）陶行知还有缠绵悱恻、深情厚谊的诗

如"别离"的第一首《从下关乘船赴豫时寄晓庄全体同志》："无语泪汪汪，涌出愁肠，千珠万滴付长江。谁在矶头汲去了，挑到晓庄？洗手作羹汤，无限思量。此中滋味不寻常，寄语愁人吃不得，要断人肠。"如不了解背景，以为这是首情诗，实际不是。

1927年秋，陶行知去河南协助教育行政工作，大家担心他要去当河南省教育厅长，他说："晓庄事业，我要用整个身子干下去。"临走，他在朝会上自动约好会如期回校，行李只有一个小小的铺盖卷。到了下关，寄来此诗，后果然如期返校。

无奈、不忍，是因为晓庄刚办起，有许多事要全力以赴，不得不去；恋恋不舍之情，是对"晓庄"这新生儿的担忧、期许，全诗读了令人"断肠"。

（十）陶行知一生为救国奔走呼号，呼吁团结、联合、共同对敌。他写的许多诗都是阐述"团结好"

如"团结"的第六首《想一想》："几个人掌舵，几个人摇桨。有祸别人当，有福自己享。这个骂得毒，那个骂得响，拿把秤来称一称，一个是半斤，一个是八两。朋友们！想一想：船儿快要散板！几个人掌舵，几个人摇桨。有祸别人当，有福自己享。您踢他一腿，他给您一掌。拿把秤来称一称，一个是半斤，一个是八两。朋友们！想一想：船儿快要散板！"这首诗写于1936年。国难当头，要一致对外。他用通俗的"船"来阐释团结的重要性。

第九首《以为歌》："你以为，我以为，你我之间出了鬼。有鬼掣我的肘，有鬼拉你的腿。灵魂正在渡河，桥梁被鬼炸毁，扑龙通儿一齐掉下水，笑煞东洋鬼。"1936年，他写了这首诗。直白易懂，道理很深。

（十一）陶行知爱孩子，他说"青年和小孩子最伟大"。他为孩子们写了不少诗。这些诗充满童趣，朗朗上口，易读易记

"童趣"第六首《假如我重新做一个小孩》："假如我重新做一个小孩，我要实行三到：眼到，心到，手到。我要问，虚心地问：问古，问今，问未来；问天，问人，问万物。我要孝顺父母，为父母做事。我要每天背一段好文章。我要每天背一段外国文。我要帮助老百姓。我要注意身体，康健第一。我决不为争取第一而伤身体。我要立志做小事，立志做大事。我要学人的长处，不学人的坏处，要拜七十二行做先生。我要养成好习惯，特别是好学的习惯。我要多玩玩。我要亲近万物。大自然，大社会，运用公园，山林。"此诗写于1946年。陶行知代孩子们呼吁，把他们从旧教育的牢笼中解放出来。

第三首《为何只杀我》："汤家太太做生日，家家为她拜寿忙。车满门，客满堂，为何不杀羊？羊说道：'羊毛年年剪得多，为何不杀鹅？'鹅说道：'鹅蛋好吃不可杀，为何不杀鸭？'鸭说道：'白细鸭绒好做衣，为何不杀鸡？'鸡说道：'五更天亮报时候，为何不杀狗？'狗说道：'我

看家门你玩耍,为何不杀马?'马说道:'一年给人骑到头,为何不杀牛?'牛说道:'我耕田来你收租,为何不杀猪?'猪说道:'今天大家都快活,为何只杀我?'"这首诗写于1924年,用拟人化的手法写出每种家养动物的功能。

古今中外,小说、散文家很多,诗人却少。上海市作家协会会员有1700多人,上海市诗词协会会员只有几百人。诗人少,好诗更少,流传的经典诗句更少。"愤怒出诗人",没有充沛的感情成不了诗人,诗人一定悲天悯人,爱满天下,易感善感,诗是从心头流出的。

诗还要有思想性,不是无病呻吟,孤芳自赏,好诗一定是歌颂生活,抒写真善美。

诗不仅能看,还能朗诵、吟唱,语言要优美,有音乐性。

如泰戈尔的《世界上最远的距离》:

> 世界上最远的距离,不是生与死的距离,而是我站在你面前,你不知道我爱你。世界上最远的距离,不是我站在你面前,你不知道我爱你,而是爱到痴迷,却不能说我爱你。世界上最远的距离,不是我不能说我爱你,而是想你痛彻心脾却只能深埋心底。世界上最远的距离,不是我不能说我想你,而是彼此相爱,却不能够在一起。世界上最远的距离,不是彼此相爱,却不能够在一起,而是明知道真爱无敌,却装作毫不在意。世界上最远的距离,不是树与树的距离,而是同根生长的树枝,却无法在风中相依。世界上最远的距离,不是树枝无法相依,而是,相互瞭望的星星,却没有交汇的轨迹。世界上最远的距离,不是星星之间的轨迹,而是纵然轨迹交汇,却在转瞬间无处寻觅。世界上最远的距离,不是瞬间便无处寻觅,而是尚未相遇,便注定无法相聚。世界上最远的距离,是鱼与飞鸟的距离,一个在天,一个却深潜海底。

这是一首读了让人痛彻心扉的非常美的诗,遗憾、无奈皆在其中,但并不是痛断肝肠的号啕，而是缓缓、轻轻、静静地叙述，直击人心。一首好诗是可以回味的，咀嚼后留有余韵。

诗讲格律，有韵脚，不能太自由，即使是散文诗，还是要讲规矩。创作诗，要先有主题，然后把感情放进去，确定诗体后，依例而作。写好的诗要多改，要多读。朗朗上口，读起来顺畅，好听，诗就成了一半。

我爱诗，也写诗，但不多。不到非写不可，诗从心头流出，不能写诗，也写不好诗。

五、结束语

陶行知教育思想博大精深，陶行知精神崇高感人，让我们从陶诗中触摸这个伟大的灵魂，让诗歌美化我们的心灵，滋润我们的生活。

祝每位老师在陶诗解读中得到启迪，人人成为快乐的成功的好教师。

2016 年 3 月 17 日于文达学校

教师的慧眼和爱心
——发现、了解、创造

一、发现

芸芸众生，人各有貌，老师的慧眼在于发现，发现孩子的与众不同，发现他们的潜能。

几年来，我参加"戏剧进校园"活动，认识了许多中学生。这些孩子在学校大多默默无闻。到了剧组，在主创人员精心培养下，各自发挥了特长，离开时，面貌一新。

在剧组，我发现小 D 会画画，小 Y 会唱歌、会动手做道具，小 S 很细心，小 W 作文写得好。根据各人的特长，我们让他们各司其职。小 D 设计了海报，让小 Y 有机会独唱，做"火油桶"道具，小 S 管理道具，小 W 当了通讯员……

这些孩子在学校里几乎不被人注意，更难被表扬。在这里，他们有机会做自己爱做的事，心里特别高兴，都非常认真地做。

因为做得好，小 Y 的画、小 W 的文章被我们推荐到报上发表，小 S 道具管得井井有条，不仅得到同学们的感谢，还得到了奖励……

发现孩子们的长处，才能真正认识他们。每个孩子都有优点，都想进步，老师平视他们，就会发现一个生气勃勃的世界。

二、了解

孩子有许多痛苦，由于大人不了解，有苦无处说。

"难管的孩子多半不是劣童，也不是真正的坏蛋"，仔细考虑他难管的原因，才能在源头上解决。

小D不爱说话，别人在做事时，他独坐一旁，连吃饭都是一个人坐。他老皱着眉头，一副苦大仇深的样子。我试着走近他，他对我的问话都沉默以对。他的忧郁从何而来？他为何老迟到？这背后有家庭的原因。不了解就会不知轻重地批评，非但没效果，还会产生负面作用。

教育是从爱里产生的，没有爱便没有教育。爱心流露出来，就能走近孩子，打开他们的心扉。后来我发现小D爱猫，他养了一只猫，说起他的宠物，会眉飞色舞，与平时完全两样。我找到了打开他心结的钥匙，为他的猫写了一首十四行诗。

当晚，他收到我发去的诗，一改平日的少言寡语，回了一条长长的微信。他非常激动，从此，他不仅把我当老师，还当作朋友，有什么话都愿与我说。

无言的眼睛
——致小D和他的小猫

你看，在这月夜的回忆中，
我的内心深处充满了痛苦。
长大的我，总是两手空空，
只有你，知道我要摘取理想的明珠。
你看，在这月夜的沉思中，
我的内心深处交织了哀愁。
长大的我，总是忧心忡忡。
只有你，知道我的韶光不会付诸东流。

你看，在这月夜的浮想中，
我的内心深处萦绕了愤仇。
长大的我，总是步履匆匆。
只有你，知道我的求索终会与桂冠邂逅。
那是世上最纯最真的柔情，
用那双无言的眼睛等候。

一首诗打开了孩子封闭的心扉，他把我视作知己，心近了，老师说的话他就会听进去。

三、创造

好的教师应根据孩子的兴趣，通过特殊的环境、设备和方法，培养他们，引导他们。

我发现小 D 爱画画，让他画海报，虽然笔法很稚嫩，但仍大张旗鼓表扬他，让他树立信心，由此他更爱画画了，之后让他画剧本插图，为他创造了一个平台。

还帮他策划手绘红色戏剧明信片发行（创造更大的平台），取得了孩子的信任，他越来越开朗，天天快乐地去上学。

看到他的进步，我继续鼓励他，给他写了第二首诗。

你若有所思的眼神
——再致小 D 和那只可爱的猫

我凝望你专注的眼睛，
等待着一个华丽的时辰。
我渴望圆月更迭的阴晴，
造就悠然梦醒的功成。

我注视你丰润的背影，

构想着一个美丽的结局。

我听见怦然心动的余音，

期待跋涉前路的相聚。

我猜测你静坐的无声，

描绘着一个梦幻的爱情。

我祝福与你牵手的永恒，

踏遍苦乐交织的前程。

祈祷你伴我走过璀璨的四季，

我定会读懂你若有所思的眼神。

他变得开朗、自信，我成了他的好朋友。而所有的发现、了解和创造都来自老师的爱心。

小Y爱唱歌，剧组排练却常迟到，连续几天我批评了他，但他还是迟到。一天，我忍无可忍，问他为什么不早起，他说，没人叫他。我随口说，让你妈妈叫啊！他低下头小声说，妈妈在南京！好端端的，她怎么去了外地？我正想问，忽然意识到，他的家庭肯定有问题。果然，他的父母离婚了，他被判给父亲，我心疼、自责！这个从小没妈妈照顾的孩子，吃过多少苦！从此，我不再责怪他迟到，还每天为他准备早饭（他每天没早饭吃，还匆匆赶来排练，这是多好的孩子）。两天后，他准时来参加排练，原来他买了三只闹钟，为的是"不让叶老师操心"。

了解孩子，就会感知他们心里的苦，就会对他们的努力或者挣扎产生赞赏、同情，从而为每个孩子找到最适合的教育方式。我安排小Y在明信片首发式上独唱，他感觉到我的善意，以后不仅不再迟到，还说了一句"叶老师是最特别最特别的老师"，充满了发自内心的感恩，他发生了可喜的变化。而所有的发现、了解和创造都来自老师的爱心。

在小Y生日时，我给他写了一封信，还寄了礼物，他回了我一封信。

Y同学：

如果我没记错，一个月后的明天是你17岁的生日，在这美好的一天，你长大了一岁，离成人又近了一步。

预先祝福你的生日，孩子。祝你幸福快乐，健康平安！

人生有许多不如意，我们无法选择父母，没人能改变。你又要搬家，我可以想象你的不安。对于这种动荡，你无能为力。对于无法改变的事实，除了接受，只能面对。

你尚未成年，你的父母有责任抚养，这是义务，不能推卸。我想，即使搬家，你还是会有住处，哪怕只是一席之地。对于这种你没法逃避的事，你说"随遇而安"，是很好的为人之道。

其实，每个人都有自己的烦恼和痛苦，生活中许多时候，都需要孤独前行。父母、老师、朋友，甚至夫妻、孩子，任何人，对自己的陪伴都只有一段，很多时间，得一个人走。有时喊天天不灵，喊地地不应，是常态，每个人都是如此。所以，对你成长阶段遇到的家庭变故，只能视为提早发生了，而不是只有你一个人那么倒霉。

重要的是，不管在多么糟糕的环境里，你都要相信，太阳永远都在，星星也永远都在。黑暗再长，阳光依然会照过来，即使沉沉黑夜，远处的星光，仍然会闪亮。你只要走过去，走到星空下，走进阳光里，再暗的夜，总有亮光，总有希望。

比如剧组，比如我这个老师，至少，我们是真诚的，无私的。帮你，关心你，只是因为喜欢，并无其他。你会感受到的吧？只要你愿意，我会继续这份难得的缘，不仅作为老师，更希望是你的朋友。

好好向前走，只要努力，你一定能成功！

生日快乐，孩子！

叶良骏

2019年9月23日

敬爱的叶老师：

  您的信，带着您的生日祝福的信，我收到了。我认真仔细地读完，心头一阵暖意。我本以为经历了这么多之后，"感动"这种奢侈，我再难以体会到，没想到，您这么有"一套"。哈哈，开个玩笑。

  讲实话，叶老师，我一生中遇到的良师，也不算少，但您，真的是其中最特别的，和您相处下来，我最大的感觉就是，您是一个可爱的人！有时您会表现您的傲娇，有时您会向我透露您的不安与心烦。好歹说，您也是一个大家、文豪，您没有偶像包袱，我们之间真的没有隔膜。您是一个可爱又可敬的好朋友！

  感谢您，愿意把我置为您的心腹之一。

  感谢您，愿意像我父母一般叮嘱我、关爱我。

  感谢您，愿意把您可爱孩子般的一面展现给我。

  感谢您，可以记住没多少人记住的我的生日。

  感谢您，可以在这清淡平静的少许昏暗的生活中，给我带来最简单的，也最珍重的感动！

  这些是我新鲜出炉的真挚感想，抓紧写下。

  无论未来的道路如何，我都将带着你们的期许砥砺前行！

你的"爱徒"小Y
2019 年 9 月 25 日

  这样的孩子在剧组有不少，在我们发现、了解和培养下，一个个显现出不凡的能力。

  让心灵丰富起来，老师充满了激情，就能因为热爱而坚守。在创造的过程中，让学生感到如阳光穿透了灰色的云层，仿佛有小草从枯竭的河底钻了出来，看到人生温暖美丽的一面。

凝聚着多重艺术形式的戏剧，释放了孩子们的心情，他们从中收获成长，学会合作，得到快乐，排练场、舞台同样是课堂。

　　评价一个学校，时常用数字来衡量，吕型伟先生说，一个学校好不好，不在于升学率，而在于它应该是一个有故事的学校。这个故事不一定要高大上，是平时师生间的细微交往。往往是这些细节影响了孩子一生，留在了他的心里。

　　在剧组，一批又一批孩子脱颖而出，他们改变的也许不是成绩，而是综合素质，这段戏剧经历，会影响他们的一生。会让他们变得自信，善于融会贯通，学会与人相处，有更广阔更成功的路在前面等着他们。

2019 年 10 月 14 日于上海市澄衷高级中学

腹有诗书气自华
——致镇海区庄市中心学校、中兴中学教师

人类因为能读书写字，可以使思想经验不断地流传影响，从而推动世界文明的发展。

我们读书是为了什么？从大的方面说，是学会做中国人，铸国民的精神。读书让我们懂得国家是大家的，只有每个人都爱她，都尽本分，祖国才能繁荣昌盛。从小的方面说，读书是为了丰富自己，让自己感受到世界的广博，了解人性的善恶，看到万物的灵秀，积累拼搏的勇气，学会处世的才能。

读书可以明理，一个人懂道理，眼界开阔，善学习，再长再难的路都能走过，并得到快乐。这样的人肯定能成功。

一、培植感知真善美的能力

古人说，书中自有黄金屋，书中自有颜如玉。这句话不能以世俗的标准去理解，它是说读书为人开启了一个宽阔的世界。

书读得多了，眼光敏锐了，胸襟开阔了，知识丰富了，便有了分辨能力，就有了追求。就会把环境变得更好，如校园建设，井然有序。把事业做得美丽，如传递爱心，弘扬善文化。把生活变成诗和远方，学会欣赏美、创造美。

二、培植抬头乐干的能力

书是万花筒，人生的风霜雨雪、甜酸苦辣均在其中。看历史书，我们了解民族兴衰，懂得洗清屈辱唯有奋斗；读小说，我们懂得生活不易，只有涵养一种海阔天空的境界，修身以待之，才能活得精彩。

"宇内地球小如粟，人生更比粟儿小。但愿多种几粒粟，何事营营争多少！"人生无奈到处有，读书人会从书中总结出："天无奈，奈人何，人无奈，奈愁何。何不将愁化作歌，送进芳耳，透入心窝？"从好书中得到的力量，足够支撑你一辈子去好好生活，好好工作。

三、结束语

真正的读书人，浸润于书本之中，养成浩然之正气，培养广泛的兴趣，有一颗柔软的心。读好书，好读书，一辈子读书，其乐无穷。它所改变的是金钱买不来的操守、品格，还有独特的气质！它会使人变得温雅睿智，豁达大气。所以说，教师首先应是一个读书人。

2019 年 5 月 21 日于宁波镇海区庄市中心学校、
宁波镇海区中兴中学

万世师表陶行知

一、伟大的爱国者

陶行知是中国进步知识分子的典范，他炽热的爱国热情贯穿其一生。

"国家是大家的，爱国是每个人的本分。""我觉得凡是脚站中国土地，嘴吃中国五谷，身穿中国衣服的，无论男女老少，就应当爱中国。"15岁时，他就在宿舍墙上写下："我是一个中国人，应为中国作贡献。"

要使中国强起来，必须提高国民的文化素质。陶行知一生办教育——平民教育、乡村教育、人才教育、战时教育、全民教育。

国难当头，陶行知为抗日救国四处奔走。"我是中国人，我爱中华国，中国现在不得了，将来一定了不得。"

二、爱满天下

陶行知有一颗伟大的心，有一种伟大的爱。他爱孩子、爱青年、爱朋友、爱人民、爱亲人、爱祖国、爱事业、爱真理、爱民主、爱科学、爱诗歌、爱真善美，爱那最光明、最有前途、最美好的一切。

（一）爱孩子

他称孩子为"天下像蜜桃的小孩"，要为他们造福。让他们自由快乐地成长。

他提倡六大解放——解放孩子们的时间、空间、大脑、双手、眼睛、耳朵。

（二）爱亲人

陶行知极孝顺母亲。他在外地，总不时写信问候母亲。母亲生日，他特地赶回，让孩子们陪祖母上山玩一天，他在家烧饭洗衣。

（三）爱自己

陶行知提倡"抬头乐干"。人不可能一帆风顺，总会遇到挫折、困难，乐观地对待一切痛苦，勇敢地走过去，前面就是一片天！

三、教师的品格和才能

陶行知说："教师的人格对于学生和社会的影响甚大。""农不重师，则农必破产，工不重师，则工必粗陋，国民不重师，则国必不富强，人类不重师，则世界必不太平……重师首在师之自重！"

（一）高尚的道德

道德是做人的根本，追求真理，要注重公德和私德，尤其私德是特别要紧的。

（二）学而不厌

要想学生好学，必须先生好学，好教师一定是个读书人。陶行知精通多国语言，50多岁还自学俄语。重庆大轰炸，别人都逃难，他动员学生上街去捡别人扔弃的书。他的图书馆藏书多，且无禁书。

（三）热烈真挚的情感

以爱示人胜过以威吓人，爱心流露才能换来爱的回报。

（四）艺术的兴趣

陶行知是诗人、艺术家，他能写诗，会朗诵，组织剧社，自己写剧，上台演戏，以艺术手段教育学生。

（五）创造精神

陶行知提倡创造，他说："先生创造学生，学生创造先生，学生先生合作而创造出彼此崇拜之活人。""敢探未发明的真理，敢入未开化的边疆。"

四、陶行知教育思想的前瞻性和现实意义

陶行知的一生是不断前进、不断超越、不断创造的一生，"时代是继续不断地前进，我们必得参加在现代生活里面，与时代俱进，才能做一个长久的现代人"。以下观点均体现出前瞻性：

1. 宣传结婚前配偶之科学的选择。

2.20 世纪的世界，是一个科学的世界。

3. 创造富的社会，应该穷干的，不能浪费着干。

4. 廉洁。"公家一文钱，百姓一身汗，将汗来比钱，花钱容易流汗难。"

5. 尊师重道。"在教师的手里操着幼年人的命运，便操着民族和人类的命运。"

以陶先生为榜样，坚守做人之道，坚守教育之道，面对纷繁复杂的社会现象，必能养成"皑皑冰雪之心志"，有"推己及人的恕道和大公无我的容量"，就能在三尺讲台，面对世上最纯真、最信任的目光，得到莫大的快乐。

2019 年 8 月 28 日于宁波市镇海区九龙湖学校

‖ 学生讲座

前进的青年

陶行知曾说："青年人是最重要的人，爱护青年是最重要的事，为青年人说的公道话是最重要的话。"青年是民族的希望，国家的未来。大家都要关心和爱护青年，要了解他们的需要，消除他们的苦闷，解决他们的困难，使他们能成为"前进的青年"。

"前进的青年"是什么样子的呢？

一、具有坚强的人格和百折不回的精神

"人生本是欢乐与患难交织而成。……困难给有志者以战斗之情绪与斗胜之智慧。……必须有战斗到底之意志，才能克服大的困难。"这段话是陶行知对他的学生吕长春说的。

人生活在客观环境之中，时时会遇到困难，应对困难要有坚强的人格。当年17岁的吕长春被陶行知派到小龙坎去办农场。小吕到了那里以后，见遍地是石块，有的地方连野草也不长，捡了几天石头，就垂头丧气地回来了，对陶先生说："我干不了。"陶行知对他说："你应该拿出你干的精神来，翻书，求师，访友，再自己去经验，更重要的是教大家去做。再加上一个恒字，我想你一定能够成功。你非干到底不可。"吕长春记住了陶师的话，又回到小龙坎。他找农民帮助，拜老农为师，把农场办了起来，秋后收了庄稼，帮助学校渡过了难关。在办农场的过程中，与各种困难作斗争，吕长春得到了锻炼，成为一个坚强的人。

陶行知在国外宣传抗日，二儿子陶晓光去信，满纸颓丧。陶先生回信说："世界上一切困难都要用冷静的计划去克服。忧愁伤心是双倍的牺牲，于事并无补。在你们的周围有着几百、几千、无数的孩子，都是你们的朋友，你们的同伴，你们服务的对象。从家庭的小世界里把自己拔出来，投入大的社会里去，你不久就会乐观、高兴，觉得生活有意义。"晓光在父亲的教育帮助下，投入抗日救亡运动中，成为一位勇敢的青年。

育才学校学生旭东被派去收捐款，到一位朋友家 11 次，还是收不到钱，他对着陶先生发脾气了："要去你自己去，我再也不去了。"陶先生教育他：要做成一件事是很难的，如唐僧取经，历尽九九八十一难，才取到了真经。"铁钉子要有钢脑壳来对付。"鼓励旭东继续努力去完成收款任务。旭东受到鼓舞，鼓起勇气又去收款，终于收到了钱。

"战斗生勇敢，勇敢地活才是美的活。""在战斗中我们取得生命的力量，在战斗中我们取得生命的意义。"一个青年能勇敢地面对生活的苦和难，积极拼搏，勇往直前，必能成功。

二、追求真理做真人

我们"要拿着真理之光，照着人向那正确的道路走去"。陶行知鼓励青年去发现真理、追求真理、传达真理和应用真理。他说："真理是太阳，歪曲的理论是黑云。"青年要敢于把这些黑云吹掉，让真理的太阳露出来。"你不可以为着饭碗、为着美人、为着生命，而把'真理'监禁起来或者把它枪毙掉。"

陶行知的二儿子陶晓光没有上过高中，经人介绍到成都一家无线电厂工作。厂方要看他的学历证明，他拿不出，写信要求育才学校副校长出一张高中文凭。文凭寄来了，还未等晓光交给厂里，陶行知的急电也到了，他坚决禁止用这张不符合事实的证明，另写了一张符合事实的证明。接着又来了一封快信："我们必须坚持'宁为真白丁，不作假秀才'之主张进行。倘使（我写的）这样真实的证明不合用，宁可自己出钱，不拿薪水，帮助国家工作，同时从尚达弟及各位学术专家学习。总之，'追求真理做真人'不可有丝毫妥协。如果因证明不合传统，连这样的工作学习亦被取消，你还是回重庆。我愿筹集专款，帮助你建立实验室，决不向虚伪的社会妥协。你如记得这七个字，终身受用无穷，望你必须努力朝这方面修养，方是真学问。"晓光接受了父亲的意见，撕掉了不合事实的证明。"追求真理做真人"成了他一生的座右铭。

陶行知在给育才师生的最后一封信中说："……我知道我努力的方向没有错，也不是孤军奋斗……如果消息确实，我会很快地结束我的生命。深信我的生命的结束，不会是育才和生活教育社之结束……（我们）平时要以'仁者不忧，智者不惑，勇者不惧，达者不恋'的精神培养学生和我们自己。有事则以'富贵不能淫，贫贱不能移，威武不能屈，美人不能动'相勉励。"

陶行知要青年"奉头脑做总司令。""人之高下，大致可以依他所奉的总司令为判断的标准。有的人奉肚子为总司令，也有人奉生殖器做总司令。我们育才则坚决要推头脑为总司令，指挥我们追求真理，贯通真理，为真理作战。这样说法，并不是叫我们把肚皮像个葫芦一样挂起来，也不是叫我们把生殖器像太监一样割去。只是不许把它们顶在头上走路，不许它们喧宾夺主来指挥我们行动。"

青年容易冲动，遇事往往凭意气行事。奉头脑做总司令的人，大事小事当前，都要权衡利弊，三思而行，这样就可以少犯或不犯错误。真理是越辩越明、越看越清的。说真话，做真人，从说假话的队伍中跳出来，就能够成为一个追求真理的前进的青年。

三、自立立人

陶行知写过一首《自立立人歌》，歌中写道："滴自己的汗，吃自己的饭，自己的事自己干。靠天，靠人，靠祖上，不算是好汉！"他希望青年"做一个整个的人，别做一个不完全、命分式的人。"

做一个完整的人，有三种要素：

（一）要有健康的身体

身体好，我们才可以在大环境里站得稳固。要做一个"八十岁的青年"，如果一个人弱不禁风，动辄生病，就成了"十八岁的老翁"，纵使有天大的本领，也无法施展。

平时要注意锻炼，有病就应当去医治，找出病因以便对症下药。有病不治，或者拼命工作，带病工作学习，都是不足取的。陶行知在《晓庄序》中提到他的学生程本海，他说："他拼命地干，现在病了，还是要干。我很希望他在恢复康健之后，要把一生的事，匀在30年里从容地干，不要把一生的事，挤在3年当中急急地干。有时，不干的干比干的干还要重要得多。"

（二）要有独立的思想——要虚心，要思想透彻，有判断是非的能力

"虚心，虚心，虚心！承认一无所知，一无所能；学习，学习，学习！学到人所不知，人所不能。……我们要虚心地跟一切人学：跟先生学，跟大众学，跟小孩学，跟朋友学，跟敌人学，跟大自然学，也跟大社会学。要学得专，也学得博。"只有虚心学习，才能不断充实自己的头脑，从而获得判断是非的能力。要善于独立思考，不能人云亦云，在做任何事以前，都要认真地思考一番，该做的毫不犹豫地去做，不该做的坚决不做。

（三）要有独立的职业——职业为的是要生利。生利的人，才能得到社会的报酬

1932年暑假，陶行知请晓庄学校学生戴自俺去河南省立乡村师范工作，小戴不肯去，怕单枪匹马干不好，要跟自己的老师张宗麟去桂林，可以省力些。陶行知说："一棵小树躲在大树底下生长，阳光、水分、雨露，都要受到一定的限制。大树底下，小树是不好生长的。小树应该有一块能让自己自由生长的土地。"他要戴自俺独当一面去接受锻炼，在实际工作中培养自己独立工作的能力，成为一个有独立职业、独立思想的人。

戴自俺接受了老师的意见，单枪匹马去河南省立师范工作，成了一个很有出息的人。

四、具备高尚的公德与私德

"一个集体能不能稳固，是否可以兴盛起来，就要看每一个集体的组成分子，能不能顾到公德，卫护公德来衡量它……所以我们在每一个行动上，都要问一问是否妨碍了公德？是否有助于公德？"如果集体中有妨碍公德的人，大家要帮助他，令其改正。进行教育后仍然不改的，要坚决清除，以免个别人妨害集体的荣誉，有损集体利益。否则，多数人只顾个人私利，不顾集体利益，则这个集体的基础必然动摇，并且一定会衰败下去！

陶行知提倡集体生活，以集体的力量启发学生自觉、自动、自治。学生犯了过失，开集体生活检讨会，帮助他认识错误。如不能改正，才交给教师或校长去解决。

一个品格高尚的人，他必须具备公德和私德。私德是公德的根本。不讲究私德的人，往往就是妨碍公德的人。陶先生说："品行养成之要素是在一举一动前能下最明白的判断。"青年要尊重公有财产。公有财产即是公有的物品，有些人对私物，一分一厘都视若至宝，对公物却任意损坏。如把公园里的花草树木随意乱折，图书馆的书任意撕坏，出外旅行希望"流芳百世"，到处题名。陶行知说，有这种习惯的人，如不斩草除根，它将蔓延出来，"渐渐可以盗卖公产，甚至于可以盗卖国权"。

五、虚心、好问、勤学

"虚心使人进步，骄傲使人落后。"这句话已说了很多年。青年往往容易看见自己身上的优点，有了一点成绩常会觉得很了不起，于是沾沾自喜起来。

育才学校学生吕长春考试得了好成绩，有点飘飘然了。陶行知写了一句话给他："谦谦君子，用涉大川。"提醒他要当一个谦虚谦和的人。

有了虚心的精神，才能好学。人的一生，"出世便是启蒙，进棺材才算毕业"。不断学习，不断求知，才能取得进步。好学要好问、善问。"发明千千万，起点是一问。禽兽不如人，过在不会问。智者问得巧，愚者问得笨。人力胜天工，只在每事问。"遇事要问为什么，"什么事，什么人，什么缘故，什么方法，什么时间，什么地方，什么数目，什么动向。这八贤是我们治学治事不用报酬的常年顾问"。

好问就能勤学，不论在何种环境，只要有钻研学问的精神，就能取得成绩。法拉第①的童年在利波②先生的书籍装订所当学徒。别人都闷着头订书，只有法拉第抽点时间看看书，他工作速度很慢，有人向利波先生告状。利波却是一个明智的人，他说，任何人，只要像法拉第那样勤学，都能得到他的宽容。有一次，法拉第在装订一本百科全书时，发现只有两页纸论述电学这个有趣的题目，这不能满足他求知的渴望，于是他去听化学家戴维的讲座，如饥似渴地向老师求教，赢得了戴维的喜爱，得以进入他的实验室工作，最后成为一个伟大的发明家。如果法拉第不是如此勤学好问，他也许只能永远当一个默默无闻的订书匠了。

富兰克林③因书读得不好，不再上学了，他的父亲让他在自己的工厂里随意走动、随意观察。富兰克林见工人做肥皂，就不断地问："这是什么？怎么做？"看见工人做蜡烛，他也要问。问得别人不耐烦了，他就自己动手做，照着工人的样子学。后来他迷上了化学，于是，世界上又多了一位发明家。

虚心、好问、勤学，是青年前进的保证。

六、要慎重交友

青年渴望交朋友，但是交朋友有学问。陶行知的朋友遍天下，他的朋友有社会名流，更多的是普通老百姓。他交友有自己的准则：对待朋友，一要诚实，二要宽容，三要和气。要真诚地对待别人，以心换心。

艾芜在抗战期间到了重庆，一时找不到房子住，陶行知托了几位朋友帮他安顿下来。艾芜一家因吃了不洁的菜油长期腹泻，陶行知知道艾芜生活困难，药品价贵负担不起。当时他自己也很困难，但仍然设法买了药送给他。陶行知对艾芜无微不至的关心使艾芜深为感动，他应邀在育才学校讲课，以此回报陶行知的盛情。

对待朋友要诚实。陶行知说："假朋友，交情肉与酒；酒肉吃光了，到处丢你丑。"这样的人不是真朋友。朋友若有缺点，只要不是原则问题，就要善于原谅别人，不要因一点小事就耿耿于怀。还有一种人，器量很狭窄，吃不得一点亏，陶先生批评这些人说："几个人掌舵，几个人摇桨。有祸别人当，有福自己享。这个骂得毒，那个骂得响。拿把秤来称一称，一个是半斤，一个是八两。朋友们！想一想：船儿快要散板！"这种朋友当然是不会长久的。

朋友若有错，不要背后说三道四。反之，若有人背后议论自己，也不必过分计较："好也不算好，坏也不算坏。好好坏坏任人讲，心中玉一块。恩怨有偶然，毁誉多意外。翻手作云覆手雨，朋友我不卖。"人要善于听各种意见，胸怀宽广，才能广交友，慎交友，善交友。

好的朋友能互相鼓励、帮助，大家共同前进。青年人应敞开胸怀，让自己生活在友谊的海洋之中。

七、干大事必须从小事做起

人的一生，要干大事，也要干小事，大事是由小事积累而成的。"本来事业并无大小，大事小做，大事变成小事；小事大做，则小事变大事。"

陶行知的儿子小桃写字龙飞凤舞，有一次，他给父亲写了一封信。陶行知拆开一看，信纸是一张废纸，边角没有裁齐，好多字看不清楚，他立即写信给小桃："你的字是写得太野了，使人认不得，而且写信的纸张不规则，这是必须改正的。你们的信总有一部分令人看不懂，就是看得懂，也是叫看信人十分难过，甚至头痛。这点小事如不痛改，将来必有一天，要让人把信摔到纸篓里去。"他认为写字虽是小事，但可以看出一个人的生活态度，他要求别人做到"写字端端正正，做人端端正正"。

八、树立正确的恋爱观

恋爱是青年生活中的大事，处理得当，能给人积极的力量，反之，则烦恼无穷。

陶行知写过一首诗《爱》："他如果不来，谁也不能叫他来，他如果来了，谁也不能叫他去。本来是有的，不用讨而给；本来是有的，不用送而受。他来，我不知道他从哪儿来；他去，我不知道他往哪儿去。"他教育青年对爱情要抱任其自然、顺乎事物发展的豁达态度。

假如一个青年每天只花 30 分钟在恋爱上面，求学做事又格外地有力量，那就成了一个很有希望的青年。但有的人却是"吃饭睡觉不高兴，读书做事不起劲，千劝万劝不肯听，一封信来救了命"，这是恋爱至上。一个不求前进的青年就会患上这种病，叫作"爱病"，病死在爱里，一个十七八岁的青年便成了十七八岁的老翁了。

有的青年视恋爱为儿戏，对于爱人，"大有韩信点兵，多多益善之势。终日在醋缸、粪缸、毒气房里流连，把国也忘了，家也忘了，学问也忘了，弄得身败名裂，悔之不及"。陶行知写诗劝青年："爱之酒，甜而苦。两人喝，是甘露。三人喝，酸如醋。随便喝，毒中毒。我写这三字经儿，人人都要读得熟。"

有的青年失恋了要去投河、上吊，有的人甚至将不爱他的人打伤、杀死。失恋虽为不幸，却能磨炼人的意志，积累经验，以后会得到真正的幸福。歌德因失恋写出了名扬文坛的《少年维特之烦恼》；贝多芬孤身一人，写出了 9 部交响乐。他们也许是不幸的，但他们把幸福留给了他人，失恋的痛苦没有击倒他们，反而使他们创造出震撼人心的传世之作。

唐纳④因失恋而自杀（未遂），陶行知写诗劝他："为个人而活，活得不高兴；为个人而死，死得不干净。只有那民族解放的大革命，才值得我们去拼命。若是为意气拼命，为名利拼命，为恋爱拼命，问我们，究有几条命？"

爱情是人生的重要组成部分，但不应是青年追求的唯一目标，将爱情与事业、与民族解放的大革命相融在一起，才能得到真正的幸福。他用诗来激励青年："女工人，男学生，结了婚，来斗争。哪儿去斗争？都市或乡村。结婚革了命，不再为儿孙。为大众，求生存，联合起来誓不分"，这才是真正的爱，这样的爱才有积极的意义。

九、学会创造机会，抓住机会

陶行知曾写文阐述，有的青年人说：生活太单调了，不能创造。单调无过于坐监牢，但是文天祥就是在单调的监牢中写出了《正气歌》⑤。在茫茫沙漠中生活，这可算是单调了吧，而雷塞布⑥竟能在沙漠中造出了苏伊士运河，把地中海与红海贯通起来。单调又无过于开肉包子铺吧，而平老静⑦竟在这里面做出了不平凡的事业，得到了人们的称颂。可见平凡单调，只是懒惰者之遁辞。在意外火灾中为救战友的小孩而大面积烧伤的刘琦，失去了五官和双手，左腿也丧失功能，定为特级残废。住院治疗期间，依靠顽强的毅力战胜病痛。他拿起笔，克服困难，忍受了常人无法想象的苦楚，写出了优秀小说《去意徘徊》，做到了明眼人不能做到的事。他不再是一个默默无闻的残废人，也没有颓废消沉，他的后半生因此而显得光彩照人。他创造了机会，这机会是用血泪换来的。如果他躺在功劳簿上，国家和人民照样会厚待他，他可以过得很舒服，但他却会因此而销声匿迹。他的成功，不就是一个很好的创造机会的例子吗？

有人说，我太无能了，不能创造。但是鲁钝的曾参⑧传承了孔子的"忠恕之道"；不识字的慧能⑨，传了黄梅的教义。陶行知说："下下人有上上智。"可见无能也是借口。

有人说，山穷水尽，陷入绝境，等死而已，不能创造。但是，粮水断绝、众叛亲离之哥伦布，发现了美洲；冻、饿、病三重压迫之下的莫扎特，写出了《安魂曲》。可见，绝望只是懦夫的幻想，歌德说："没有勇气一切都完。"生路要用勇气探出来，走出来，造出来，一步步地开出来。创造，要一件件地去做，有小的创造才有大的创造，有小事的成功才有事业的成功。

"没有难，只怕懒。计划好了，马上干。真干、实干、苦干，铁棒磨成针，针尖滴水成大海。没有什么难不难，只要你肯干，干！"

光阴与钱都有限，用必尽其效，用一文钱必问："这一文钱该用吗？"费一分光阴必问："这一分光阴该费吗？"有的青年沉溺在扑克、麻将中不能自拔，要知道时间一去不复返。要将做无益事的时间腾出，则从事有益事的时间就充裕了。

从小事做起，从今天做起，从现在做起，才能创造机会，抓住机会，一生才能过得有意义。

"破即补，污即洗，劳即谦，乱即理，债即还，病即医，过即改，善即喜，行即思，倦即息，信即复，账即记。"这是陶行知的"即铭"，包含着深刻的意义。

十、善于适应环境，并努力改造环境

"我们对于四周的环境，最忌是苟安，同流合污，听天由命，不了了之。有进取心的人……我们改造环境，要有美术的精神。"

要改造环境，先要适应环境。晓庄学校招生时，新生入学考试别开生面，每人发一把锄头去垦荒种田，个个干得浑身冒汗。能通过劳动考试的人才能进晓庄学校读书。因为"晓庄"是培养农村教师的学校，一个农村教师必须"农民化"，穿农民的衣服，说农民的话语，干农民的农事，才能受农民的欢迎，这就是适应农村环境。如果一个农村教师，西装革履，说话文绉绉，对农事一窍不通，他坐在农人的旁边会显得格格不入，农民也不会欢迎他。这样的人，谈改造农村不是一句空话吗？

改造环境，要有坚强的意志。青年人要有勇气在逆境中奋起，"天将降大任于斯人也，必先苦其心志，劳其筋骨，饿其体肤，空乏其身，行拂乱其所为；所以动心忍性，曾益其所不能。"有"战斗到底之意志，才能克服大难，以至于成"。追求真理的人以与患难搏斗为乐，唐僧去西天取经，历尽千难万苦，不知者以为他是自讨苦吃，其实他是抱着一个宏愿要完成，所以看破生死，乐而忘苦。"人生与患难有不解之缘"，敢于向命运挑战，扼住命运的咽喉，才能有战胜环境之可能。贝多芬年高力衰，又患耳聋，他不肯低下倔强的头颅，以耳聋而创作了《第九交响乐》，创造了音乐史上的奇迹。曹雪芹举家食粥，10年磨成一部《红楼梦》；张海迪高位截瘫，自学成才……古今中外，大凡成才的人，差不多都有一部沾满血泪的奋斗史。

陶行知一生曾两次遭到敌人通缉，一次险遭暗杀，经常"吃不饱来饿不死"，他为办学校，到处"要饭"，几乎到了心力交瘁的地步。但无论在如何艰难的境况下，他都能战胜困难，办了一个又一个学校，与敌人周旋到最后。他被人称作"傻瓜"，但他说"唯有傻瓜，能救中华"。陶行知的一生是奋斗的一生、创造的一生。人不被环境压倒，他就能"成亦成，败亦成，而不是世俗所谓之成败了"。

"杯方水方，杯圆水圆。可以穿石，可以灌田。分出氢焰，化铁之坚。会合众川，白浪滔天。居高临下，马力万千。流血流汗，开新纪元。"

适应环境，改造环境，战胜环境，从环境中竭力地锻炼，才能得到观察、质疑、假设、试验、印证、推想、分析等种种能力，成为一个永远进步的青年。

十一、有爱心

青年必须有一颗爱心，爱亲人、爱家庭、爱朋友、爱集体、爱学习，直至爱祖国、爱人民、爱整个人类。

最大的爱是爱国。"各人所处的地位不同，爱国的方法也不能尽同。小孩子用心读书，用力体操，学做好人，就是爱国。今天多做一分学问，多养一分元气，将来就能为国家多做一分事业，多尽一分责任。"爱国就是"人人尽本分"。

陶行知少年立志，15岁时他就写下"我是一个中国人，应为中国多作贡献"。在《平民千字课》中他写了《爱国歌》："四万万人的中华，四万万人的国家，四万万人一心一意地爱他！要是你爱他，莫让人害他。等到人害他，更要你爱他。倘有你爱他，人为何害他？中华，中华！四万万人的中华，四万万人的国家，四万万人一心一意地爱他！"

日本帝国主义侵入中国后，国难当头，他又写下："我是中国人，我爱中华国。中国现在不得了，将来一定了不得！"陶行知的一生，为"病弱的中华母亲"奋斗献身，对祖国一片赤胆忠心！

陶行知说："国家是大家的，爱国是每个人的本分。"爱国从身边的事做起，工人做工，农民种田，教师教书育人，战士打仗，学生读书……都是尽本分，一个人尽了本分，就是为国家出了力，就是爱祖国。

青年要有一颗爱心，他应扶助弱小，同情不幸的人，在家孝顺长辈，出外讲公德，帮助老弱和妇女儿童。只有爱身边的真善美，才能恨假恶丑。只有将爱心献给社会的人，他才能得到爱的回报。

"爱心之历史"，实际上是做人的历史。一个人出生以后，需要父母的爱；上学了，有老师、同学的爱；走上工作岗位，有同事、朋友之爱；结婚成家，有夫妻之爱；到了晚年，要有儿女的照顾和敬爱。人的一生不断从社会、别人处得到爱，也不断地献出自己的爱。

青年时代是一生中最重要的时期。陶行知爱青年，希望青年在大社会中，"以青天为顶，大地为底，二十八宿为围墙"，天天学习，人人进步，去创造中华民族美好的未来。

"努力，努力，努力向前进，努力向上进。先把脚步儿站稳，再把方向儿认定。一步、一步地走，一步、一步地近。千万不要回过头来，别人的闲话也不要听，战胜困难全靠要自信。努力，努力，创造个好命运，自己的力量要尽！"

前进的青年，依靠自己的努力，向一切人虚心学习，发扬百折不回的精神，必能走上一条灿烂的人生之路！

注：

①法拉第：英国物理学家、化学家。他发现了电解定律等。

②利波：法拉第工作的印刷厂老板，为人豁达，鼓励法拉第看书学习。

③富兰克林：美国资产阶级革命时期的民主主义者，科学家，他发明了避雷针。

④唐纳：20 世纪 30 年代电影演员，后成为电影评论家、作家。中华人民共和国成立前夕移居法国。

⑤《正气歌》：南宋文天祥抗元失败后被捕，《正气歌》是他在狱中所作，作品表现他宁死不屈的气节，为世人传颂。

⑥雷塞布：法国企业家，1854 年从埃及取得苏伊士运河的开凿权，成立运河公司，1869 年运河竣工。

⑦平老静：河北保定开肉铺的一位老人，为人诚实，做生意守信用，故买卖兴隆，陶行知多次称赞他。

⑧曾参：孔子弟子，提倡孔子的"忠恕"之道。

⑨慧能：唐代高僧，原为樵夫，后决心学佛，成为禅宗第六祖。

1987 年 10 月 16 日于复旦大学

陶行知先生的献身精神
——致格致中学高二学生

同学们：

欢迎你们来参观陶行知纪念馆，今天我给大家介绍陶行知先生的献身精神。

我们纪念馆墙上有一句话："捧着一颗心来，不带半根草去。"这是陶行知先生的一句名言。

陶行知先生是安徽歙县人，1891年他诞生于安徽歙县西乡一个贫寒的家庭，原名叫陶文浚，后来改为陶知行。为什么要改名呢？他说："知道了才能做，所以改为知行。"1934年，他又说："行动是老子，知识是儿子，创造是孙子，不是先知后行，应该是先行后知。"所以把自己的名字颠倒过来，改为陶行知。

他早年留学美国，曾经在伊里诺大学攻读市政，和孙科先生是同学；在哥伦比亚大学研究教育，和胡适先生是同学。回国以后，他曾在南京高等师范学堂任教，每月工资400块大洋。当年可以买1.8万斤大米，生活条件非常好。但是陶先生少年立志，他15岁的时候写下了："我是一个中国人，应为中国作贡献。"认为在大学任教不能改变中国贫穷落后的面貌。1923年，陶先生毅然辞去了大学教授的职务，也就是说，他放弃了每个月400块大洋的高薪，去从事平民教育。从此，陶先生一生没有任何职业，以卖稿卖文卖讲为生，集资筹款办教育。经过四年的平民教育以后，1927年，陶先生又说："我们国家以农立国，百分之八十五的人口是农民，在城市里搞教育，不能改变中国贫穷落后的面貌，应该教育下乡，把知识教给农民。"他提出从事乡村教育运动。他脱下西装，走到农村，戴上草帽，穿上草鞋，创建了晓庄乡村师范学校。他提出，要培养100万个教师来改变100万个乡村，从而使得中华民族有一个新的生命。他经常住牛棚，和农民交朋友，赤脚下地劳动，他曾经写诗说："一闻牛粪诗百篇，风花雪月都变节。"他给他母亲的信中说："我在这儿很快活，快活得像个活神仙，每天赤脚下地劳动，我们六个人同住一屋，一起睡在稻草铺上，比钢丝床还有趣。六个人当中还有一个牛大哥，身上很干净，脾气也很好。"从一个大学教授转变为住牛棚赤脚下地的农村教师，陶行知先生和劳动人民心连心。他在晓庄师范提倡教育和劳动相结合，认为教人者教己，在劳力上劳心，才能把学校办好。他经常挑粪、浇水、捉虫，样样都干，农友们称他"挑粪校长"。当年恽代英同志曾经写信，建议毛泽东向陶行知先生学习，也到农村去走一走。

陶先生的学校办了三年，1930年，国民党派了一个团的兵查封了晓庄，认为这个学校参加反帝斗争，有共产党的活动，抓去了二十几位学生，有14位学生在雨花台牺牲。陶行知也被国民党通缉，他避居上海，写下了这句话："捧着一颗心来，不带半根草去。"后来东渡日本流亡，1931年回国。回国以后，他提出开展科学下嫁运动，说："科学要从象牙塔里解放出来，交给劳动大众，中国才有可能寄生于强国之中。"但这个美好的愿望没有实现。1932年，陶行知走到上海宝山大场地区，也就是我们现在纪念馆的附近，他走遍了周围几十个村庄，搞农村普及教育运动。他创建了山海工学团，提出："教育的方向是为农民服务，学校应该为当地建设服务。"他在这里搞普及教育，既没有围墙也没有教室，甚至连一块校牌也没有，怎么办学校呢？他将学校办在蔬菜田里，取名为"蔬菜工学团"；在河边办起了"养鱼工学团"；牛背上办"儿童工学团"；灶披间办"妇女工学团"。陶行知先生说："来者不拒，不来者送上门去。"经过四年多的普及教育运动，山海工学团附近的农友们都摘掉了文盲的帽子，直到现在为止，凡是在山海学习过的六七十岁的老农民，几乎没有一个是文盲。山海工学团办起来以后，因参加抗日救亡运动，山海工学团被敌人称为"小解放区"，视作眼中钉。在敌人的重压下，1937年，陶先生的第二所学校被迫停办。

他看到许多孩子因战争失去了父母和家庭，被迫到处流浪，认识到这是一个非常严重的社会问题。陶先生一生爱孩子，他经常流着眼泪对自己说，你的能力为什么这样小，你能不能为孩子们做点事情。经过一年的筹备，1939年7月20日，陶行知在重庆一个破庙古圣寺里创建了育才学校——他的第三所学校，这所学校是陶先生办得最成功，时间最长，一直延续到现在的学校，现在叫做行知中学，也是我的母校。陶先生把学校办起来以后，提出要培养全面发展的人才，绝不培养蠢材，他说人才应该是手、脑双挥的小工人，追求真理的小战士，反抗侵略的小好汉，即知即传的小先生。1946年4月，他到了上海。

1946年7月25日，由于工作紧张、劳累过度、刺激过深、健康过亏，陶行知先生因患脑出血在上海去世，终年55岁。

同学们，陶行知先生为了祖国和人民，为了教育事业和孩子们，献出了他的毕生精力和心血，他完全可以走一条不同的道路。他可以做高官，拿厚禄，曾经有人三次请他去做官，请他做教育部长、武汉大学校长。可是陶行知说："我陶行知只会教书，而不会做官。"严词加以拒绝。陶行知是一个留洋博士，他曾经获得过两个硕士学位和一个博士学位，他精通多国语言，是国内外知名的大学教授。他本可以当教授、做博士，过优裕的生活。可是陶行知先生说："当四万万五千万人头上还有文盲帽子的时候，我行知不能去过优裕的生活。"那么他一生的生活是什么样的呢？他曾经写了一首诗。题名为"自画像"："人人称我老夫子，生活不如老妈子。同是为了带孩子，吃不饱来饿不死。"这就是他一生清贫的写照。他曾经写诗赞武训："朝朝暮暮，快快乐乐。一世到老，四处奔波。为了苦孩，甘为骆驼。于人有益，牛马也做。"这就是陶行知先生。

同学们，20世纪80年代，很多人对献身已经很陌生，学校也受到了商品经济的冲击。很多青年以为，现在是金钱万能，献身精神也是过去的事情了。我认为，作为一个青年学生，我们一定要把陶行知先生"捧着一颗心来，不带半根草去"的精神记在心上，因为陶行知先生说："人生天地间，各自有禀赋。为一大事来，做一大事去。"人活在世界上是为做大事而来的，如果吃喝玩乐过一辈子，那就白活了。我觉得一个人的精神生活应该超过物质生活。如果一个人能献身于祖国和人民，他的一生会得到许许多多的东西，绝对不是金钱万能。当然，没有金钱是不行的，但更重要的是要有丰富的精神生活，要有崇高的理想境界。我很羡慕你们，当我像你们这个年龄的时候，我曾经也有很崇高的理想，我很喜欢写东西，我曾经做梦，要当中国的第二个谢冰心。虽然历经了人生的许多苦难，我依然不放弃我的追求。你们都看见了，我今年已经50岁了，可我觉得自己还年轻，为什么会不觉得老？就是精神生活很丰富。我始终有一个信念——我的一生一定不能白活，一定要寻找机会让我的才能得到展示。由于这个信念一直没有动摇过，几十年我没有中断过学习。我到陶馆来工作，如鱼得水，我工作得很愉快，而且得到各方面的认可。人要不断地追求像陶行知先生说的："为一大事来，做一大事去。"陶行知先生的话是很有道理的，他这首诗是这样写的：

"人生天地间，各自有禀赋。为一大事来，做一大事去。多少白发翁，蹉跎悔歧路。寄语少年人，莫将少年误。"

1989 年 4 月 8 日

做人的道理

——致培进中学高二学生

中学时代是一个人的黄金时代，人生观在这时形成，才华在这时显现，学问在这时学到。中学时代是一个人非常重要的成长年月，千万不要错过。最主要的是，在中学时代我们不仅要学数学、语文、物理、化学和外语，还要学会怎么做人。实际上，做人是最大的学问，陶行知先生认为道德是做人的根本。没有道德的人，学问和本领越大，为非作歹的能力也就越大，他说："每个人要建立一条人格的长城，使自己成为高尚的人，这条人格的长城可以抵御一切外来的侵入。"就是抵御一切坏的东西、不良的东西。他提倡要建立人格的长城，每个人每天要做到四问，每晚睡前要问一问：今天我的工作有没有进步？我的学习有没有进步？我的身体有没有进步？我的道德有没有进步？身体是一个人的基础，而道德是一个人的根本，他说：我们每个人要奉头脑做我们的总司令，千万不要奉别的东西做总司令，一辈子去过荒淫无度的生活，或者吃喝玩乐。陶先生说："孩子们，如果你们有两块面包，我希望你们只吃一块，一块去换水仙花，这个水仙花就是精神建设。"这两块面包，一块去喂饱你的肚子，一块去换水仙花喂饱你的脑子。喂饱脑子要比喂饱肚子重要得多。

同学们，道德是做人的根本，而道德有两个：一个是公德，也就是我们说的大节，那就是爱祖国，爱人民，爱事业。在学生时代，就是爱学校、爱老师、爱同学、爱学习。还有一种私德，那就是小节。陶先生曾经说过："春游的时候有人在古迹上刻上 ×× 到此一游。这是一件很小的事情，但这却是一个道德的问题。我们不能想象这个刻字的人，将来会做一个很好的人。"陶行知先生办的学校里有许许多多规定，都是小节。他说，做人要做到一百五十六条，一百五十六条是什么呢？实际上是校纪和校规。譬如，室外见师长应该立正、脱帽、鞠躬、避道、随行；开会前以小凳子排列成行，脱帽、端坐、静候。还譬如，上课时有来宾来，点头致意；来宾走，行注目礼欢送。把这些小事做好，那么做人的道理就都学会了。

在做人的道理中，陶先生还说："我们每个人都要做到：滴自己的汗，吃自己的饭。自己的事情自己干，靠人靠天，靠祖上，不算是好汉。"这就是说，做人不依靠别人。很多有钱人家的子女，祖宗留下来很多钱，他可以躺在金钱堆上过一辈子，觉得很幸福。有的人，希望父母是个体户，有很多很多钱，他就可以不奋斗了。陶先生说了，靠人、靠天、靠祖上不算是好汉，做人应该自立，要靠自己。因为靠别人，哪怕是父母，最终都是靠不住的。所以，人是应该有一点志气的，靠自己，走自己的路，才能得到一条最好的出路。

在中学时代，要培养自己坚强的人格，将来去应付各种环境。有人因为失恋而自杀，有人因为考试成绩不好而自杀。过去在陶行知先生办的晓庄师范里也有这种事情发生，失业了、失恋了，或者生病了，就跑到燕子矶的石头上，跳到长江自杀。陶行知先生写了两块大木牌："想一想，人生为一大事来，做一大事去，你有国当爱，有民当报，为什么要死。"另一块："死不得，人死有重于泰山，有轻于鸿毛，与其无意义地自杀而死，还不如投身到乡村教育运动中来，为人民利益而死。"如果在中学时代造就了坚强的人格，使自己能在各种艰难困苦的环境中坚而不摧，这个人的一生会过得非常有意义。陶先生有这么一段话："人生是欢乐与患难交织而成，一个追求真理的人，会在搏斗当中取得最大的乐趣。"同学们，当你们走上社会的时候，你们会觉得，原来生活不像我们所想象的那样美丽。当我是中学生的时候，我也觉得，生活就像一首诗，应该是铺满彩霞，遍地都是鲜花，而实际上，生活是斗争，有风有雨，更多的是苦。一个人如果没有坚强的人格，他就会在风雨当中跌倒在泥泞的地上，难以成功。所以锻炼自己坚强的人格是非常重要的，无论遇到什么样的艰难困苦，都勇于克服，那么你就成功了。

陶行知先生说："宁为真白丁，不做假秀才。"他还说："千教万教，教人求真；千学万学，学做真人。"一个人活着就是该说真话、做真人。这真话可不大好说，真人也不大好做。这是没有办法的，说真话的人有时会倒霉，如果你向领导去提意见，领导也许会给你穿小鞋。陶先生说："世界上说假话的人太多了，我们要从说假话的人的队伍里跳出来，这才对得起做人一生。"陶先生虽然是大学教授，但他的四个儿子只有一个是大学生，三个连高中都没有读过。二儿子陶晓光要到重庆的一个无线电厂工作，这个无线电工厂需要高中毕业文凭，晓光没有读过高中，当然没有毕业文凭，他就写了一封信给育才中学副校长，请他寄一张文凭。这个育才中学的副校长是陶先生的学生，为了帮助陶晓光进入工厂，他违反规定开了高中文凭。陶先生知道了，写了这样一封信给儿子："你没有读过高中，为什么要高中毕业文凭，如果因为没有文凭进不了工厂工作，你还可以去当农民。"陶行知教育他的儿子："宁为真白丁，不做假秀才。"于是，他的儿子失去了一个很好的就业机会，这是做真人的代价。但因为晓光有坚强的意志，他自学成才，成了新中国第一代无线电专家。

在我们的生活中，有人认为说真话的人吃亏，说假话、拍马屁的人站得住脚，但这个观念是错误的，对社会来说是灾难。年轻朋友们还是力争说真话、做真人。说真话的人最终是不会吃亏的。

陶行知先生说，青年人还要过一关，那就是恋爱关。当然，中学生是不可以谈恋爱的，但你们总会长大，去工作，去谈恋爱，我愿送给你们几句话。陶行知先生曾谈过把恋爱当饭吃这个问题，山海工学团办起来的时候，一位教师曾和陶行知说了这样一个问题，他说："我们现在有些人把恋爱当饭吃，我看了眼睛真是要出血。"陶先生说："恋爱当饭吃不是很好吗？我们每天三顿饭，一顿用去半小时，一天一个半小时，吃了饭就有力气去干活，一天用去一个半小时去谈恋爱，如果有力量去工作，我看也没有什么不好，恋爱可以当饭吃，但是如果恋爱跑到另外一个极端，就是吃饭睡觉不高兴，读书做事不起劲，千劝万劝不肯听，一封情书救了命，把恋爱当大烟抽，这就不对了。"他说，有些人一谈起恋爱，就眉飞色舞，津津有味，而且像韩信点将一样，越多越好。这样子，就很糟糕。后来陶先生写了一首很有趣的诗："爱之酒，甜而苦，两人喝是甘露，三人喝酸如醋，随便喝，要中毒。我写这三字经儿，每人都要读得熟。"

同学们，陶行知先生留给我们的精神遗产是很多的，我希望大家有空的时候，到图书馆读一读他的诗歌、文章，都很通俗易懂，譬如像我刚才所举的例子，都是从他的著作里摘录下来的。

青年朋友们，你们要好好珍惜在学校里学习的好时光，努力学习，努力培养良好的品德，还要好好培养艺术兴趣，使自己成为一个高尚的人、完美的人。还要像陶先生说的，我们不要培养秀才，而要培养手脑并用的真正的人才。我们要动手做，动脑筋去想，千万不要整天钻在书本里面，忘记了我们周围的一切。我们要记住，生活是欢乐与患难交织而成，生活既不像诗那样美丽，也不像铺满彩霞那样地吸引人，但是生活却非常有意义，这个意义就在于和苦难作搏斗，最后取得胜利。

最后，我祝愿大家将来能走上一条灿烂的人生之路！

1989 年 6 月 2 日

做个快乐的好孩子
——致华东师范大学附属小学学生

孩子们，我看到你们的脸上满是灿烂的笑容，你们快乐吗？当然我知道，你们都很快乐。如果是个好孩子，那就更快乐了。怎样才能成为快乐的好孩子呢？

一、要好好学习什么叫"学生"

学生就要学习做人的道理。

"人人都说小孩小，谁知人小心不小，你若小看小孩子，便比小孩还要小。"小孩子心很大，好好读书，就会知道很多道理。

二、要学做事，自己的事情自己干

"滴自己的汗，吃自己的饭，自己的事情自己干，靠人、靠天、靠祖上，不算是好汉。"自己能做的事尽量自己做，在做中学到本领。

三、经常锻炼，健康第一

需要建立良好习惯。

身体好才能好好读书，好好做事。

四、要有一颗爱心

心善，对别人充满善意才能交到好朋友。

好好说话，和气地说话，以爱待人远高于以威吓人。

五、做事的秘诀

学做事，不怕困难，要坚持，不怕失败。

"没有做，莫说做不通！做得不够，莫说做不通！做了九十九次都失败了，第一百次会成功！"做了不一定会成功，但不做肯定不成功！

六、动脑又动手

不仅要动脑学习，还要动手做事。

陶行知《手脑相长歌》："人生两个宝，双手与大脑。用脑不用手，快要被打倒。用手不用脑，饭也吃不饱。手脑都会用，才算是开天辟地的大好佬。"

七、结束语

做到以上几点，你就能做个快乐的好孩子。天天记得，我要眼到、心到、手到。我要问：问古、问今、问未来；问天、问人、问万物。我要孝顺父母，为父母做事。我要每天背一段好文章。我要每天背一段外国文。我要帮助老百姓。我要注意身体，健康第一。我要立志做小事。我要学人的长处。我要养成好习惯，特别是好学习的习惯。我要多玩玩。我要亲近万物，亲近大自然、大社会。

孩子们，好好去玩吧！玩中学，做中学，手脑并用，练好身体，以善待人，你快乐，别人受你感染，也会很快乐。

2008 年 11 月 21 日

读书明理做好人
——致上海市市西初级中学学生

祖国是什么?(词典的解释为"自己的国家"。)祖国是我们心里的一条根,它无处不在,大至无限,小至身边,没有祖国的民族是无根之木。

宁波沦陷那年,我在妈妈肚子里跟着逃难,妈妈什么都来不及带,一路上喝河水,吃野菜。没有祖国做靠山,我们便成了"丧家之犬"。所以人人都爱我们的国家,尽自己的本分,为祖国尽力!

记住陶行知的这首诗:我是中国人,我爱中华国,中国现在了不得,将来一定不得了。

一、学生要学习人生之道

(一)要读书

人有两个"肚子",一个肚子,有饭吃才能活命。一个肚子长在头上,要吃"书",一个人光吃饭不读书,是酒囊饭袋,与动物无异。书读得多,精神富足了,即使天塌下来也压不垮,"腹有诗书气自华"由此而来。

(二)要选书

人生时间有限,不能看遍全世界的书,要读有用的书,比如经典,是前人经过时间检验流传下来的精华。闲书,要少看,多看大师的书。

（三）不仅要看纸上的书，还要读生活的书

花草树木、风霜雨雪、山川湖海、人世万象都是活的知识宝库，这些"书"是活的知识，能使人了解社会，更好地适应社会。

二、明理：明白人生的道理

（一）理想与做梦

从小要敢于做梦，为自己设定目标。正如我小时候想当作家，一直保持读书写作的习惯，最后终于梦想成真，成了一个作家。

（二）不怕碰钉子，抬头乐干

我不断写，不断投稿，很多年里不知收到了多少退稿，但坚持写，坚持投。终于，我的文字出现在很多报刊上。我把退稿当作历练，不抱怨，坦然接受，坚持就是胜利。

（三）行百里者半九十

旭东被陶行知派去重庆学校办事处工作，说时间是一个月，时间到了，却没人来接替他。旭东生气了，理好行李要走。陶行知赶来劝他：你坚持了一个月，难道不能再坚持一两天？行百里者半九十，往往，最后几步是最不易走的，但只要坚持到底，你就是一个负责的学生。

（四）争取做事的机会

我们学校班干部都是轮流做，校文学组组长也不分年级、年龄、大小，轮流当。初二那年轮到我当组长，从未做过"长"的我吓坏了。老师说，女孩要争取做事的机会，不会做可以学。于是我咬咬牙应下了。我向老师请教，终于做了平生第一个"小组长"。如果被吓退，怎么知道自己很有潜力？珍惜机会，别轻易放弃！

三、做好人

（一）留点善意在心中

见到乞丐，给个一两毛钱，不妨碍自己的生活，对他来说，积少成多，能改善困境。即使没能力帮，也不要嫌弃那些在困境中的人。

（二）和气待人

人交朋友，一定要和颜悦色、心平气和地待人。偶尔听到闲言碎语，不要生气。好也不算好，坏也不算坏，好好坏坏任人讲，心中玉一块。

（三）最重要的人和事

世上只有妈妈好，爱国爱家从爱妈妈做起。妈妈很辛苦，为她倒杯水，为她捶捶背，让她感受到你的爱。

让我们记住陶行知的一首诗——《努力》。

努力

努力，努力，努力向前进，努力向上进，
先把脚步儿站稳，再把方向儿认定。
一步、一步地走，一步、一步地近。
千万不要回过头来，别人的闲话也不要听。
努力，努力，
战胜困难全靠要自信。
创造个好命运，自己的力量要尽。

2014 年 12 月 19 日

知·情·意
——成功与快乐之道

人人都希望自己成功，希望一生都很快乐，怎么才能做到呢？有三大法宝：

知：引起兴趣与行动的愿望。

情：追求真善美的感情。

意：合于社会及历史发展的意志。

一、知：引起兴趣与行动的愿望

知是了解，了解生活，了解社会，了解人生。

"知"最好的渠道是读书。

人类因为能够读书写字，可以使思想经验不断地流传影响，而推动世界文明的发展。要努力做到：

1. 读好书，以取得文化宝库的钥匙。

2. 好读书，以学会做人处世的能力。

二、情：培养追求真善美的感情

"情"是爱心、善意、皑皑冰雪之心志。

"情"最好的流露是爱国爱人。有了爱，便会找路线，寻方法，造工具，使这爱可以流露出来去完成他的使命。

1. 爱国：国家是大家的，爱国是每个人的本分。

2. 爱人：推己及人的恕道，大公无私的容量，从身边事做起。

在社会上就要准备碰钉子，硬起头皮来碰，用爱心架起火来把钉子化掉。

三、意：合于社会与历史发展的意志

"意"是在艰难困苦中不动摇而向前创造的坚韧。

成功有许多秘诀，奋斗是万物之父，只有奋斗才有希望成功。虽然奋斗不一定成功，但成功一定因奋斗而来。

世界上一切困难都要用创造去克服，生路要靠勇气堆出来，走出来，造出来。"没有做，莫说做不通！做得不够，莫说做不通！做了九十九次都失败了，第一百次会成功。"

成功之道有很多，最重要的也许就是"知情意"三字。

"知"使我们永远有探求的兴趣。通过不断积累知识、能力，使自己有充分的"弹药"不断向前。

"情"使我们永远有一颗柔软的心。对人充满善意，对朋友流露爱心，对同学充满感情，世界就会变得温暖。

"意"使我们永远有向前向上的勇气。有坚强的意志、坚韧的品格，有百折不挠、跌倒再爬起的勇气，一定能梦想成真。

一个人记住了这三个字，并不断地实践，就会使自己进步，就能与日俱新，与月俱新，更与年俱新。这就是成功与快乐的秘诀。

2018 年 10 月 22 日于行知实验中学

2019 年 4 月 3 日于宁波市中兴中学

2019 年 7 月 15 日于叔苹奖学金夏令营

2020 年 11 月 13 日于上海市中医药大学附属浦江高级中学

‖ 其他讲座

知荣辱，讲礼仪
——做可爱的上海人

2010 年，上海即将举办世博会。世博会被称为体现各国综合国力，以及展示经济、科技和文化最新成果的"经济奥林匹克盛会"，是推动经济和社会发展的"加速器"。在迎接世博会的日子里，上海人是否都认识到这百年难遇的发展机遇背后，有风险、有压力，还有不少难题？

世博会的主题"城市，让生活更美好"，不仅是展示上海的政治形象、经济实力，更多的是拓展上海这个国际大都市的文脉、人脉。美好的城市不仅是高楼林立、交通便捷……更重要的是人——真善美的大活人。只有整个城市的人都以美好的形象展现在世界面前，才能使上海世博会取得真正的成功。

做可爱的上海人，要知荣辱讲礼仪。

一、以热爱祖国为荣，以危害祖国为耻

陶先生说："要晓得一个人爱国不爱国，只须看他对于公有财产的态度，只须看他对于公有财产有没有不愿取之精神。"个人私产和团体公产应分得清清楚楚。

育才学校有学生自治会，学生每人出 1 元钱，拿合起来的钱置办了东西，就是自治会的公有财产，每个学生都要懂得对公产的尊重。陶先生规定了："写私信不能用公家的信纸信封，公款不能放在个人处。"公

家橱柜不能放私物，公家时间不能聊天或干私活。如有公款放在私人处，钱款进出，必有两个人签字，一则避嫌，二则防止漏洞，一切账目必须有专人审查，至少每半年一次，目的在于账目清楚以防公款之损失。"公私之间应当划条鸿沟，绝对隔离，不使它有毫厘之交通。"幼时就要让孩子懂得"莫取"之义有三：一不愿取，二不可取，三不敢取。习惯成自然，长大了就成了严谨之人，小至爱校，大至爱国，均缘于此。

二、坚强的人格和百折不回的精神

陶行知认为，人的价值始终是社会的核心价值、终极价值。而现实情况是物的价值、世俗价值远远凌驾于生命之上。陶行知说，对于大环境我们无能为力，但我们必须教会人尊重生命，特别是尊重自己的生命。

人要经受挫折、失败，才能成才。我们现在提挫折教育，其实是古今相通的，如"天将降大任于斯人也，必先苦其心志，劳其筋骨，饿其体肤"。在逆境中不气馁，尊重自己的生命，方有成功的可能。

"困难给有志者以战斗之情绪与斗胜之智慧……必须有战斗到底之意志，才能克服大的困难。"每个人的人生道路都不会一帆风顺，从小让孩子吃点苦，懂一点生活的艰辛，甚至倒一点霉，摔几个跟头，使他们在生活的风浪中，获得保护自己的本领，培养勇敢拼搏的勇气和力量，对他们的成长将起重要的作用。

"只是常常的朝着光明迈进，常常的常常的面向着正义。夺去了，饿坏了，失败了，跌倒了，打散了，向前，拿出我所有的力量，回转到大路上来。"战斗的人生观，百折不回的精神，坚强的意志，能使人从逆境中奋起，变平庸为神奇，经过锲而不舍的努力，必能成为真正的人才。

三、做人要从小事做起

大事小做，大事就成了小事；小事大做，小事就成了大事，大事是由小事积累而来的。

礼仪，实际上许多是小事。如吃饭的礼仪：吃饭喝汤勿使出声。需说话，声音要轻。没吃完不能站起；不能用餐具指人说话。酒店里喧哗，猜拳行令，大呼小叫，令人侧目。吃饭是个人自由，但在公共场合，妨碍了别人，就是不礼貌。

四、努力做个好国民

好国民是读好书做好人。

"读好书，做好人。""会读书的人，对于人类和国家应尽之责任，应享之权利，可以多明白些。"好国民的标准，陶行知认为有以下几点：

（一）健康的体魄

健康第一，身体除了营养以外，还需要心理健康、心理营养。需要进行健康教育、性教育、责任教育。

（二）劳动的身手，做事的能力

如果国民人人只知读书，不会或不屑于扫地，天下谁去扫？

（三）科学的头脑

陶行知说一个真正的人，第一要有思想，要学而不厌。"我们必须拿着现代文明的钥匙，才能继续不断地去开发现代文明的宝库，保证川流不息的现代化。"他又说："科学是工业文明的母亲。我们要创造合理的工业文明，必须注重有驾驭自然的力量的科学。"

（四）艺术的兴趣

艺术是人类最伟大的创造，陶行知说："大众的歌曲是大众的心灵的呼声……它来，是从大众的心里来；他去，是到大众的心里去""最伟大的音乐是战斗的音乐，最伟大的文字是战斗的诗歌""唱歌是最能启发人的心灵，也是最厉害的迷魂汤"。

（五）团体自治的精神

陶行知说："集体自治在育才是采用民主集中制"，"培养自动的力量……培养自觉的纪律。""权利过于集中……被动呆板是其弱点"。

五、学会创造，终生学习

（一）真善美的大活人，最重要的是学会创造

"在平凡上造出不平凡，在单调上造出不单调。""处处是创造之地，天天是创造之时，人人是创造之人。"

"创新是一个民族进步的灵魂。"十六大报告指出："创新就要不断解放思想，实事求是，与时俱进。创新没有止境。"与陶行知当年所说："长久以来的现代人，创造出川流不息的现代化，川流不息的现代化又创造了长久的现代人。"异曲同工。

（二）学会学习

陶行知提倡"活到老，学到老，做到老"。他说，日月星辰，风霜雨雪，农人樵夫都是我们学习的对象；向大自然、大社会，向一切人包括我们的敌人学习，一定能学到书本上没有的知识。

学会创造，学会学习，特别是终生学习。"人生天地间，各自有禀赋；为一大事来，做一大事去。多少白发翁，蹉跎悔歧路。寄语少年人，莫把少年误。"要有思想，没有思想的行动，叫做盲动；没有思想，只管闷起头来跟人跑，叫做盲从。正如陶行知先生所说："真君子要真实真诚、真知真学、真情真性。"这样的真君子，才能算是可爱的上海人。

上海面临着巨大的机遇和严峻的考验。世界注视着中国，世界关注着上海，我们的前途是光明的，但我们肩上的担子很重，上海人任重而道远。让我们尽心尽力，从小事做起，从自己做起，从今天做起，知荣辱，讲礼仪。上海会因我而更加美好，上海人会因美好的上海而更加可爱！

2006 年 4 月 24 日于浦东继续教育研究会

发挥国际大都市资源优势
全力推进上海学陶工作的经验与做法
——改革开放 30 年的上海学陶工作

一、开篇语

我受上海市陶研会之托，抛砖引玉，与各位陶友探讨学陶工作。1980 年上海陶研会成立，至今近 30 年，经历了学陶师陶的潮起潮落，成绩是显著的。上海是经济中心，30 年来，上海起步较晚，但起点高，经济飞速发展，特别是新一轮上海大发展，给上海带来了机遇，也给学陶工作带来了新挑战。

我们的优势有以下几个方面：

第一，经济大发展，政府收入大幅度增加，带来教育大发展，市政府对教育重视，对学陶工作也一贯重视。

第二，当今是信息化时代，上海是信息中心，有众多媒体，有更多的发声渠道。

第三，上海的人才资源在全国优势明显，教育专家多，优质教师多，优质资源多。

刘京海的"成功教育"，目前托管"东沟"四所学校，每所学校给他 15 万，一年初见成效，浦东新区和其他区也来邀请他。12 月 9 日市教委会议上，领导提出要扩大托管试点，肯定了刘京海的做法，刘京海跳出闸北区，取得了成功。

叶澜提倡的"新基础"，受到闵行区的大力支持，提供经费，她还利用华师大智力优势，取得了成功。叶澜 70 多岁，还担任上海市新基础教育研究所所长，是上海年龄最大的所长，全国也很少有这样的例子。

我们应向他们学习，利用优势资源，汲取成功经验。我们的课题"和谐校园文化的建设与策划"就争取了好几位特级教师、教育专家参与，这批专家、教师的后面有一大批学生和同事，所以，我们的课题子单位有80多所，从幼儿园的剪纸研究到高中政治课，初中语文研究，职业技能教育；从普通中小学到省重点高中，其中只有近20所是陶行知实验学校，其他都是进行学科建设。我们的课题没有带上"陶行知"的名号，带上就有了限制，而和谐校园文化实际上提倡的就是陶行知思想，带动了陶行知思想的宣传。

第四，上海是移民城市，融合性、包容性强，人可各得其所，只要有平台就能展示自己。

有了资源优势，有了经济支持，也要讲工作方法，学陶才可顺利开展。

二、陶研会要有为才有位

如何在市场经济大潮之下，争取各方支援，唤起社会支持。首先陶研会要得到大家的认可。

第一，要策划活动，提高曝光率，活动要贴近群众，吸引人参加。

2002年，中陶会让我们举办"爱满天下杯"论文大赛，我们花了大力气筹备，结果却没什么人来。为什么？原来学校教师都说只有教育学会的论文大赛才可以评职称，中陶会的不行；还有人说，中陶会是什么？不了解。

后来市陶研会领导经过协调，请市教委作为论文大赛主办单位，与我们合作共同开展活动，并且宣传获奖的作品可以在评职称时加分。于是吸引了全国大量教师参加。走近基层，走近教师，舞台才有了观众，参加的人多了，讲陶才会有宣传效果。

第二，学陶不仅要做科研、写论文、主持课题、出书，更要做普及宣传工作。知陶才能学陶，要让人知道陶行知不仅是教育家，要让大家了解他的思想有现实意义。

陶研会有一定的局限性，比如做科研肯定比不过华师大和教科院，主持课题也不见得比得过教育学会，我们只能因地制宜，通过举办活动，扩大受众范围。

我们开设讲座，讲陶行知故事，参观陶馆，画陶行知等，注意了活动的趣味性、普及性，也强调公益性。

走近社区、学校，开设讲座 200 多场，义务送讲上门，为参赛学校开设有针对性的讲座，反响良好。

参与慈善活动，1997 年向慈善基金会捐赠名家作品，拍卖 3 万元；2003 年捐赠书画大赛得奖作品"画我妈妈"，拍了 3.3 万元。2003 年，大赛专家评委毛蓓蕾因患绝症陷入困境，我们写信向中央领导反映，中央领导亲自打电话给市委指导工作。我们又通过媒体宣传毛蓓蕾的先进事迹，不仅帮她筹到了巨额医药费，还出版了《心之育》一书。此书中，多次出现了我们大赛的评审画面，在帮助别人的同时，也展示了我们的实力，宣传了陶研会。

对特教校、残疾人，提供全程免费的展示机会，大力宣传"爱满天下"精神，全国有 30 多所特教学校连续参赛，获奖者获得证书及丰厚奖品，各地教育网作了报导。对我们来说又是一次有力的宣传。

三、在应试教育冲击下另辟蹊径

我们联合报社举办大型活动，将学生的作品刊登在报刊上，获奖作品在中小学生升学时派上了用场，对他们择校提供了很大的帮助，学生很高兴，于是口口相传，我们陶研会的影响也越来越大。

四、走出陶门搞大联合

举办大规模活动耗费巨大，陶研会无力承担。我们通过公关，以真诚之情感动人，前后共有几十家教育行政部门、报纸、电视台、出版社参加我们的活动。

这是双赢的举措，这些单位取得了社会效益，树立了良好的社会形象。陶研会开展了活动，经常出现在公众面前，通过潜移默化，让许多人知道陶行知、陶研会。

本来我们认为学陶工作开展这么多年，大家都应知道陶行知，其实未必。上海的两届20位教育功臣都不进行陶行知研究，全市特级教师做陶行知研究的也很少。学校、老师都在做学科建设，但这并不妨碍我们向他们学习，团结他们，请他们进来。如于漪、袁瑢、毛蓓蕾这些专家都是我们的评委，他们身后有一大批学生、教师，影响更为广泛。

几年前，一位老教育家告诉我，当年有的陶研会不让他参加，这样的教育行家请进来都来不及，怎么不要他！我们请他参加活动，他十分高兴地来了，消除了对陶研会的负面印象。

五、开门学陶，"钢头碰铁钉"

以人格力量让人感动，以脚踏实地的作风让人了解，不怕被人拒绝，不怕说三道四，不怕受冷遇，要有开阔的胸襟，让事实说话。

接受新事物，学会以经济规律办事。时代不同了，像陶行知当年那样要饭办学行不通；在上海，四处要钱，更行不通。要用符合上海特点、思维方式，结合时事的方法进行陶研。如请专家参加活动要用车接送，给予报酬。专家评审、教研员复评等，都要给予报酬，这是对他人劳动的尊重。

收费与公益性并不矛盾。如不收费，也要向有关基金会或企业去求赞助。否则，将无法运转，更无法持久。适当收费，全心服务，以鲜活的内容吸引人。

有的合作单位级别很高，如《解放日报》是党报，从来不与其他单位合作，我们的合作已持续了8年，今年他们的"中日青少年友好画展"邀请我们协办。还有的报社非但不向我们收取高额费用，还提供版面刊登我们的活动新闻、获奖作品、获奖名单，每年还以整版出专刊（平时，一个版面要几十万广告费）。8年来，上海的主流报纸上百次刊登有关我们的新闻，每一次出现，都是对陶行知的宣传。中陶会会刊《爱满天下》也每年出版一至两期进行成果展示，可惜已停刊了。

上海作为国际大都市机会很多，但生存竞争很残酷，没有创新，没有联合，很可能无立足之地。

"爱满天下杯"连续8年举办活动，从最初的书画大赛，到现在有论文、作文、讲座、颁奖、展览、出版等许多内容，面向从3岁至六七十岁人群，覆盖面超过上海所有的赛事。2004年市教委主任张伟江在一次会议上专门找我了解大赛情况，说这样的活动办得好，符合时代精神。这种依靠党政领导支持，整合优质资源，凭自己的实力做大做强的活动，是有根基的，不怕人事更替，不怕风吹草动。

在中陶会领导支持下，在上海陶研会直接指导下，我们团结一大批教育专家、媒体记者编辑、各新闻文化单位领导，避开空谈，以应用为主，解决实际问题为主，以润物细无声的方式，让陶行知精神深入更多人心中。

六、结束语

在上海，挑战与机遇并存，通过努力可以化不利因素为有利因素。通过自身建设、自身调整，上海陶研会在探索与社会互相适应、互相促进的过程中，觉得"爱满天下文化艺术传播中心"是一个亮点。30年改革开放，经济发展迅速，思想得到解放，中陶会和各级陶研会领导鼓励大家创新，上海陶研工作才可能有这个亮点。它既走市场化运作，又兼顾社会效益，路越走越宽。

但是因人手少、经费少、经验不足等问题，我们在工作中碰到的困难也不少，希望中陶会领导一如既往地给予我们支持，也欢迎陶友们提出好的建议，我们愿意与各位陶友共商陶事，共同前进。

2008年12月12日于北京中陶会改革开放30年座谈会

戏剧改变人生
——《东方之舟》创排辅导报告

戏剧艺术是人类文化的宝贵结晶。

戏剧艺术是人类生活的经典浓缩。

一、戏剧的起源与发展

戏剧起源于远古时期，最初是宗教仪式。戏剧发展，如人类历史发展一样充满了时代的印记，戏剧成形、产生影响可追溯到公元前 5 世纪。那时就出现了古希腊戏剧，如埃斯库罗斯的《被缚的普罗米修斯》、索福克勒斯的《俄狄浦斯王》。后来的罗马戏剧到 19 世纪的欧洲戏剧，产生了大量的名剧，如文艺复兴时期的洛佩·德·维加的《羊泉村》，莎士比亚的《哈姆雷特》《李尔王》等。

为什么会产生戏剧？

人类在社会变迁过程中产生的问题困惑，对大自然的敬畏，对神的顶礼膜拜，生活中的各种碰撞，无法得到圆满的答案。戏剧可以复制生活，从中进行探索、对话、研究，它可以按照人的需求去编故事，让人从中得到心理慰藉。戏剧可承载人的理想，表现对人文的关怀，可以跳出生活，编织当时无法实现的梦，所以，从乡野到城市，到处都有戏剧，从皇帝、国王到草根、百姓，都参与戏剧之中，古今中外皆如此。

中国戏剧，也产生于宗教仪式，从先秦至元、明、清，戏剧不断发展，生生不息。元代产生了元曲、南戏，出现了戏剧大师关汉卿等四大元曲名家，关汉卿被誉为"中国的莎士比亚"，他的《窦娥冤》《救风尘》等流传至今久演不衰。

明代戏曲有了杂剧，出现了汤显祖等的《牡丹亭》《南柯记》等传世之作。

清代戏剧有了宫廷大戏，徽班进京从昆曲到皮黄的变迁，出现了孔尚任的《桃花扇》，洪昇的《长生殿》，朱素臣的《十五贯》等名剧，至今无人能超越。

民国戏剧从李叔同的《茶花女》始，名家名作层出不穷。曹禺、洪深、田汉、郭沫若、吴祖光、老舍……每个名字都如雷贯耳，他们创作的戏剧很多都成了经典。

戏剧以喜闻乐见的形式被大众喜爱，它不受国界、语言、民族、文化之限，每个人都可在戏中找到自己，找到人生的秘诀。

《在延安文艺座谈会上的讲话》之后，秧歌剧、独幕剧较为流行，出现了以《白毛女》为代表的一系列优秀多幕剧。

中华人民共和国成立后，成立了北京人艺、上海人艺等艺术机构，历史剧的创作也取得了较大的成绩，如曹禺的《胆剑篇》，郭沫若的《蔡文姬》，吴晗的《海瑞罢官》，田汉的《关汉卿》等最为著名。老舍凭借《龙须沟》，获得北京市人民政府授予的"人民艺术家"光荣称号，名剧的不断上演，构成20世纪五六十年代中国话剧舞台上一道亮丽的风景线。

我国戏剧的主要种类有：昆剧、京剧、秦腔、豫剧、越剧、黄梅戏、评剧、川剧、粤剧等。

二、戏剧教育

"没有艺术的教育是残废的教育"，这是陶行知先生的话，而戏剧包括了几乎所有的艺术门类，语言、诗歌、音乐、舞蹈、美术、造型、历史、文化等均涵盖其中，是其他艺术门类难以比肩的。

戏剧艺术是人类文明史的重要组成部分，是人类生活的经典浓缩，它反映了社会变迁、历史变革，有对理想的追求，也有对当下生活的反思，其本身就是一个巨大的宝库。

教育要教会学生做人，通过戏剧艺术教育，使教师、学生丰富人生体验，在"戏如人生"中得到更多启发。

中外都重视戏剧教育。如英国的伊丽莎白女王就提倡并实践戏剧教育，美国有超过 70% 的学校设有戏剧课程。他们认为戏剧教育作为一种跨学科的教育，不仅能提高学生的语言水平，还能培养换位思考能力，更能培养美国学校最为看重的领导力。"戏剧表演可以让孩子成为一个更全面、更完整的人"。

陶行知一生办了好多学校，每个学校都重视戏剧教育，最早的是1927 年办的晓庄师范，他写信请田汉南国剧社来演出，特写了一封热情洋溢的信："行知代表教师、学生向诸先生致以最高敬礼，欢迎诸位先生下乡现身说法，以慰渴望。"南国剧社在晓庄不仅演戏，还帮助成立晓庄剧社，陶行知亲自上台扮演一位老父亲，演话剧"生之意志"，结果全校师生都以上台演戏为乐事。

1939 年他在四川办"育才学校"，办起了戏剧组。他经常推荐好戏让学生去看。当时学校经济十分困难，吃饭都成问题，但他说："我必须使你们都有机会来看戏，让我们节约身体的粮食来换取精神的营养。每天少吃一餐稀饭，省下钱去看戏。"

陶行知看到戏剧对师生灵魂塑造的作用，所以即使少吃饭，没车钱，全校走 100 余里路也要去看戏。在他的学校里，常请专家来上课，戏剧家刘厚生、章泯、郭沫若、田汉、安娥都来过，安娥还专为学生写戏。

戏剧教育并不是专为培养戏剧人才，而是在学校，特别是在中学里，全方位地培养学生。戏剧是一种体验式的学习，它可以培养学生的创造力、与人沟通的能力、解决问题的能力，还能提高自信心，这些能力可以让学生受用一生。

（一）培养团队合作精神

戏剧不仅是舞台表演，还需要好的编剧、导演、灯光、服装、道具、音响等，这些组合在一起，才能完成一部成功的戏剧。无论幕前幕后，每个环节都要紧密相扣，任何一个环节出了问题都会导致演出失败。

我曾去看过一场演出，一个演穷孩子的演员找不到鞋子，管服装的人又不知去了哪里，无奈之际，他穿了自己的阿迪达斯名牌运动鞋上场。戏中一个饭都吃不饱的穷孩子，衣服打了补丁，却穿了崭新的名牌鞋，这是与他身份不符的大错，他一亮相，台下就议论纷纷，一场很好的戏就砸在一双鞋上。

旧时艺人有句话叫"戏比天大"。戏码出去了，全体演职人员都要准时集合，即使生病，甚至家里出了事，都得坚持上台，哪怕一个小跟班，都得时时注意台上的名角，为他递水润喉。如没有团队合作精神，再伟大的演员，再有名气的明星，一个人也无法完成。

戏剧界有过不少教训流传。有一次一个剧团演《武松打虎》，扮演老虎的演员与主角发生矛盾。"武松"在台上本应三拳把老虎打死，可这回，老虎跳来蹦去，怎么也不死，打得武松汗流满面，妆都花了，老虎还不肯倒下，结果全场哗然，一场戏演砸了，这就是只有大角色，没有小演员的道理。

戏剧是舞台表演艺术，每场戏的好坏，只在演出当时才能定论，且没法弥补。戏剧教育过程中，可以培养学生的纪律性、责任心，充分认识自己工作的重要性，培养团队合作精神。

（二）培养领导能力

戏剧活动面对的是众多合作者，每个人都得以自身的能力去领导对方。比如"少年中国梦"戏中的阿强与小东北，为了"纸飞机"吵起来，阿强不是主角，但这场戏，阿强必须全神贯注地去引领小东北，使他恰到好处地发怒。小东北也要注意阿强的表情，要丝丝入扣地表演，让观众觉得他们真的要打起来了。这种台上无时不在的领导力，平时是感受不到的。

如果两人都只顾自己，而不去以表情、行动领导对方，戏就演不真。这里所说的领导，不是指上下级之间，也没有功利性，只是把自己当作戏中人，以某种独特的表演方式领导对手戏的同伴，使戏顺利地完成。这种能力完全可以迁移到学生将来从事的各个行业中。

（三）换位思考的能力

排剧时，演绎自己的角色很重要，这需要从自己的现实角色中跳出来，扮演"另一个人"，这个人可能是你毫无概念的，没有经历过的，陌生的，但你必须去理解、思考这个角色的特性，然后才能演好它。

"少年中国梦"中的"富太太"由一个 17 岁的女孩扮演，当时只是因为需要一个比较胖的演员，就挑了她。17 岁的少女，又是现代社会的学生，从无当"太太"的经验，怎么去演？这女孩很用功，看了不少书，请教年长的演员，让自己进入角色中去。虽然，这个角色从整部戏看并不重要，却是不可或缺的，由于女孩的努力，她的换位思考较成功，"富太太"演得很不错。

在舞台上，不仅要演自己的角色，还要思考别人的角色。"少年中国梦"中的"陶行知"有几个精彩的唱段，起先演报童的演员们老是不能入戏，有时大段地唱时，他们会走神。后来导演让他们轮流来排陶行知的戏，让每个人都体验陶行知为什么要唱"我是中国人……"后来就演得比较顺了。

这就是换位思考，思考与生活中完全不同的角色，这种体验可以引导学生站在他人的角度看问题，这种换位思考能力对任何职业都是有用的。以自己的心感受别人的喜怒哀乐，就会多一分理解、宽容。

（四）培养综合能力

应变能力——舞台瞬息万变，会出意外，比如忘词、走错台步，要立刻补救。若别人演错，你要补台，为他圆"谎"。戏剧界还有救场一说，演出因故无法继续，其他人都要想办法完成。

语言能力——戏剧语言都非常精练，而且包含许多潜台词。特别是一些经典名剧，台词经过千锤百炼，每一句都是经典。如哈姆雷特的"活着，还是死去？这是个问题"。如《日出》中的"太阳出来了，黑暗留在后面，但是太阳不是我们的，我们要睡了"。都是少一字不行，多一字不可的名句。这是非常有效的锻炼语言能力的方法。

要想通过表演向观众传递信息，自己首先要理解，然后要吐字清楚，感情丰富，音量恰到好处。与别人协同合作，藏起"自己"，变成一桶水里的一个水滴。

（五）感受美、理解美、创造美的能力

成功的戏剧都是传达人类美好的感情，"学问之道无它，改造环境而已"，其实艺术也一样，能把坏的环境变好，好的环境变得更好。"使乡村美好，都市美好，使中国美好，使全世界美好。"

艺术的力量，应该使"社会无肮脏，国家无肮脏，世界无肮脏"。通过欣赏戏剧艺术，提高感受美、理解美、创造美的能力，为人格建立一座坚固的长城，抗击风暴，抵御各种外来的"侵略"，成为一个大写的人。

中国历史上有许多名家，不仅是艺术领域的丰碑，还是做人的楷模，比如梅兰芳，他是京剧四大名旦之首，梅派创始人，艺术成就无人可匹配。他又是一个有民族气节的爱国者，上海孤岛时期，日本人要他唱戏，他不惜冒险请医生去打伤寒针，发烧40度，宁冒生命危险也不当汉奸。

（六）项目管理能力

戏剧是一个从无到有的项目，每个参与者都要进行进程管理及各部门的整体把握，不仅关心自己，还要关心戏的每一个部门及每个参与者。项目管理能力对学生今后的发展至关重要。

戏剧教育的目的，不是在于戏剧本身，也不是戏剧人才的培养，而

是让学生在艺术的滋养中提升文化修养，终极目标是"人格教育"，也就是使学生通过参与戏剧学习，成为有广泛视野和应变能力的全面发展的现代人，这对他们的人生有积极的意义。

三、《东方之舟》创作思路及主要情节、人物

（一）创作思路

犹太难民在上海，是第二次世界大战中一个独特的事件，但很多年里不为人所知。近十几年来才渐渐被大家了解，但大多数还是只知其一不知其二。特别是青少年，对这段历史更是知之甚少。

今年是世界反法西斯战争胜利 70 周年，也是中国人民抗日战争胜利 70 周年。让孩子们了解这段历史，感受真善美，是进行爱国主义、民族情怀教育的一个好抓手。

用戏剧形式进行教育，往往能起到事半功倍的效果。在戏剧中，蕴涵着大量的民族历史故事和优秀民族传统文化，通过艺术形式，宣传民族大义、家国情怀、做人品格等，可以作为民族精神、爱国主义教育的平台。

能经得住时间考验流传下来的剧目，无一不是经典，它不仅好看，更重要的是倾吐了人民的心声，蕴涵人生哲理，贴近时代，给人奋发向上的启迪。

如京剧《杨家将》，久演不衰，因为他的孝母，不忘故国，一个"四郎探母"至今流传。因为对母亲对故国之情，是人类共同的情感。

如程派戏《锁麟囊》，一个不复杂的故事，除了唱腔婉转动听外，更重要的是戏中弘扬的救人于急难，有恩必报的思想，是传统道德中共认的做人守则。

很多戏中的悲欢离合、喜怒哀乐、甜酸苦辣和人生百态，能使人在短短的时间内获得人生感受和情感体验，能使学生获得深刻的人生感悟，汲取更多的生活知识和为人处世的经验。

我参与创作了两部关于陶行知的戏，一个是《永远的陶行知》，一个是《少年中国梦》。

陶行知是伟大的人民教育家，他的一生有许多动人的故事，但是，如以讲课、阅读、参观等形式展现，较为平淡，很难拨动人的心弦。戏剧《永远的陶行知》尾声是我写的，我设计了他夫人等他回家，却无人影，只有画外音读起了他的诀别信："我不忍你一个人孤零零地留在世上。我走之后，在最初的痛悼之后，你一定要建立新的生活，如有志同道合者，你要坚决与他携手共度余生。请你答应，只把我埋在心中静静思念，而不要长久忧伤。这样，我才能安心。"

这一场戏，以饱满的情感，表现了一位大教育家为国为民奉献一切的高尚情操，又以诗一样的语言，表现他爱家爱亲人的细腻感情。两个小时的戏，到此是一个大高潮，观众无不为之感动，许多人流下了眼泪。戏的成功，不仅要有一个好的主题，而且要在某些地方打动人心，让观众在观赏之余获得力量。通过这场戏，陶行知的形象更加丰满，大家打心眼里崇敬他、学习他。

《少年中国梦》也是宣传陶行知的戏，但这是为青少年写的。当初创作时，我很困惑，因为大教育家爱国、亲民、办学校的事迹是严肃的，而戏是为孩子们写的，首先要好看，才能吸引他们。怎么去写? 如何构思?

苦思冥想了很久，我从陶行知的一首诗里得到启发，那是陶先生的《小孩不小歌》："人人都说小孩小，谁知人小心不小，你若小看小孩子，便比小孩还要小！"陶行知一生最爱孩子，他说"小孩子最伟大"。于是，我设计了众多报童的角色（当然，这是真实的，因为陶行知为报童办过"报童工学团"），让旧上海醉生梦死的"百乐门"与贫苦的报童交织在一起，设计了许多细节，最后在梦想之中，为孩子们开启了想象之门，引起观众的强烈共鸣。

戏的结尾，本来是主角"小东北"为炸日本坦克而牺牲，结果演一场，孩子们哭一场，纷纷要求让"小东北"活着，因为实现中国梦，要让像"小东北"一样的孩子去努力。于是，破天荒的，我们为孩子们改戏，最后改成"小东北"活着，他爸爸——国军营长牺牲了。

一部戏，能使孩子们沉浸其中，为主人公的命运担忧、哭泣，这哪里仅仅是因为戏的形式好看，而是爱国情怀使学生产生了情感上的共鸣，在润物细无声的艺术熏陶中，提升了对民族文化的认同感，戏剧达到了以情感育人的良好效果。

这部戏给了我极大启迪，决定要再写一部，为世界反法西斯战争胜利70周年做件有意义的事。

我做了大量的调研工作，用了大半年的时间，走访了不少地方，收集资料，做案头准备，最终决定以犹太人在上海为题材。

（二）戏的主线

犹太女孩哈娜失去亲人，独自一人千辛万苦来到上海找叔叔，虹口弄堂里的上海人，纷纷伸出手去帮助她、安慰她，最后熬到了胜利。

时间设定是从1939年至1945年，但不强调年份，因为戏中孩子按常理，应该长大，但演出不可能找两班人，故时间是模糊的。

7年中，从哈娜逃到上海，找到亲人贝克，后被日军与所有犹太难民一样关在隔离区，发生了许多故事。哈娜被上海人当作亲人、自己的孩子一样照顾、教育。她在困境中逐渐长大，心中的伤痛渐渐平复，她找到了家，也有了亲人般的丁家伯伯、丁家姆妈。

在日军的铁蹄下，她和其他犹太难民一样苦熬时光，但因为上海人的呵护、帮助，也有不少快乐。在世界反法西斯战争胜利之日，她带着上海人民的爱与善意，向这座善良的城市告别，留下了难忘的记忆。

（三）戏的表现内容

1. 上海人的弄堂生活。

虹口的唐山、舟山、霍山路、长治路，有连片的弄堂，这是我很熟悉的环境和生活。

住在弄堂里的72家房客，大多是普通市民，这当中当然有少数是亭子间作家，但更多的是普通老百姓，中国的贫民。

戏里很重要的部分要展示弄堂的邻里情，展现普通人的生存方式。犹太人来虹口后，此地本已住了许多中国贫民，房子更挤，生活更不易，但两个民族相融相合，中国人给了犹太难民许多帮助，比如分隔自己的房间给他们住，为他们找工作，临时看孩子。霍山路小学、市东中学都接受犹太孩子上学。

2. 犹太难民在虹口的生活。

犹太人聚集在虹口，他们在善良的上海邻居帮助下，很快融入当地生活。提篮桥这一片，因为有了犹太人，商业更繁荣，房屋建筑有了欧式风格，文化生活更丰富，异国风情更突出。

戏里要展示犹太人的为人，比如临危不惧、不怨不怒、随机应变、有文化涵养等。尽管隔离区的生活很苦，但他们尽量维持正常的生活，外出时，衣服整齐，还常开音乐会，去剧场看戏，开展体育活动，出版报纸，等等。

（四）戏中人物

戏中人物有犹太人、上海人，还有盖世太保、日本警察。考虑到学生演出，孩子年龄设在十一二岁，大人年龄在 40 岁左右。如太小或太老，中学生形象受限，较难演。

此戏不是战争片、谍战片或爱情戏，不可能有跌宕起伏的情节。限于条件，也不可能表现纳粹如何迫害犹太人。故这部戏是以群像方式呈现，每人戏份有多有少，但都不是绝对主角。

犹太人角色：

哈娜：12 岁，女孩，出生在音乐世家，从小学琴，琴艺日渐长进。活泼开朗，备受宠爱。一瞬间，父、母、兄都被盖世太保抓走。提琴是她不离身的道具。演员最好要有小提琴基础，虽然台上的小提琴只有弓没有弦，但拉琴姿势、站姿、感情表达、对乐曲的理解，都要有一定音乐知识才能展现得更好。

这是戏中一个重要角色，戏份较多。从天真的娇女到孤儿，历尽艰辛到上海，在陌生环境中生活、成长，要表演出来感情变化，有一定难度。

艾维：哈娜的父亲，42岁。小提琴家，出场时已黑云压城，是首次也是最后一次亮相。西装革履，风度翩翩，因已看到排犹行动将实行，心里满是忧虑，面对不懂事的孩子，难以开口。与哈娜的无忧无虑、兴高采烈形成强烈对比。讲音乐、讲家史，是为了告诉孩子们即将到来的灾难，故表情沉重，语气缓慢。因不知灾难何时会来，又幻想一家能及时逃离魔爪，心神不定。最后把琴交给儿子，是交出了家庭的重任，但并不知道自己即将死去，所以还拉了一段琴。

后台响起皮靴声、喊声，他才知厄运难逃。该说的已说，但父亲的心永远牵挂家庭，何况一双儿女不能再回家了。所以当他被盖世太保的枪打中了以后，还有千言万语想说，还忧虑着孩子们的前路，临死前的表演是恋恋不舍，想关照又讲不出，愤怒、着急、忧愁交集，是挣扎着倒地，不是一下子就死去。

他的出现只有短短几分钟，但是戏的引子交代了这个犹太人家庭原来是提琴世家，生活富裕，儿女是音乐好苗子，全家快乐无忧。他的死特别令人痛心，也设置了悬念，他的儿女能否逃出魔爪求得生路？

列依：男孩，13岁，哈娜的哥哥。兄妹俩在父亲教育下，同学小提琴，没料到音乐会刚开好，就遭厄运。他虽只比哈娜大一岁，但懂事，会照顾妹妹，很快理解了爸爸的意思，知道危险要来临。在危险时刻，他作为兄长挺身而出，保护了妹妹。但没法保护传家宝小提琴，心中的痛楚难以言说。他被盖世太保带走，后像许多犹太男孩一样，或死在集中营，或被送往英国不知所终。也可能在战后回国，但因父母已死，再找不到贝克和妹妹。

他在台上时间很短，但表现了一个犹太男孩的勇敢、有担当，是个好儿子、好哥哥，令人难忘，对他的被抓，留下许多遗憾。

贝克：40岁，艾维的兄弟，是工程师也是小提琴家。早年就来上海，以教提琴为生。戏中出现时是孤身一人。我设想，他随不少犹太人在上海舟山落脚。因喜欢上海而留下,只等妻子、女儿来沪团聚,不料战争骤起,隔断了希望。哈娜来沪,带来了亲情,也带来了兄长一家的凶讯,心中有伤痛,但他能抑制自己的感情,鼓励别人。他在艰难的岁月中不失风趣,性格阳光,从不忧伤。

女儿瑞娜逃出来,妻子被纳粹抓走,都没能击倒他。他坚强地活着,带着两个女孩千方百计地找生存之道。

日军抓他去造手榴弹,他的愤怒有了发泄之处,他设计让手榴弹都成哑炮,以此感谢上海人的帮助,也是反法西斯的一个小小胜利。

无论何时现身,他都坚守犹太人的处世之道,衣履整洁,留着一把胡子,梳得整整齐齐,风度儒雅,言语谨慎。即使日军污辱他,他只是强抑愤怒,危急时刻,不忘整理衣衫、胡子,是典型的犹太知识分子。

利西:女,40岁,我设想她在法西斯排犹行动中,匆忙逃离欧洲,可能因签证或买船票钱不够,她带着儿子肖尔先来上海。在等待丈夫的日子里,她艰难度日,又不肯向人求助,是一个温和的犹太女人。为了在上海生存下去她学织补。丈夫没有消息,她把这种思念化作了静静的等待,从来没失去希望。她接受上海人的善意,也尽力去帮助自己的同胞。此人戏不多,每次现身都是安静的表情、温和的笑容,是个在危难中安于现状,内心却强抑伤痛的坚强母亲。

肖尔:利西之子,12岁。较腼腆,话少,内向,几乎没什么台词,此角色一是为了使利西家有个儿子显得有生气;二是因戏中有两个犹太女孩,增加一个男孩角色,比较符合生活实际;三是在表现与里堂邻居交往的戏时,有男孩有女孩,画面效果更好。

瑞娜:女,11岁,贝克之女。跟着中国男孩祥生从柏林逃出来,母亲被盖世太保抓去,她东躲西藏,幸遇祥生才历尽艰难逃到上海。她年龄小,本很柔弱,战争使她一夜间长大,但总是在细节中流露出一个小女孩的弱小无依,令人怜爱。

她在上海找到父亲贝克,有了依靠,但贝克没钱,只能供哈娜上学,她羡慕却不哭闹,很懂事,因为哈娜比她更不幸,家里只剩她一个人了,贝克照顾哈娜，是应该的。后来她跟利西学织补，小小年纪也为父亲分担生活的担子，她的懂事令人心疼。在她生病时，上海人为她紧急募捐帮她请医生治病。

服装设计：犹太人艾维、贝克都西装领带，贝克在隔离区可不穿上衣，应是西装马甲、领带，这符合犹太人的着装习惯，不管什么场合，都衣履整齐。

利西穿连衣长裙，哈娜、瑞娜穿短袖连衣裙，肖尔可穿西裤、衬衫。他们的服装可在画册、书里找出原型，要注意花式，不可鲜艳，但式样需漂亮。

上海人角色：

丁太太：42岁，小学教师，穿阴丹士林旗袍，短发，精干利索，心地善良，乐于助人。把房客利西当作自己人，不仅照顾哈娜的生活，还教她道理，是典型的中国知识分子的气质——知书达理，懂古典诗词，耐心、沉稳。生活较安定，故有多余房屋可出租给犹太人。演员身材要好，适合穿旗袍，鞋是半高跟的，旗袍开衩不能开得太高。

丁先生：45岁，记者。上海弄堂里常有这样的文化人，有一份不错的工作，过着有儿有女有太太的平静生活。战争破坏了这种平和，犹太人涌入他们住的地方，使他无法独善其身。

他早把儿子祥生送往德国留学，希望他有一个好前程，不料战争不仅使儿子中断学业，还带回了一个犹太女孩，从女孩身上，他看到了法西斯的残暴，想到上海沦陷，自己生活在日军的暴力之下，激起了心中的怒火。他与太太善待犹太人，尽其所能，给苦难中的犹太难民以帮助。后来报馆被封，自己失业，仍不改初衷，向犹太人伸出双手，与他们共渡难关。

丁家夫妇是虹口地区典型的助人为乐的好邻居，也是众多犹太难民通过他们对上海留下的温暖记忆。

祥生：20岁，丁家大儿子，留德中国学生。出生在知识分子家庭，文雅、懂礼、热心。我设想他在柏林学机械专业，希望将来报国有门。战争使他中断学业，老师因是犹太人被抓，看到瑞娜孤苦伶仃，竭尽全力帮她。看到艾维一家的不幸，想帮而无力，但千辛万苦为他们保存好小提琴，差点送了命。在他身上有中国男孩的努力、刻苦，也有上海男孩的机灵、热心，他回国后，在孤岛上海找不到工作，后与贝克一起被日军抓去造手榴弹，与贝克一起使手榴弹成为哑炮。在危险之中，变得更坚强，成了真正的男子汉。

他是这几个孩子角色中的代表人物，戏较多，还有打架、抢琴，与敌人斗智斗勇等戏，有一定难度。

大凤：丁家女儿。

小雪：邻家女孩。

大江：刘车夫儿子。

阿海：陈伯儿子。

这几个孩子戏不多，因有唱、念、舞，需要有一定基础。

陈伯伯：卖梨膏糖的小贩。特地设计这个角色，为使气氛活跃，渲染老上海风情。

设想请专业演员设计"小热昏"唱腔，或在适当时间请他们表演一次"卖梨膏糖"。

刘车夫：一个以拉黄包车养家的苦力，生活艰难，但乐于助人，心地善良。他没钱帮犹太人，每天接送哈娜上学，表示出关心、爱护。乘客给几只橘子也省下来给犹太孩子吃。他热心地去请庄医生，说动伤寒专家免费上门看病还捐钱。他是一个虹口弄堂典型的好人。

还有盖世太保、日本浪人、日本警察。

演出时可互动。上海弄堂游戏已远去，戏中设计的情节，可以唤起老弄堂记忆，也是不少犹太难民记忆中的温暖童年。

如上海童谣，可台上台下一起念：下雨了。

最后打日本警察，台下可一起怒喊："打！打！"那首主题歌反复放，在最后也可全场一起唱。

四、戏剧改变人生

戏剧是人生的缩影，是对生活或历史的模拟，对人类命运特性的模拟，使观众获得人生的体悟，从中得到启迪。

《东方之舟》将二战时期犹太难民在上海的历史，以戏剧形式呈现在舞台上，虹口教育局开展课题研究，在全区师生中以此为契机，开展爱国主义、民族情怀、人文历史教育，让有特长的学生走上舞台。这部戏对构建校园戏剧文化，提升学校文化建设水平，展示学生艺术魅力和学校风采，会起到很好的作用。

有"戏"的校园，学生能获得更多的人生成长教益，有"戏"的虹口教育局，定能更"焕发"教师教学改进的前景和学生的主题学习热情。

"戏剧改变人生"，让我们一起努力。

2015 年 4 月 2 日于虹口区青少年活动中心

第二辑
纪念文选

光辉的一生

陶行知是伟大的人民教育家，教育思想家，伟大的民主主义战士，共产主义战士；伟大的爱国者。[①]"他一生光明磊落，是中国共产党的亲密战友，他后 10 年，坚定不移地跟着中国共产党革命到死。"[②]他的生活教育思想和革命精神，是中国人民宝贵的精神财富。陶行知是中国进步知识分子的代表。他的崇高师德和无私奉献精神，堪称"万世师表"。[③]

一、青少年时代（1891—1917）

陶行知原名陶文濬，1891 年 10 月 18 日出生于安徽歙县黄潭源村。家境清寒，自幼聪明好学。6 岁由方庶成秀才开蒙，8 岁入吴尔宽塾师处伴读，曾在三刻钟内背诵《左传》43 行，显露出惊人的记忆力。

15 岁时，进入母亲帮佣的教会学校——崇一学堂读书，深得英国友人唐进贤校长的喜爱。他少年立志，在宿舍墙上写下"我是一个中国人，应为中国作贡献"。因成绩优异，提前一年毕业。当年考取杭州广济医学堂，因不满学校强迫学生信教，三天后愤而退学。

1910 年，入南京金陵大学文科就读。在校期间，组织爱国演讲，举办爱国募捐活动，担任《金陵光》中文版主编。1911 年暑假，参加歙县地方的革命活动。因受明代哲学家王阳明"知行合一"学说的影响，改名为知行。

4 年后，他以总分第一名的成绩毕业于金陵大学，在毕业论文《共和精义》中提出："人民贫，非教育莫与富之；人民愚，非教育莫与智之；党见，非教育不除，精忠，非教育不出……同心同德，必养成于教育；真义微言，必昌大于教育。"提出教育兴国的主张。

当年，他在金陵大学校长包文先生的鼓励和亲友的资助下，远渡重洋，进入美国伊利诺大学攻读市政，获硕士学位。

1916 年，他转入哥伦比亚大学师范学院教育系学习，成为杜威、孟禄等教授的学生。他认识到"教育苟良，则人民生计必能渐臻满意。可见教育实建设共和最要之手续，舍教育则共和之险不可避，共和之国不可建，即建亦必终归于劣败"。要实现真正的共和政治及民主主义，非实行教育普及不可。陶行知师从杜威等人，研究美国大众教育行政问题，决心将来为祖国教育的改革、发展奉献终生。

1917 年毕业，他的老师孟禄挽留他读完博士学位再回国。他说："读博士是我个人的事，以后再说。"谢绝了老师的好意，毅然回国。他乘船横渡重洋，与几位同窗好友谈起今后的打算，他表示："要为中国人人受教育而努力！"

二、为中国教育改造探寻生路（1917—1926）

1917 年，他受聘在南京高等师范学堂任教。针对当时教育的现状和弊端，提倡教育改革的主张，建议将"教授法"改为"教学法"，反对"沿袭陈法""仪型他国"的教育，要做"第一流的教育家"。他促成南高师改革招生制度，与北京大学相约，开放女禁，首次招收女学生。

1921 年，南京高等师范学堂改名为东南大学，陶行知担任教育科主任。同年 12 月，中华教育改进社成立，他任主任干事。在《新教育》杂志上（他是主编），他撰文评论过去我国的教育时而学日本，时而学美国，"学来学去，总是三不像"，他提出要突破教育的老传统，改革旧教育，办适合中国国情、适合人民需要的教育。

1923 年，他与朱其慧、黄炎培等人发起成立中华平民教育促进会，并与朱经农合编《平民千字课》，在全国发行了 300 多万册。为推行平民教育，他辞去大学教授的职务，放弃了每月 400 块大洋的高薪，奔波于全国十几个省市，到工厂、农村、旅店、庙宇、节善堂，甚至是监狱，办平民学校和平民读书处。在《平民千字课》"编辑大意"一文中，他阐述平民教育的目的：1. 培养人生与共和国国民必不可少之精神态度；2. 训练处理家常信札、账目和别的应用文件的能力；3. 培养继续读书看报，领受优良教育之志愿和基本能力。

平民教育一时风靡全国，陶行知为此四处宣传奔波。他忘记了家庭，忘记了儿子，连过年也忘记了。他曾写道："上车过旧年，下车过新年，年年车上过，也算是过年。"平民教育在全国引起热烈的反响，陶行知趁热打铁，写了多篇文章总结和推广经验。提出"读书要与饭碗发生关系""无论家庭里、店铺里或机关里的人，均须一律读书"，阻止别人读书或不愿读书的人，要收"愚民捐"。他希望"处处读书，人人明理……但我们不能以普及四个月一千字的教育为满足，我们应当随国民经济能力之改进，将他们所应受之教育继长增高到养成健全的人格时才能安心"。

恽代英了解了陶行知提倡的平民教育以后，特意写信给毛泽东说："我们也可以学习陶行知，到乡村里搞一搞。"

按照当时的估计，中国 4 亿人中，12 岁以上粗识文字的只有 8000 万人，至少有 2 亿人是文盲或半文盲。陶行知立志，要对这 2 亿人负责，"有一人不会读书看报，就是我们有一份责任未尽"。

几年时间，平民教育运动使成千上万的平民受到了教育，取得了令人瞩目的成绩。

三、投身乡村教育运动（1927—1930）

在平民教育进入高潮之际，陶行知就清醒地认识到："中国以农立国，一百个人当中有八十五个住在乡村里。平民教育是到民间去的运动，也就是到乡村去的运动。"他在推行平民教育的过程中，响亮地提出"到民间去""到乡村去"的口号，这在当时是非常了不起的。

1926年，他提出"教育必须下乡，知识必须给予农民"的口号。以农立国的中国，乡村教育是立国的根本大计，提倡教育与农业携手。通过乡村教育，要叫人生利，要叫荒山成林，要叫瘠地长五谷。"从野人生活出发，向极乐世界探寻"，要使乡村变为西天乐园，村民都变成快乐的活神仙。然而，在当时的中国，乡村教育却走错了路。陶行知愤慨地指出："教人离开乡村往城里跑，教人吃饭不种稻，穿衣不种田，教人羡慕虚荣，看不起农民……"陶行知要为"3.4亿农民烧心香"，他说："乡村教育是远东一种伟大现象，凡是关心世界问题的人们，决不至忽略这种大问题，无论办的好不好，中国的乡村教育关系全世界五分之一的人民。"

为使全国人口中绝大多数的农民有受教育的机会，为改变中国农村的贫穷落后面貌，1927年3月15日，陶行知脱下西装，穿起布衣草鞋，离开城市，在南京创办了晓庄试验乡村师范学校。他立志要"筹募100万元资金，征集100万位同志，创办100万所学校，改造100万个乡村"。

晓庄学校开学典礼在半山腰进行，第一批学生13人，学校校舍尚未造好，在空旷的山麓举行开学典礼。陶行知说："我们的校舍上面盖的是青天，下面踏的是大地，我们的精神一样要充溢于天地间。……农夫、村妇、渔人、樵夫都可做我们的指导员。"

学校以培养农村教师为目标，要求学生农民化。晓庄的大礼堂命名为"犁宫"，门口挂了一副对联："和马牛羊鸡犬豕做朋友，对稻粱菽麦黍稷下功夫。"学生与农民交朋友，拜农民为师，学校规定时间去"会朋友"。陶行知身体力行，他住牛棚，"一闻牛粪诗百篇，风花雪月都变节"。他经常住在农民的柴房里，并风趣地说："睡在稻草铺上比钢丝床还有趣。"他带领学生下田劳动，被大家称作"挑粪校长"。

在大革命浪潮中诞生的晓庄学校，"以教人者教己，在劳力上劳心"，根据农村的特点，实施教育与生产劳动相结合，教育与社会生活相结合的原则，成了陶行知试验生活教育理论的第一个基地。在此基础上，逐步形成"生活即教育""社会即学校""教学做合一"的生活教育理论体系。

1928年，陶行知在浙江创办湘湖师范，委派晓庄师范学生操震球任校长，陶行知亲自到校进行指导。1929年，他派学生到淮安创办新安小学，他自己兼任校长，后由汪达之任校长。这一年，圣约翰大学授予陶行知科学名誉博士学位。

晓庄学校有地下党组织，师生们参加反帝斗争，积极支援下关工人罢工，陶行知支持学生参加革命活动，国民党反动派对其恨之入骨。1930年4月，晓庄学校被反动派用武力封闭，二十几名学生被捕，14名学生遇害。陶行知被扣上"勾结叛逆，图谋不轨"等罪名遭到通缉。他避居上海，后流亡日本。他手书"捧着一颗心来，不带半根草去"以明心志。

晓庄学校只办了3年零24天就被扼杀，但是中国新教育的曙光在此升起。陶行知在"护校宣言"中写道："晓庄的门可封，它的嘴不可封，它的笔不可封，它的爱人类和中华民族的心不可封。"晓庄精神永远闪耀在教育史上，成为乡村教育运动的一面旗帜。

四、为解除国难，提倡普及大众教育（1931—1936）

"九一八"事变后，陶行知从日本秘密回到上海，国民党对他的通缉令尚未解除。他从日本重视教育改革和培养科技人才的经验中，得到很大的启发，于是提出"科学下嫁"的口号，主张科学要从儿童教起，要使"人人都能享受"科学知识。在《申报》总经理史量才的资助下，他办"自然学园"，编写"儿童科学丛书"，办"儿童科学通讯学校"。他指出："做一个现代化的人，必须懂得现代化的知识，学会现代化的技能，感觉现代化的问题，并以现代化的方法发挥我们的力量。因此，我们必须拿着现代文明的钥匙才能继续不断地去开发现代文明的宝库，保证川流不息的现代化。"

陶行知在半个世纪以前就看到了科学技术的重要性，在极端困难的情况下，尝试让科学走出象牙塔，下嫁给劳动大众，说明他有卓越的远见。

1932年10月，陶行知根据晓庄学校的教育实践经验，在上海宝山大场地区创办"山海工学团"，开展普及教育运动。工学团的宗旨是"工以养生，学以明生，团以保生"，把社会、学校、工场打成一片，向封建传统教育挑战。工学团的创建，标志着普及大众教育又产生了一个改造乡村富有生命力的新细胞。工学团是根据农民的需要创办的，它的教育目的是：唤醒农民、组织农民向大自然进军，向帝国主义、封建势力作斗争。没有围墙，没有固定的校舍，庙宇、田头、牛背上、灶披间、茶馆店，到处都可以办工学团，"来者不拒，不来者送上门去"。

工学团教农民科学种田，办"棉花工学团""蔬菜工学团"等。学校参加社会改造，提倡6个培养：培养普遍的军事能力，培养普遍的生产能力，培养普遍的科学能力，培养普遍的识字能力，培养普遍的运用民权的能力，培养普遍的节制生育的能力。

工学团的兴起，标志着学校的根本改造，普及教育的新趋势。陶行知针对工农大众缺乏文化的状况，千方百计为普及工农教育作努力。他提倡小先生制，号召"全国小学生总动员做小先生"，小先生制很快推广到全国25个省、市，形成一支普及教育的大军，突破了数十年教育的纪录，把全国的普及教育推向高潮。

1934年，陶行知写诗曰："行动是老子，知识是儿子，创造是孙子。"这年，他正式改名为"行知"。

随着山海工学团的发展，各种职业、各种形式的工学团陆续建立。山海工学团从成立到抗日战争爆发的5年中，为国家培养了上百名干部，教育了几千名农民和他们的子女。

"九一八""一·二八"事变后，陶行知积极从事抗日救亡活动。1931年春，他受《申报》总经理史量才之聘，任《申报》总管理处顾问。

他以"不除庭草斋夫"的笔名撰写大量文章，驳斥蒋介石"攘外必先安内"的反动政策，反对"文化围剿"。他利用自己广泛的社会关系和较高的社会地位，营救了不少共产党人和进步青年。

1935年，他参与发起"上海文化界救国会"，组织"国难教育社"，推行国难教育。参与组织"全国各界救国联合会"，并当选为执行委员和常委。他大声疾呼："人人过战时的生活，人人受战时的教育。"不能关起门来死读书，大家要起来救"病倒了的中华母亲"。

1936年1月初，他撰文支持"一二·九"学生运动，成为全国救国会重要领导人之一。同年6月，他与沈钧儒、章乃器、邹韬奋联合发表团结御侮宣言，赞同中国共产党关于建立抗日民族统一战线的主张，呼吁实现第二次国共合作。毛泽东复信表示支持，并愿与救国会"在各方面作更大的努力与更亲密的合作"。

五、在海外为抗日救国奔走呼号（1936—1938）

1936年7月，陶行知受全国各界救国联合会的委派，任国民外交使节，去国外宣传中国的抗日主张。

他出席世界和平大会、世界新教育会议、世界青年大会、世界反侵略大会，当选为世界和平大会中国执行委员。

在伦敦，他三次瞻仰马克思墓，写下了一首小诗："光明照万世，宏论醒天下，二四七四八（墓号），小坟葬伟大。"他在美国组织华裔洗衣工人宣传抗日；他四访加拿大，被加拿大人民称为"中加人民友好的第一个使者"。他推动杜威、爱因斯坦、罗素、罗曼·罗兰、甘地等世界著名人士联名发表宣言，谴责日本侵略中国。他发起组织中华经济研究社，调查出1937年日本从美国输入的军火材料，占日本侵华军火的54.4%。他愤怒地谴责美国军火商的卑劣行径，喊出了"一个日本军国主义的炸弹炸死了100个中国人，其中54.4人是美国军火帮助杀死的"！这个调查报告被列入美国国会公报，引起巨大震动。他做华侨的团结工作，针对华侨中帮派体系多，经常发生械斗的现象，他写诗道："你以为，我以为，你我之间出了鬼，有鬼掣我的肘，有鬼拉你的腿。灵魂正在渡河，桥梁被鬼炸毁，扑龙通儿一齐掉下水，笑煞东洋鬼。"通俗风趣的演讲打动了华侨的心，在各国华侨中掀起了支援祖国抗战、抵制日货的热潮。

在陶行知出访期间，沈钧儒等救国会领袖"七君子"被捕入狱。陶行知闻讯后震惊万分，在国外组织华侨及社会名流进行营救，杜威等16个世界名人联合拍电报给蒋介石，要求释放"七君子"。陶行知被冠以"危害民国，宣传与三民主义不相容的主义"之罪名又一次遭通缉。他镇定自若，写下板桥的诗"千磨万击还坚劲，任尔东西南北风"以明心志。

在两年零一个月的时间里，他出访欧、美、亚、非26个国家和两个地区，行程25万公里，开展了广泛的演讲、募捐、访问等国民外交活动，宣传中国人民的抗日主张，揭露日本军国主义的侵华罪行，介绍中国大众教育运动及小先生制，为促进华侨和世界人民的团结，支援中国人民的抗日战争，作出了重大贡献。

1938年8月，陶行知回到香港，他宣布回国三愿：一是创办晓庄研究院，培养高一级的人才；二是创办一所难童学校，培养人才幼苗；三是在香港创建职业补习学校（后创建"中华业余学校"），以团结海外及香港同胞共赴国难，参加抗战。10月，陶行知回到内地，此时已实行国共合作，提出一致抗日，他应聘为国民参政会参政员。年底，生活教育总社在桂林成立，他被选为理事长。

六、倡导战时教育，培育人才幼苗（1938—1946）

陶行知面向未来，面向新中国。他在许多流离失所的流浪儿中，见到许多有特殊才能的人因为得不到培养而夭折。1939年7月20日，陶行知在重庆市合川县草街子凤凰山上的一个古庙——古圣寺里，创办了育才学校。他从各个难童保育院中，择优录取了具有特殊才能的6岁至

15 岁的孩子 150 多名，培养人才。他用"因材施教"的方法，在重视普修课的同时，针对儿童的兴趣爱好和特长，分音乐、舞蹈、绘画、戏剧、文学、自然、社会等组，分专业给学生以特殊培养，把一般基础教育与特殊教育统一起来。他非常重视学生的创造才能，鼓励学生创造性地学习，他教育学生"处处是创造之地，天天是创造之时，人人是创造之人"。育才学校强调集体的作用，要求学生在集体生活中培养集体主义精神，鼓励师生共同创造健康的堡垒、艺术的环境、生产的园地、学术的气候和真善美的人格。

陶行知的崇高品格，为国家培养人才的伟大精神，像磁石一样吸引了一大批优秀知识分子。许多著名的进步学者、专家、教授，如文学组的艾青，音乐组的贺绿汀、马思聪，戏剧组的章泯、刘厚生，绘画组的陈烟桥，舞蹈组的戴爱莲以及翦伯赞、艾芜、姚雪垠、艾思奇等都曾在育才学校任教。

当时，物价飞涨，捐款断绝，无人再敢资助育才学校，300 多名师生的生活濒于绝境，师生每天喝两餐稀饭度日。陶行知为了维持学校，四处奔走，所得甚少，他感叹地说："我是天天过年关！"一些朋友对他说："何苦背着石头游泳？"劝陶行知停办学校。陶行知仰天大笑道："我是背着爱人在游泳！爱人怎么能扔掉？一定要背着爱人游到胜利的彼岸。"

面对困难，陶行知提出"做新时代的新武训"，他说："清代有一个叫花子名叫武训，要了 30 年的饭还办了 3 所义学，我一个留学生，连一所育才学校都办不下去，岂不是笑话！"

陶行知组织育才学生在重庆举办儿童抗敌画展，公演话剧，举行音乐、舞蹈晚会。既宣传了抗日，又募集到经费。陶行知日夜奔波，为维持学校简直到了山穷水尽的地步。在中共南方局和国内外朋友的关心支持下，育才师生生活在最低水平线上，仍坚持办学。

育才在最困难的时期，周恩来送来一套南泥湾大生产的照片，并送陶行知一件延安粗纺毛线织成的毛衣。陶行知受到启发，组织学生去光铁坡垦荒，建成农场，实行生产自救。

在陶行知的教育下，育才学校的学生参加了各种社会活动和革命斗争，一批又一批的学生到延安和各抗日根据地参加革命，不少人献出了年轻的生命。社会大学的学生有不少人在推翻蒋家王朝的武装斗争中牺牲。育才和社大的学生，有一些在中美合作所的渣滓洞集中营壮烈殉国。

七、为争取民主和平奋不顾身（1946.4—1946.7）

1946年4月12日，陶行知离开重庆飞抵南京，专程去梅园新村拜访周恩来，汇报了育才迁沪的打算。周恩来关切地提醒陶行知："要注意尾巴！"4月18日，陶行知回到了阔别已久的上海。他为筹集教育资金，寻找合适的校址到处奔走，并以极大的热情投身于反对内战、争取和平民主的斗争中。

作为一个杰出的民主战士，陶行知到处演讲，抨击反动政府的独裁专制，呼吁民主和平。1946年6月23日，上海各界人士10多万人在北站广场欢送和平代表团马叙伦、胡厥文、雷洁琼等10人赴南京请愿。陶行知在会上讲话，他说："8天的和平太短了！我们需要永久的和平。假的民主太丑了，我们需要真正的民主！我们要用人民的力量反对独裁，制止内战，夺取真正的民主。""下关事件"④发生后，上海各人民团体联合召开中外记者招待会，揭露"下关事件"真相。

陶行知在生命的最后100天中，在上海作了100多次演讲，呼吁"反内战，要民主"，有时一天赶3个场子作演讲。他在大同大学作报告时，特务们上台抢走话筒，高喊反动口号，他在特务呼喊口号的间歇里，讲完了要说的话，坚持宣传真理。

民主运动风起云涌，国民党反动派磨刀霍霍下毒手了。7月11日和15日，民主战士李公朴、闻一多在昆明被暗杀。消息传来，举国震惊，陶行知万分悲痛，他更加积极地投身于民主运动。他被特务列在黑名单上的第3名。朋友们为他担心，郭沫若劝他注意安全，陶行知坦然地说："我是黑榜探花！"周恩来派人专程去看望他，劝他当心无声手枪。他大义凛然地回答："我等着第3枪！"

他临危不惧，做好了牺牲的准备。在李公朴的追悼会上，他说："杀你的人是杀民主，杀和平，杀害中华民族的生存。"他写祭文追念邹韬奋先生，悲愤地说："……一党专制，变本加厉，不敬妇女，不尊老，中外古今太无礼。有军队，有宪兵，有警察，还要运用暗杀除异己。"

他开始整理自己的诗文，随时准备去死，天天工作到深更半夜。他在报上登了"卖字兴学"的广告，夜以继日地写对联、条幅以筹集迁校、办教育的资金。7月16日，他给育才师生写了最后一封信，信中说："深信我的生命的结束，不会是育才和生活教育社之结束。我提议为民主死了一个，就要加紧感召一万个人来顶补。"他勉励师生"平时要以'仁者不忧，智者不惑，勇者不惧，达者不恋'的精神培养学生和我们自己。有事则以'富贵不能淫，贫贱不能移，威武不能屈，美人不能动'相勉励"。

由于特务的盯梢，他避居在朋友家里。7月24日夜，他整理诗稿10万字，工作至凌晨。由于劳累过度，健康过亏，刺激过深，1946年7月25日清晨，陶行知因突发脑出血在上海去世，终年55岁。

一颗伟大的心脏停止了跳动，人民教育家陶行知在他的盛年离世而去。巨星陨落，四海同悲。周恩来赶至陶行知寓所，握住陶先生尚未僵硬的手，流着泪说："陶先生，你放心地去吧！你是对得起民族和人民了。"周恩来给党中央的电文中指出："十年来，陶行知先生一直跟着毛泽东同志为代表的党的正确路线走，是一个无保留追随党的党外布尔什维克。"

上海、延安、重庆各界人士召开追悼大会，毛泽东题词："痛悼伟大的人民教育家，陶行知先生千古"。在延安召开的追悼会上，陆定一代表党中央致悼词："陶行知先生，在他的政治生活中，他的主张，他的行动，他的作风，他的与人民的密切联系，他的刻苦耐劳，坚强不屈，视死如归，都是人民的模范。不仅仅别人应该把他当作模范来学习，我们200万中国共产党党员们，也可把他当作模范来学习。陶先生所走的道路，是正确的，这正是伟大的民主主义者像鲁迅先生、邹韬奋先生等所走的同样道路。"

宋庆龄在上海亲笔题词："万世师表。"

同年 12 月 1 日，陶行知的灵柩由上海人民组成仪仗队，护送至南京晓庄安葬。南京各界人士及晓庄农友沿途设路祭迎灵，许多人跪在路边向人民的儿子、朋友——陶行知作最后的告别。54 个人民团体和晓庄农友公祭陶行知，他的灵柩上覆盖着一块蓝绸，上写"人民导师"四个大字。在一片哭泣声中，陶行知安息在劳山脚下。

陶行知的一生是爱国的一生，革新的一生，奉献的一生，损己利人的一生。他的献身精神，爱满天下的精神，他"万世师表"的光辉形象，深深扎根于人民之中。"傻瓜种瓜，种出傻瓜，唯有傻瓜，救得中华。""为了苦孩，甘为骆驼；于人有益，牛马也做。"陶行知的精神连同他的名字，将永载史册，光照千秋！

1986 年 10 月 18 日，在上海举行的陶行知诞辰 95 周年纪念大会上，江泽民同志说："陶行知的一生，正值国家多难，民族危急之时，他以'捧着一颗心来，不带半根草去'的赤子之忱，与劳苦大众休戚与共，为中华民族谋取解放，为中国教育探求新路，鞠躬尽瘁，死而后已。他怀着'教育为公''甘当骆驼'的精神，从中国国情出发，努力发展人民教育，为整个民族的利益造就人才，作出了永远值得后世纪念的贡献。陶行知的一生，是由卓越的民主主义战士进而成为伟大的共产主义战士的典型，是中国进步知识分子的典型。"

陶行知的光辉形象，将永远留在人民的心里！

注：

①胡乔木同志在 1985 年中国陶行知研究会成立大会上的讲话（摘录）。

②邓颖超同志 1981 年在北京纪念陶行知诞辰 90 周年大会上的讲话（摘录）。

③宋庆龄在陶行知逝世后的题词。

④下关事件——上海 54 个人民团体，于 1946 年 6 月 23 日派 10 位代表赴南京请愿，在下关车站被特务打伤。

1987 年

陶行知的语文教育思想

在所有学校设置的课程中，语文是至关重要的一门学科。半个多世纪以前，伟大的人民教育家陶行知就认识到这一点。他在自己的教育实践中，对如何启发学生学好语文，通过语文教学培养一代新人，进行了有益的探索，留下了许多宝贵的经验。

一、识字

陶行知称，要改变国民精神匮乏的状况，要"培养人生与共和国民必不可少之精神态度"，他提出从"识字"教起。

汉字基本字有1.4万多个，陶行知经过调查发现，只要掌握1160多个字，即可看懂一般文章，或"处理家常信札、账目和别的应用文件的能力"。他与朱经农合编《平民千字课》，书中收集1000余字。学生每天只要花一个小时，大约三个月就可全部学会。

识字教育初期，教的是常用字，课文采取多次重复的方法，如第一课："先生教书，学生读书。先生教学生，学生学先生。"课文中有十个生字，每字至少出现两次。"先生、学生"重复四次，以强化记忆。陶行知认为，识字重在领会，故不必按照字的难易分次第。通过他提倡的"偏重于读"，结合课文中的图画，边听、边读、边记，使学生"领会力能够充分发达"。陶行知编的课文，每一课都是一首朗朗上口的白话诗，在反复朗诵的过程中，识字速度大大加快。一般学生视之困难的错别字、同音异义字等，在"领会"中迎刃而解。

陶行知的母亲，57 岁时学习"平民千字课"，16 天后，便能看懂儿子写给她的家信，是识字教育中一个极好的例子。

识字是语文教育的基础，陶行知的识字教育，以浅近、生动、重复、领会为主，不失为语文基础教育的一个好方法。

二、阅读

在大量的识字和课文阅读的基础上，"多读"是实践证明行之有效的传统语文教学经验。在陶行知办的各个学校里，有一个"文化厨房"，那就是图书馆。在晓庄师范，陶行知办了"书呆子莫来馆"。陶行知说，要读正面的书，也要看反面的书。要向所有人学习，包括向我们的敌人学习。这样才有免疫力，才有广博的知识。如何引导学生正确阅读各类课外读物，从中汲取语文知识，这也是今天语文老师应重视的问题。

三、作文

作文是语文学习的三个要素之一。陶行知认为，要写出好文章，最重要的是"能够在一般语言交际中，把自己的思想感情表达出来"。在语文教学中，进行系统的口语训练，是提高写作能力的重要方面。

他在"育才二十三常能"中规定，学生要"会说国语（即普通话），一切集会与人接谈时，随时留心细听，学习善国语的先生、同学的发音、语调。会参加开会：包括发言、提议、选举、做主席等"。晓庄师范和育才学校，每天早晨开晨会，开设三分钟演讲课，每个学生都要轮流以指定的题目阐述自己的观点。陶行知认为，语言规范、思想感情表达得清楚，能为书面表达能力的培养奠定良好基础。有了规范化的口语训练基础，再进行作文训练，能促进学生语文能力的协调发展。陶行知的作文教学，其特点是不限于课堂布置作业，而贯穿在学校的任何活动中。

如学校要开庆祝会，让每个学生写邀请客人的信，写得不好，撕掉重写。"三封信撕掉扔进了字纸篓，一个小文书就培养出来了。"

学校到处有壁报、墙报，最多的时候，育才学校有 60 余种。陶先生鼓励学生以诗和短文写出心中的感受。学生以诗会友，以文抒情，大多数学生坚持记日记。一般学生见作文头痛的现象，在陶行知的学校里完全杜绝。育才学校出了多名记者、诗人，与陶行知语文教学的正确诱导是分不开的。

四、育人

因文论道，寓教于文，语文教育从根本上讲是思想教育。通过语文课的学习，以健全学生人格，培养优良个性，直至提高民族的整体素质。

陶行知提倡"教育是教人做人"，他特别重视随时随地通过语文教育的感染、联想，让学生有所感、有所思。"我要以诗的真善美来办教育……使每个同学、先生、工友都过诗的生活，渐渐地扩大去，使每个中国的人民、世界的人民，都过着诗的生活。"

他的二儿子晓光，写字不认真，他严厉地批评他："你的字叫人看不懂，简直是浪费人的时间。写字端端正正，做人才会端端正正。"

育才学校文学组的学生成立"榴火诗社"，一些孩子就以"文学家"自居，飘飘然起来。陶行知语重心长地对他们说："不要像旧文人那么酸溜溜、文绉绉的样子，更不该钻牛角尖。当我看到托尔斯泰的《安娜·卡列尼娜》时，我真佩服他的博学。他在描写列文和农人收割的时候，一草一木，他都写得出名字和样子。所以，你们要把学习的门打开。"

语文教育是在字、词、句的揣摩中，文、篇、章的咀嚼中，不动声色，不着痕迹地，将社会的脉搏和世界的风云，渗入学生的心田，从而塑造出无数真善美的心灵。陶行知将"育人"放入语文教育之中，是有许多可以借鉴的例子的。

陶行知把"国文"称作是四把"文化钥匙"中的第一把。掌握了这把钥匙，可以"自动地去开发文化的金库和宇宙之宝藏"。作为一个中国人，学好中国语文是塑造良好国民的基础。陶行知的语文教育思想，不仅在读、写、听、说、思等方面有其鲜明的特点，在以文塑人、以语育人的思想教育领域，也富有现实意义。

注：引号中皆为陶行知原文摘录。

刊 1991 年第 10 期《语文学习》

一品大百姓

原文编者按：今年 10 月 18 日，是伟大的民主战士、人民教育家陶行知先生一百周年诞辰。为缅怀这位不朽志士"捧着一颗心来，不带半根草去"的终生奉献精神，本报特约叶良骏同志撰写此文。

陶行知（1891—1946），原名文浚，后改知行、行知，安徽歙县人，著名教育家。他提倡平民教育、乡村教育、大众教育、民主教育。他创办了晓庄师范、山海工学团、育才学校、社会大学等，为国家培养了许多人才。1946 年 7 月 25 日，他因突发脑出血病逝于上海。

陶行知先生同时也是政治家、革命家、爱国者，又是一个"一品"大百姓。他曾立誓："人生天地间，各自有禀赋，为一大事来，做一大事去。"他所说的大事，就是中国人民的解放和幸福，就是爱国、救中华。

一、"我是中国人，我爱中华国"

1891 年 10 月 18 日，陶行知出生于安徽歙县一个清贫的平民家庭。15 岁时，他进入母亲帮佣的教会学校——崇一学堂读书。他少年立志，在宿舍墙上写下了"我是一个中国人，应为中国作贡献"的誓言。

1936 年 7 月 11 日，陶行知受救国会的重托，取道香港出访。他穿一件白绸长衫，手挥一把大芭蕉扇，独自站在码头上。他那方方的脸上，架着圆圆的黑框眼镜，额角宽大，布满了皱纹。他深邃的目光，不动声色地注视着熙熙攘攘的送行人群。

他的心里在翻滚着阵阵巨浪：22年前，1914年，以总分第一名的成绩，从金陵大学毕业的他，为寻求富国强民之路，远渡重洋去美国留学。他注视着高耸入云的帝国大厦，端庄典雅的自由女神，心想：这些虽美，但都是别人的骄傲。杜威、孟禄教授热情的挽留，动摇不了他报国的决心。在获得两个硕士学位后，他毅然回国。"经过一番觉悟，我就像黄河决了堤，向那中国的平民的路上奔流回来了……"

回国途中，他的同窗好友胡适问起他今后的打算，他略一思索，面对大海立誓："我回国后，要为中国人人受教育而努力！"他是这样做了。他放弃了大学教授的优厚待遇，奔波全国，办平民教育。"人民贫，非教育莫与富之；人民愚，非教育莫与智之。"为探索一条人民大众教育的新路，他脱下西装，去南京创办晓庄乡村师范学校；在上海大场创办"山海工学团"，进行了"教育下乡，知识交给农民"的实践。

抗日战火燃起，他再度出国。临行，他只觉得离情依依，愁绪浓浓。家已不复存在，母亲、妹妹、妻子，都已到了另一个世界。"她们去了也好，我索性将对家庭的眷恋，化作民族解放宏愿。"四个儿子寄养在三个地方，从此后，万里相隔，只能在梦中相见了。国破家何在！他感到肩上的担子很重很重。这一去，行程万里，前途莫测！

轮船起航的汽笛响了，陶行知强抑着起伏的心潮，向着香港口岸默默告别。忽然，他看见有个中等身材的男子，正用双手排开人流，拼命地往前挤，头上的白通帽，在阳光下闪着耀眼的光。"啊，韬奋兄！"他使劲地向岸边挥着芭蕉扇，感动地一遍又一遍喊着："再见了，请一切放心，放心！"他告诉邹韬奋："请对邹嘉骅、邹嘉骝说，谢谢孩子们为我抄诗稿，我一定给他们寄最好的明信片，作为抄稿的酬报。"邹韬奋也在高声喊着，但一句也听不见。

韬奋手中的那顶白通帽，渐渐变成了一个白色的小点，但仍在不断地晃动。陶行知的眼睛湿润了。

他踏上了出国宣传的征途。在各国的华侨集会上，他痛心于一些华侨闹帮派倾轧，甚至发生堂斗死人，他用诗劝告人们要同心对敌："你以为，我以为，你我之间出了鬼。有鬼掣我的肘，有鬼拉你的腿。灵魂正在渡河，桥梁被鬼炸毁，扑龙通儿一齐掉下水，笑煞东洋鬼。"他又用"拆"字方法说出了团结就是力量，就能打败日军的道理。他说："'春'字可拆成'三人日'，三人成众，众志成城。"

他在两年零一个月的时间里，走遍欧、亚、美、非四大洲28个国家和地区，行程25万公里。1938年8月30日，他回到了香港。陶行知是中国历史上，唯一不受政府派遣，但正确地代表了中国民意的外交家。他被外国朋友称作是"中国人民的友好使者"。他广交天下朋友，唤醒海外侨胞，为中华民族解放事业和国际反法西斯运动作出了卓越的贡献。

陶行知以他的28国之行，体现了一个中国人民的儿子对祖国母亲深深的爱："中国大不同了！她站起来了！她是在大量流血，但是，流血的结果是新生命的产生。在这伟大的洪流里，将出现一个伟大的自由平等的中国！"

皖南事变后，国民党反动派掀起了第二次反共高潮。为了保护革命力量，育才学校的地下党员，在一夜之间，按组织通知撤离。

陶行知送他们走，很高兴地说："到敌后游击区去，可以最大限度发挥你的力量。生活教育者应该到群众最多的地方去，站到斗争的前线去。光明是在那里，我们要把希望放到那里去。"

戴伯韬拉住陶先生的手说："那么，你和我一起去，我们一起去敌后参加抗日去。"陶行知缓缓地说："我是时常想念着那个地方的。国民党反动派不容我们，如果让我们去敌后游击区从事群众抗日教育活动，该有多好！但是，我不能去，我的岗位在这儿，非在这儿顶下去不可！"

戴伯韬觉得老师的话有道理，但是陶先生为什么不提出入党呢？他忍不住把这一个留在心中已久的问题提了出来。陶行知严肃地说："如果我想入党的话，可以毫不思索请求加入中国共产党，而且毫无保留地服从一切决议。我亲眼看到这个党成立以来，一直到现在，始终不变地艰苦奋斗，为老百姓和民族求解放。中国的光明就在他们身上。但是，我还是留在党外为好，这样，我可以做更多的工作。"

陶行知经常向周恩来、董必武、谢觉哉等共产党人请教，他认为极受教益："去时腹中空，来时力无穷。"中国共产党人信任、敬重陶先生，周恩来曾热情地建议："如果联合政府成立的话，我们将建议陶先生担任教育部长。"

陶先生以民主人士的身份，以他的名望和地位作掩护，营救了许多共产党人，为党做了大量的工作。他没有能到"光明就在那里"的地方。为了他的事业，为了能做更多的工作，他留在黑暗的国统区，坚持到他生命的最后一刻。他去世以后，按照他生前的愿望，将灵柩向着北方落葬。他的灵魂飞向延安，飞向光明所在的地方。

二、"爱满天下"

陶行知有一句名言："爱满天下"，他爱朋友，胜过爱他自己。他是个教育家，但工农商学军各界都有他的朋友。在国外，总统、议员、科学家、华侨中，都有他的朋友。在国内，共产党人、国民党的高级将领、社会名流、报童、流浪儿中，都有他的朋友。他就像一个发光体，用他的热和光，吸引了无数朋友在他的周围。

陶行知待人宽容，他常说："义则居先，利则居后；敬其所长，恕其所短。"他善于团结人，他办育才学校和社会大学时，在重庆的名人学者几乎都来学校上过课，其中有郭沫若、沈雁冰、曹靖华、侯外庐、艾芜、艾青、何其芳、胡风、翦伯赞……

翦伯赞（著名历史学家）在重庆时，为贫病所迫，常有断炊之忧、生命之危。陶行知总是为他找医生、买药、送钱，助他渡过难关。翦伯赞爱抽烟，陶行知自己不抽烟，他总把别人敬他的烟收集起来送给翦先生。有一次，一位美国朋友来看陶先生，留下一支好烟，陶先生非常高兴地用白纸包起来，附上一首小诗托人送去。诗曰："抽一支骆驼烟，变一个活神仙，写一部新历史，流传到万万年！"后来翦伯赞因黄疸病住院，陶行知知道他没有蚊帐，就摘下自己的蚊帐送去；知道医院里有臭虫，就送去滴滴涕和喷筒，又凑了40万法币给翦伯赞付医药费。他每天打电话询问病情，有一次还派儿子去送10包幸福牌香烟，把老友时刻挂在心间。

陶行知对朋友真诚无私，朋友有了错误，他也毫不客气。

他认为，对待朋友一要诚实，二要和气，三要宽容。陶行知就是以此三种原则交朋友。他的朋友被他的爱心所吸引，所感动，和他并肩战斗在民主战线上，成为中国共产党领导下一支有代表性的进步力量。

三、"民主最急，人民第一"

陶行知是一个杰出的民主战士，他在民主运动中坚持真理，不怕牺牲，多次做好献身准备。

1931年春天，受史量才之聘，陶行知秘密任《申报》总管理处顾问，在他的推动下，史量才有了显著进步，《申报》作了巨大改革，走上了"主张抗日，反对投降；拥护民主，反对独裁；提倡科学，反对旧学"之路。

1945年12月9日，陶行知在育才学校晨会上宣布："今天是陪都公祭昆明'一二·一'死难烈士大会的日子！我要去参加葬礼。参加是危险的，但我一定要去的。只要有正义感、有爱国热忱的人都应该去参加。"

陶行知穿着整齐准备出门，夫人吴树琴拉住他，担心地说："你要小心！"陶行知深情地望着妻子，把一封信放在她手里，大踏步地走了。

陶夫人抽出信纸，原来这是陶行知昨晚写好的一封遗嘱："树琴：我现在拿着昨晚编好的诗歌全集，去交给冯亦代先生出版，然后再到长安寺去祭昆明反内战被杀烈士。我们也许不能再见面。这样的去，是不会有痛苦。望你不要悲伤。你有决心、有虚心、有热心，望你参加普及教育运动，完成四万万五千万人之启蒙大事，以奠定天下为公之基础，再给我一个报告。"陶夫人目送着远去的丈夫，心里充满了敬意。

陶行知站在公祭会场上，他的眼前不时浮现出许多青年、烈士的脸庞。他登上讲台，大声读自己写的挽诗，他的心在流血。迫于公愤，特务未敢下手，陶行知坚定地表示："这次我预备死而不死，今后当有为民族人类服务之机会，真是幸福。我当加倍努力，以无负此幸福也。"

1946年2月10日，灿烂的朝阳照耀着山城的街道。重庆各界人士排着整齐的队伍，唱着歌向较场口走去，早早进入了会场。

在热烈的欢呼声中，郭沫若、李公朴、施复亮和陶行知等人一起登上主席台。李公朴高声宣布"大会开始"。话音未落，预先埋伏的特务突然窜上主席台，一把夺走了话筒。一群打手蜂拥而上，向着主席团成员大打出手。陶行知见事危急，赶上去救郭沫若，被特务一拳头打掉了眼镜。

陶行知的眼前一片模糊，但他依然冲进人群去救人，衣服被撕破了，手背被抓出了条条血痕。台下一片怒吼声，一些工人和学生，奋勇冲上台去与特务搏斗。育才学校学生救出了郭沫若、施复亮等人。这就是震惊中外的"较场口血案"。

育才的一些学生被捕被打伤，大家坐在育才驻渝办事处里，个个铁青着脸。陶行知摸着肿起的眼角说："眼镜没有了，但我心里亮堂堂的。特务如此野蛮，绝没有好下场！"见孩子们低头无语，他站上木凳，举起手高声说："民主是打杀不死的！民主最急，人民第一！不达目的我们不息！"

陶行知坦然地说："我的生命是属于人民的，我等着第三枪！"郭沫若得知形势危急，也赶去看陶行知，再三请他多多留意，说："你是黑榜状元，这可不是玩笑。"陶先生风趣地说："不是状元，状元已被他们打死。我是探花，黑榜探花。"

7月21日，几位华侨去看陶行知，问起他目前的处境，陶先生一字一顿地说："嘴巴被封条封着，手脚被镣铐锁着，背后被无声手枪指着，呼吸都要窒息了！这就是我的遭遇。"说着，平时温文尔雅的陶行知，挥拳向桌面砸去。

他似乎感到自己将不久于人世，给育才师生留下了两封信，信中说："如果两方面朋友的消息确实的话，也许我将很快地离开这个世界。我深信我的生命的结束，不会是育才和生活教育社之结束。我提议为民主死了一个，就加紧感召一万个来顶补。"同时，他开始整理自己的诗文，随时随地准备去死。

由于工作紧张，劳累过度，1946年7月25日，陶行知因突发脑出血在上海病逝，成为在国民党反动派重压下为民主献出生命的第三位战士。

1944年10月，中国民主同盟在重庆召开第一次全国代表大会，陶行知当选为中央委员、常委，并兼任民主教育委员会主任委员。他向往民主，追求民主。曾写下《迎接民主年》一诗，其中有"拿出每一个人的血汗，培植民主的幼苗"之句。陶行知为了中华民族的解放，为中国人民民主事业鞠躬尽瘁，直至生命的最后一刻，用自己的血汗，实践了他的誓言。

陶行知——人民的儿子，"一品"大百姓，这个光辉的名字，连同他的伟大业绩，将永远活在中国人民、世界人民的心中。董必武同志亲自题写《哭陶先生》挽诗一首，是中国共产党人对陶行知的崇高评价。诗曰：

> 敬爱陶夫子，当今一圣人。
>
> 方圆中规矩，教育愈陶钧。
>
> 栋折吾将压，山颓道未伸。
>
> 此生安仰止，无复可归仁。

刊1991年10月25日《联合时报》整版

与时俱进　永恒常青
——纪念陶行知逝世 65 周年

今天是伟大的人民教育家陶行知逝世 65 周年祭。陶行知与上海血脉相连，上海是他的第二故乡，上海人民对陶行知怀有深厚的感情。1980 年，上海在全国率先成立陶行知研究会。在各级领导及山海工学团等单位支持下，上海陶行知纪念馆于 1986 年秋开馆，至今已接待了35 万参观者。

30 年来，上海学陶师陶活动持续开展。上海行知中学坚持"以陶为师，以真立校"，全校师生参加"真人教育"实践。作为市实验性示范性高中，不仅办学声誉鹊起，还在学陶活动中起了示范作用。大场陶行知教育思想实验区成立后，行知实验中学继承行知传统，会同实验区十几所学校发挥各自特色，牢牢扎根在陶行知耕耘过的土地上，为百姓提供满意的教育。宝山区教育局率领全区教师不断刷新学陶的广度和深度，"学陶"成为宝山教育的品牌和特色。闸北区教育党工委重视学陶活动，将陶研工作纳入党委计划；区陶研会 20 年来开展创造教育，成绩斐然。以市聋哑青年技术学校、田园高级中学、启慧学校、闸北区科技幼儿园、嘉定区行知小学等为代表的各级实验学校，以学陶作为校园文化建设重要抓手，办学水平大幅度提高，打响了知名度。上海师范大学建立了陶研中心，推动陶行知教育思想进大学课堂。

2001 年，陶研会与教育行政部门、《新民晚报》等新闻媒体联手打造"爱满天下"品牌，开创了将学陶融入社会、融入生活的新局面。"爱满天下杯"全国教师教育论文、青少年书画、中小学生创意作文大赛等通过课题研究、论坛、讲座、展览、出版、校外交流等活动，引导教师将陶行知教育思想运用于教学工作，为广大学子搭建展示才华的平台，在海内外引起巨大反响。10 年来，共有 31 个省市和 15 个国家的 6.92 万名教师、62 万名学生参加"爱满天下杯"系列活动。

上海学陶工作硕果累累，出版了《伟大的人民教育家陶行知》《陶行知的故事》《陶行知教育思想论述》《20 世纪陶行知研究》《陶行知读本》《民主之魂》《陶行知论青少年创造力开发》等书籍。《陶行知箴言》作为献礼书，在今年 7 月 25 日陶行知逝世纪念日，由上海教育出版社隆重首发。

上海图书馆是全国最大的陶行知手稿收藏及研究中心，民盟上海市委、市陶行知研究协会等将于 9 月在上图举行"上海各界人士纪念陶行知诞辰 120 周年大会"及"全球华人书画大展"等纪念活动。

70 多年前，陶行知选择上海作为他开展教育实践的基地；今天，我们踏着陶先生的足迹前进，学陶师陶，与时俱进，师陶研陶，永恒常新，正是对他的最好纪念。

2011 年 7 月 25 日

一切为人民

——纪念陶行知诞辰120周年

陶行知亲民、爱民，始终与人民大众站在一条战线上。他办教育的宗旨是："大学之道，在明明德，在亲民，在止于人民的幸福。"他脱下西装，一生奔走呼号，为劳苦大众耗尽自己的热血。

20世纪20年代初，陶行知立下宏愿："要用四通八达的教育，来创造一个四通八达的社会。"他发现，当时中国4亿人口，约有3.2亿人不能读书。全国85%以上的人是文盲，怎么能沟通、进步？又怎能明理做好人？他与志同道合的有识之士发起、推动平民教育，为此，他辞去东南大学职务，放弃高薪，全家迁居北京，主持中华教育改进社工作。为实现"人人读书，个个明理"的理想，他想尽各种办法。他率先自律，在自己家中设平民读书处，动员儿子教50岁老母识字。不到一个月，母亲就能看懂家信。他知道胡适家里佣人不识字，写信给胡夫人，还寄去自编的《平民千字课》。胡夫人不以为然，陶先生连续去信劝，佣人也读书了。他去栖霞山，听说有和尚不识字，他去庙里劝："你们要修行成佛，不会念经怎么行？"和尚认为不识字可跟着别人念经。陶行知风趣地说："不识字会把经念错，有口无心不虔诚，怎么能立地成佛？"平民教育办进了庙里。他也不忘"引车卖浆""贩夫走卒"、底层百姓，用最浅显的道理说服他们读书。有一次他坐人力车，车夫认为自己干苦力，识字没用。陶先生指着墙上一行字说，这儿写着"此处不可小便"，你不识字到这儿小便，要被罚款，多不合算！车夫也被打动了。凭着一颗真诚的心，他竭尽全力，"培养人生与共和国国民必不可少之精神态度"，希望实现"国民如果受过相当的教育，能够和衷共济，努力为国家负责，国基一定稳固"的理想，以普及教育，为人民造福。

陶行知爱中华民族中最多数而最不幸之农人。为改造农村，他抛弃城市舒适的生活，去从事乡村教育。1927年，他在南京郊区办晓庄师范时提出："乡下阿斗没有出头之先，我们休想出头；乡下阿斗没有享福之先，我们休想享福。我们若是赶在农人前面去出头享福，只此一念便是变相的土豪劣绅。"为了实现这个宏大的目标，他"要去化农民，必须农民化"，他住牛棚，"睡在稻草上，暖和得很，比钢丝床还有趣……它是一条耕田的牛，睡在我的旁边，脾气很好，也很干净……"。还写诗赞道："一闻牛粪诗百篇，风花雪月都变节"，大学教授赤脚种田，不以为苦反以为乐。

在晓庄和后来在上海大场办"山海工学团"，陶行知都提倡"教育与农业携手"，办教育要与农民交朋友，"要真心实意去改造一个个乡村，从而产生很大的力量"。学校与周围农民"同甘苦，共休戚"，晓庄附近有土匪骚扰，学校牵头成立"联村自卫团"，使农民得以安居。为革除陋习，他成立禁赌会，率领学生去烟馆赌场劝诫；还自编话剧《死要赌》到处演，使许多沉疴难起的人猛醒。晓庄农民不称他"先生"，而称呼他"陶叟"，还有的干脆叫他"挑粪校长"，完全当他是自家人。大场地区以种棉为主，亩产只40斤。陶行知引进优良棉种，还买了条播机亲自下田示范，改散播为条播后，产量大幅度提高。1934年，宝山地区遭百年不遇大旱，他到处募集资金，买抽水机与农民一起抗旱。他团结农民，一起修路、筑堤、清塘养鱼，科学种田，为改变农村面貌，做了大量卓有成效的工作。大场农民无以为谢，写诗送他："不老也不少，不矮也不高。刚刚四十四，不瘦也不胖。白布衫裤打赤脚，活脱像个乡下佬。太阳如火烧，到田头把科学种棉教。衣裳农民化，知识化农民。百姓是亲人，农村能改造。假如中国有一万个陶行知，农民幸福万年长！"陶行知满怀深情地说："我们向着农民烧心香，常常念着他们的痛苦，我们才会受到他们的欢迎，才配担负改造乡村生活的新使命。"

陶行知的目光，"没有一刻不注意到中华民族和人类的全体"。他念念不忘"把公民和读书的精神化合在一处，以培植其做国民的能力"。他时时牢记要在国人中造成"以不读书为可耻"的风气，一生不避艰难险阻，不顾个人得失安危地办学校，希望通过教育，改变国家落后面貌，使人民"拿着真理之光，照着人向那正确的道路走去"。为此，他"为事业所拘"，不能常侍母于膝下"。夫人去世，他无法赶回料理丧事。妹妹是他的益友、助手，因负担过重中年早逝，他歉疚万分地说："我愿她在我心里活着，仍旧帮我做个有益人类的人。"

"民之所好好之，民之所恶恶之。教人民进步者，拜人民为老师。为人民服务者，亲民庶几无疵。民之所好好之，民之所恶恶之，民之所好好之，民之所恶恶之，为人民奋斗者，血写人民史诗。"陶行知以"捧着一颗心来，不带半根草去"的赤子之忱，解读了他的这首诗，"亲民，民为贵，一切为人民"。陶行知真正地属于人民。陶行知怀着"教育为公""甘当骆驼"的精神，为民族造就人才，鞠躬尽瘁，死而后已，作出了永远值得后世纪念的贡献。陶行知，这个伟大的名字，将永载史册，光照千秋。

刊 2011 年 10 月 17 日《解放日报》

天下第一工学团
——纪念山海工学团创立 80 周年

1932 年 5 月 21 日至 8 月 15 日,陶行知在《申报》副刊"自由谈"上,以连载形式发表著名教育小说《古庙敲钟录》,小说塑造了"靠自己动手种田做工赚饭吃",又有一定文化知识的"一品大百姓";还塑造了"不教死书",还能解答农民所需的科学种田等各种问题的先生;提出办学方针是"来者不拒,不来者送上门去"。第一次提出以工学团代替传统的农村学校教育。1932 年,他在上海宝山大场创办"山海工学团",掀起了富有时代意义的、影响波及十多个省市、解放区,直至东南亚的工学团运动。"山海"被人们称作是"天下第一工学团"。

一、创建新型学校,办山海工学团

1930 年夏,陶行知在上海,与十几个晓庄学生挤在法租界孟渊旅馆里,下决心"我们还要干"!经过深思熟虑,他豁然开朗,教育农民是头等大事。陶行知又一次下乡,决定在上海宝山大场创办一所新型学校。

农人不大明白什么是学校,也没感觉到学校的必要,对这些城里人很冷淡。陶行知经过调查,发现那里的大人、小孩多数不识字,十一二岁的孩子就挑菜进城当小贩。他们劝大家把孩子送来读书,农人说:"不识字好吃饭,没有钱不好吃饭。"大人更没兴趣读书了。陶行知带着学生办起明月晚会,留声机一开,放起"洋人大笑",把许多村民吸引了过来。他们在侯家宅租了民房,与农民住在一起。拉家常时,有人头痛就送阿司匹林,打摆子就给他吃金鸡纳霜,取得了大家的信任。农民听说眼前这个穿白衫黑布鞋、和蔼可亲毫无架子的先生，是个留洋博士，大家都奇怪他为何来乡下。陶行知一次次解释，要办个特别的新型学校，叫工学团，是"工以养生"，工作养活自己；"学以明生"，学习明白事理；"团以保生"，日本鬼子打到家门口，要团结起来保卫家园，终于说到农人心里去了。自古只见城里人瞧不起泥腿子，哪有来帮助乡下人的？大家愿与陶行知交朋友了。

陶行知趁热打铁："拜托大家找房子。"后来在孟家木桥租了张兰庭的房子，挂了"山海工学团"校牌，1932年10月1日，成立大会在天井举行，马侣贤任团长。陶行知兴奋地唱起了《锄头舞歌》，还建议成立董事会，推举农人陈立廷为董事长，创办人陶行知的署名放在陈立廷之后。经过申请，宝山教育局局长冯国华签署同意意见，报江苏省教育厅审核。1933年1月21日，省厅转来指令，正式批准成立"山海实验乡村学校"。工学团成立后第一件事是设立诊疗所，请著名的苏德隆医生担任医学指导，免费为农人服务，在当地引起轰动。为养鱼生利，疏浚了四个池塘。为走路方便，牵头修筑通往沪太路的大路，全长548米，宽8米。实践数月后，农人感受到陶行知的真心实意，明白了这是为穷苦人和儿童办的学校，是为他们服务和谋福利的一个团体，纷纷把小孩送来，青年上夜校，妇女进袜工场、养鸡场，还开了学文化的共和茶园。到一周年时，正式学生已有300多人，边农边读的更多。学校扩大了，活动多了，矛盾产生了，房子太小，先生太少，桌椅不够，连灯油都没钱买了。农人想读书又怕没时间种田；种田产量低，生活发生困难，没心思读书；工学团光教人读书，学校要办不下去。大家都着急地要陶行知想办法。他胸有成竹，好主意就是他倡导的"行知行"："行动是老子，知识是儿子，创造是孙子。"从实际生活中寻找解决困难的办法。

二、过什么样的生活，就办什么样的教育

"过什么样的生活，就办什么样的教育。"首先要解决农民生活困

难。棉花种植在宝山占农田的 7/10，靠近团部的沈家楼主要也种棉花，但种了许多年，每亩平均产量仅 42 斤。陶行知提出要办种棉花的教育，成立了棉花工学团，团长是新夫（张劲夫）。他们组织农民参观县农民教育馆的棉花试验田，引进优良棉种，介绍改散播为条播的好处。农民不信，说老祖宗传下来的就是散播，条播肯定不灵的。陶行知募捐来条播机，亲自操作示范。他头戴草帽，脚穿草鞋，裤脚卷得高高，冒着酷暑在前面拉着条播机，学生新夫在后面推。陶行知非常耐心地教大家怎么推，怎么拉，条头要隔多少距离。两人气喘吁吁，汗如雨下，足足教了一个多小时。农民感动地说："我们饭没一碗给你们吃，铜板没一个给你们做工钱，叫我们如何报答！"陶行知说："我们在种棉花上学，做中教，要使你们的生活好起来。"一年后，亩产提高到 75 斤。陶行知通过上海银行成立红庙信用兼营合作社，自行推销棉花，以抵制奸商从中剥削，农民得到了实实在在的好处，工学团大受欢迎。

1934 年夏，上海遇特大旱灾，绝望的农民天天求雨。工学团师生在陶行知带领下，走向各个村庄宣传抗旱："求老天爷没用，要另想法子。"却无人理睬，求雨的队伍越来越多。陶行知召开紧急会议："实际生活是我们的总指挥。田里的庄稼需要救命。我们应抛弃一切，去过抗旱的生活，办抗旱的教育。"他奔走在上海各处，终于募齐款子买了 2 台抽水机。2 台抽水机一昼夜可浇 120 亩地，人工拼着命只能浇 4 亩。庄稼得救了，老农奔走相告：陶先生把水送来了！密切结合当地生活，引导而不强迫，用改良的手段来改造社会，是"山海"成功的保证。陶行知推行平民教育时编的《平民千字课》一直受到好评，发行了 300 多万册。在"山海"用的也是这本书，忽然有一天，一个女房东说，书的第一课青菜、豆腐、青菜豆腐汤是不吉利的，再读的话，房子不借了。原来本地风俗，死了人要吃豆腐羹饭，房东忌讳。虽是无稽之谈，陶先生却说应入乡随俗，关照赶紧改课文，后来改成青菜萝卜汤，才相安无事。向着农民烧心香，常常念着他们的痛苦，教育才受到农民的欢迎，才能担负改造乡村生活的新使命。这是陶行知办农村教育的体会。被农民称作

"乡下佬"的他，成了农民眼中的自己人。

田里增加了产量，农民生活得到改善；日常相处中，农民处处受到照顾、尊重。学生上午上课，下午参加农业劳动，半工半读，每月还可得补助费 10 元。这样的学校，从农民的需要出发，完全融入生活，当然受到欢迎，许多困难迎刃而解。

三、"左翼"协助工作，名家纷至沓来

学生越来越多，陶行知把工学团分散到农民家里办，不久，在团部周围 14 个村庄，陆续办起了红庙、彭浦、曹泾浜、北孙宅、大桥头、沈家楼、肖场、夏家宅等 8 个工学团，第一批学生成了这些团的团长。工学团的影响越来越大，后来在市区也办起了工学团，如报童、流浪儿工学团等，比较特殊的是在北新泾镇陈更村的晨更工学团，由徐明清任团长。那里是工人、农民、店员聚居之地，工学团办了小学，又办读书班。不久，陶行知请商务印书馆黄警顽先生，在罗别根路（现哈密路）借了两层楼房，"晨更"扩大了校舍，学生多了，影响更大了。左翼教育工作者联盟经常介绍同志来协助工作，如帅昌书、陈企霞、黄敬等都来短期工作过。"晨更"成了党在白区的工作据点，一些从监狱释放的、外地投奔革命的、暂时无家可归的青年如徐韬、吴新稼等，都在"晨更"落过脚。

工学团的先生除固定的几位外，不少是临时、短期来帮忙的，1936年秋，"山海"办起艺友班，主要培训小先生。许多社会名流、学者来兼课，其中有艾思奇讲哲学，沈钧儒讲法律，田汉率南国剧团来演出，指导艺友班排话剧，金山、金焰、崔嵬、舒绣文、安娥等来讲学、演出，邹韬奋、沙千里、章乃器、贺绿汀、钱俊瑞、麦新、孟波、金仲华、薛暮桥、聂耳、冼星海等都曾来讲学，可谓盛极一时。团员们开阔了视野，学到了社会、政治、经济、科学、艺术等最新知识，为大场地区积累了丰厚的文脉。20 世纪 80 年代，上海陶行知纪念馆常组织各种晚会，当地老农喜欢唱

歌者特别多，经常全场高唱，一首又一首，欲罢不能。原来这些当年的小团员，是冼星海曾教过的学生。冼星海当年住在福履理路（今建国西路）福履坊，担任艺友班指导员后，他常从市区步行来上课，来回要走几个小时。后来他搬来一张帆布床，搁在农民周荣泉的柴屋里，住了3个多月。好多人看见他拉小提琴时，站在屋后竹林旁的小河边，冬天，手和脸上满是冻疮，但琴声天天按时响起。他的学生现都已老迈，但冼星海和诸位名师播下的文化种子，在宝山，在农民心中长成了参天大树。

四、孩子当小先生，人才脱颖而出

1934年1月28日，陶行知在普及教育总动员大会上，正式提出小先生制。要迅速发展普及教育，克服经费、师资不足的困难，陶行知总结出即知即传的方法。小孩子能当先生！为给小先生以鼓励，他精心指导工作，还写下《小先生歌》："我是小学生，变做小先生……生来不怕碰钉子，碰了一根化一根。"提议成立儿童社会，推选张社健（张健）为委员长，沈增善为副委员长，让小孩子当普及农村教育的主力军。

小孩子在工学团读书，回家要自动教人，一个人至少要有两个学生，父母、兄弟姐妹、邻居，都好教，最多教十个学生。"你若小看小孩子，便比小孩还要小！"小孩子有不可轻视的力量。遇到困难，他们自有大人想不到的办法。沈增善教奶奶读书，奶奶说年纪大了，是锅盖上的豆腐，没几天活了，不肯学。小沈耍花腔："人死了上天堂，进门要登记，不识字怎么进去？"奶奶信以为真，肯识字了。妈妈不肯读书，小先生不吃饭，定要妈妈先"喂脑子"，他才"喂肚子"。还有些农民，说什么也不学，陶行知把娱乐和读书结合起来。他募捐来电影放映机和片子，带到"山海"放，农民兴奋异常，争着要见识人怎么钻到电影机里。小先生准备了入场券，领券时，要把券上20个字全认会才许入场。有人说，我不识字，可拿20个铜板买券，小先生不卖。结果，除了5岁以下和老态龙钟者，其余人当场教识字，认全了才进场看电影。为了下次顺利进场，大人争着请小先生教，一村读书者，尽是种田人！

在读书、教人的过程中，一批"小先生"脱颖而出。在"山海"周年纪念日，世界人民反帝大同盟派代表团参观"山海"，陶行知指定13岁的小先生张社健致欢迎词并参加座谈。英国前陆军大臣马莱爵士提了许多问题，小张一一回答。马莱称，英国是支持中国抗日的。小张答，英国政府指使上海英租界工部局，协助反动政府捕杀爱国抗日将士，这怎么是支持？针锋相对的辩驳，使在场的外国代表心服口服。一个多小时唇枪舌剑，陶行知只做翻译，不插一言。这次座谈被称作"舌战"马莱，经报刊报道，很快在国内外传开，令人们对"小先生"刮目相看。

"山海"不仅仅是普及教育的场所，也是国难教育运动在乡村的最重要的试点。上海文化界救国会成立后，"山海"以团体名义参加。1936年1月28日，小先生在总指挥张社健带领下，参加"一·二八"4周年纪念大会，和马相伯、何香凝、沈钧儒、陶行知等一起游行，并步行去祭扫抗日死难烈士。在上海音乐界举行的"援绥音乐大会"上，小女孩张天虹站在肥皂箱上，指挥8个小先生上台，唱起聂耳、冼星海教的歌，令全场动容。

1937年7月7日，全面抗战正式爆发，陶行知提出"把学堂变作战场"。"山海"团员在第二任团长新夫带领下，通过郭沫若的关系，成立第四路军六十六军战地服务团，有30多个小先生走上了抗日战场。还有一些小先生由吴新稼带领参加孩子剧团。"山海"为国家输送了400多名革命干部，为宝山农村留下了丰富的教育文化资源，对中国普及教育，改造农村，缩小城乡差别，创建和谐社会，是一笔宝贵的精神财富，值得探索和深思。

山海工学团打破生活与教育的围墙，赋予当地农村新的生活方式，影响深远。陶行知及学生与农民相依相生，相扶相助，被农民称作"自家人"。1947年育才学校自渝迁沪，农民献出房屋、土地；门口无路，要征地15亩，被征地的农户，家家不要一分钱。1984年上海陶行知纪念馆奠基，当地农民捐地捐钱，无私奉献，因为这是"陶先生的事，我们应该管"。"教育是打到人心里去的",这是陶行知的信念,在"山海"得到了成功实践。天下第一工学团"山海"的精神,在宝山得到传承、发扬。改革开放后恢复的山海工学团,至今还在为当地人民造福。

刊 2011 年 12 月 4 日《新民晚报》整版

《师·爱筑梦》序
——纪念陶行知诞辰125周年

陶行知先生是伟大的人民教育家、思想家、政治家，是卓越的民主主义战士、共产主义战士，杰出的爱国者。他是我国现代教育建设和改革的先行者，中国进步知识分子的典范。他是广大教师的引领者和楷模。他的一生，为中华民族的解放和民主革命鞠躬尽瘁，战斗到生命最后一刻，他博大精深的教育理论和身体力行的教育实践，他对教育立国、科学兴国、社会发展等方面的真知灼见，与当今我国教育改革的方针、政策，及创建社会主义和谐社会的原则高度一致，充分体现了革命性、实用性和前瞻性，有巨大的现代价值。

陶行知先生的一生是为中国教育事业奋斗的一生。他创建了"生活教育"理论，并不断进行探索、实践。他提出"生活即教育""社会即学校""教学做合一"，把办学与社会联系在一起，把教育与改造社会联系在一起；强调教育要为经济与社会发展服务，强调现代世界的国家教育一定要"顺应着时代和世界的教育趋势，而随伴着竞进"。早在1914年，他就提出："人民贫，非教育莫与富之；人民愚，非教育莫与智之。"1939年他又提出："教育是国家万年根本大计。"大声疾呼教育对国家、对民族的重要性。为寻觅中国教育的出路，他"敢入未开化的边疆""教探未发明的新理"，经过连续不断的实践，他不仅为新中国教育理论打下坚实的基础，而且与当前的社会主义教育学息息相通。

为培养好国民，办好人民需要的教育，陶行知先生对教师寄予厚望，他认为"教师的好坏，可以影响到国家的存亡和世运之治乱。""在教师的手里操着幼年人的命运，便操着民族和人类的命运。"他鼓励教师做

"第一流的教育家"，不断学习，使自己有"科学的头脑，艺术的兴趣，改造社会的精神"。他期望每位教师能"捧着一颗心来，不带半根草去"，以"爱满天下"的博大情怀，做青年和孩子的朋友。他要建立一条人格的长城，"以面包去换水仙花"。教师要爱国家、爱孩子、爱青年、爱诗、爱歌、爱科学、爱真善美，爱一切向前向上的事和物。他的师德观与习近平同志提出的做"四有老师"相呼应，具有浓厚的时代气息。

陶行知的教育思想，不仅在当时被世界教育界有识之士誉为"中国新教育的曙光"，对于当今教育面向现代化，面向世界，面向未来，培养众多德才兼备、手脑双辉，有创造精神的人才，仍有重大的现实意义。他开拓创造，追求真理的真人精神，曾引领一代代教师百折不回奋斗在前进路上，如今，仍然感动着、激励着广大教师。

普陀区在20世纪被称为"沪西"，小沙渡路（西康路）、沪太路、戈登路（江宁路）、玉佛寺、昌化路……都留下过陶行知的足迹。

他在这片西区土地上办读书班、开讲座、参加邹韬奋追悼会、调查女工生活状况。这片被一代伟人以"汗、血、心、生命"浇灌的沃土，如今，被普陀教师耕耘得更加厚实生动。多年来，普陀区教育党工会、教育局，坚持把学陶师陶作为师德建设的重要抓手。当年，普陀区教育工会、团委，是首批组织教师参观刚开馆的陶行知纪念馆的单位之一，后来，我应邀到区里许多中小学作学陶报告，几乎走遍了整个区。2001年后，包括华师大二附中、曹杨二中、华师大附小、市实验幼儿园等在内的许多学校师生，连续参加我们主持的"爱满天下杯"各种活动，陶缘已延续整整30年。

今年是陶行知先生诞辰125周年，逝世70周年，普陀区教育党工委、教育局，与上海教育发展基金会英盛教育基金联合主办"陶行知诗歌解读"系列活动，以表达对陶行知先生的尊敬与缅怀之情。陶先生提倡"要以诗的真善美来办教育……使每个同学、先生、工友都过着诗的生活"。陶行知是大众诗人，他的诗通俗易懂，寓意却很深。全区教师通过陶诗品读、解读、演绎、创作，对陶先生有了进一步了解，对他的教育思想、崇高品格有了更深的感受。全区参与单位 119 所，占全区教育单位的 70%。作品上交总计 743 件，其中创作 224 件、解读 256 件，有不少思想性、艺术性俱佳的上乘之作。经过评委层层筛选，最终评出了获奖作品 200 余件，获奖单位近 70 个。

整个活动自 2016 年 3 月 16 日启动，到教师节出版成果集，举行总结、颁奖大会，历时半年。发动面广，参与人数多，时间持续久，形式新，影响大，是一次研究、实践、完善、发展陶行知教育思想的重大活动，也是上海乃至全国教育界的一件盛事，引起社会各界的广泛关注。普陀教育系统通过这个活动，不仅让大家感受到陶诗的隽永美丽，还能提升思想，净化感情。走近陶行知，学习陶行知，坚守做人之道，坚守教育之道，一定会涌现出更多有理想信念、道德情操、扎实学识、仁爱之心的好教师。

师德高尚，师爱无涯，普陀教育定能越办越好，越办越强。

2016 年 8 月

我与奉贤结陶缘
——致敬改革 40 周年

　　奉贤是具有深厚人文气息的城市。2000 多年前，孔子的弟子言偃游学至此，筑坛授课，"言之讲坛"因此得名。近年来，奉贤广邀名家大师，举办各种讲座，用心营造敬贤思齐的文化氛围，取得了很好的效果。我与奉贤结缘，也由此而来。

　　1986 年，上海市陶行知纪念馆开馆，全市掀起学陶师陶热潮，四面八方的参观者蜂拥而来，纪念馆人满为患。负责接待的我天天忙得脚不沾地，讲得口干舌燥，喉咙嘶哑，但心里十分高兴——沉寂了 30 多年的陶行知，终于又回到了人民中间。

　　面对突如其来的学陶热潮，我只有一个心愿，要把陶先生的崇高精神、伟大品格，向人们作更多更好的宣传。那时，资料很少，实物更罕见，陶研著作几乎没有，我只能到处去寻觅。白天要接待、宣讲，晚上苦读，撰写讲稿，休息日四处奔波，去图书馆、档案馆、博物馆找资料，走访陶先生亲属、生前好友、陶门弟子……恨不得一天当作两天用。

　　1987 年 10 月 29 日，上午我已接待了四批参观者，讲了四次，非常疲惫。正想去吃午饭，馆长来了，说奉贤来了好多教师，他们一早出发，刚刚到这里，饭也没有吃。因路远，参观完了，他们要赶回去，你辛苦一下，先给他们讲吧。那阶段，连续接待已是常态，我没顾上吃饭，开始了一天中的第五次宣讲。

　　听说他们坐了三个多小时的大巴，我心头一热，于是更用心地介绍。那时馆里条件简陋，没有扩音设备，讲课全凭嗓子喊，100 多人听起来是很吃力的。但此校的教师非常安静，他们随着我的讲解，一张一张图片看过去，专注、认真，在我讲到陶先生名言"捧着一颗心来，不带半根草去"时，我百感交集，声音哽咽。围着我的老师们，很多拭起了泪，他们被深深地感动了。最后，我领他们朗读郭沫若的题词"大哉陶子！陶子陶子。陶子以前，无一陶子，陶子以后，万亿陶子"！这一群素不相识的乡村教师，在朗读声中，走近了陶行知，与我产生了共鸣。平时，由于忙、累，讲完了，一般我不大会说什么（实在说不动话了），也不去问来的是什么单位（我们有签到本，直到很久后，不那么忙了，我才把参观单位和人数补录进每天的工作日记里，作为自己的回顾总结。此文就是当年无意中保存的这些珍贵原始记录，才得以完成）。而这一天，我不但问了，还留下了领队的名字葛达望。他们是奉贤光明中心学校的老师，为了参观，全校调课，104位教师都来了。

这以前肯定有奉贤的教师来过，但因参观者实在太多，我从未问过。这应是我第一次近距离认识了奉贤。路远，交通不便，大巴要坐三个多小时！老师朴实无华，他们话不多，却会动情。结束后，一位老师拿出一包已拆封的胖大海，一定要我收下，说："叶老师，你润润喉吧。"小小的胖大海，蕴涵着对我劳动的尊重，令我心生暖意。那天，我破例送他们上车，直到车开远，我看见车窗里有不少人还在向我挥手。这份与众不同的感激，使我对首次接待的奉贤教师，产生了极大的好感，心里留下了深刻的印象，至今记忆犹新。

这以后，陶馆依然忙碌，参观人数只增不减。根据参观者（特别是郊县教师）的要求，我的宣讲，从展厅延续到了"行知堂"，从介绍陶行知生平，发展到了开讲座。根据不同对象我准备了不同的讲稿，针对性更强，受众面更广，我的工作也更忙了。许多学校不满足于参观，纷纷邀请我上门去作报告，但我分身乏术，大部分都推辞了。

有一次，两位教育局领导，局长汪黎明、书记徐根生（没记下是奉贤县的还是奉贤哪个乡的）带队来参观，结束后，他们请我去奉贤讲课。馆里的接待任务我都应付不过来，还是婉拒了。汪局长诚恳地再三邀请，说奉贤教育特别需要各方支持，我盛情难却，考虑后说可以去一次，但不能一个个学校去跑，实在没法安排。建议借个大场子，我去一天，上下午各讲一场，或者晚上再加一场，你们尽量多组织教师来听。局长说，奉贤是远郊，地广人稀，一个乡与另一个乡隔得很远。当时交通不便，学校都没车，老师都是徒步或骑自行车，路远的活动，没法组织，晚上黑灯瞎火的大家出门更不方便，再说也没有可以容纳上千人的场子。这样，我就没了办法。我说，老师们要听我的报告，还是麻烦大家来纪念馆。作为特别照顾，参观后，我给大家再加讲座，每次你们奉贤的老师可以听我两个不同内容的报告。商量来商量去，只能这样了。

从1990年开始，奉贤来的学校特别多，我翻了工作日记，1990年11月18日至1991年12月23日（记在同一本日记本上），来馆的奉贤学校共52所，幼儿园、小学、中学、退协、卫生局、旅游高专、教师进修学校……是所有远郊中来的学校最多的一个县。我至今不清楚奉贤有多少乡，看那些校名，应该全县的学校差不多都来了。柘林、洪庙、庄行、奉城、头桥、西渡、邬桥、江海、肖场、四团、邵厂、新寺、肖塘、胡桥、钱桥、南桥、金汇、光明、西泾……每次来，学校都是倾巢而出；奉城中学125人，邬桥中学90人，柘林中心小学100人，奉城第二中心校136人，四团中心校150人，胡桥中心校180人，邬桥中心校90人，肖场中心校170人……

感受到奉贤老师们的学陶热情，每次我都为他们在展厅讲生平，再在"行知堂"为他们加一场师德或教育思想报告。平时的参观只需40分钟，这样讲需一个半小时，挺累的，但我觉得只有这样，才对得起路上花费六七个小时的奉贤老师们。

1990年11月19日柘林中学来参观，只有31人，领队沈清华老师向我致歉，因为要上课，没法全体教师来。我看只有31人，就请他们等下一批有人参观时一起讲。正近中午，没人来参观，教师们很安静地等。我想去吃午饭，刚想走，看到沈老师不断在看表，我明白了，他们还要赶回去。于是不再等，就是31人，也给他们讲。

老师们认真地记笔记，听得特别认真，有时小声议论，有时发出会心的笑声，最后几乎所有的老师都在流泪，为陶行知"爱满天下"而感动。这样的会场气氛对报告人是最好的认同。我忘了还饿着肚子，给大家加了几段陶行知的话，"教育好比是火，火到的地方，必使这地方感受它的热，热到极点，便要起火……""晓庄是从爱里产生的……有了爱便不得不去找路线，寻方法，造工具，使这爱可以流露出去完成他的使命……"听着笔在纸上的沙沙声，看着老师们动情的脸，我觉得这是最好的听众，为他们服务，再累也值得。奉贤的教师有颗柔软的心，这样的人上讲台，是可以让人民放心的。

参观后，柘林中学邀请我去学校讲课，很遗憾，我没空去。过几天，柘林中心小学来了，他们说，听柘林中学教师说，叶老师讲得好，我们也要听。领队张老师见这天参观的人多，也许担心我会"偷工减料"，说："叶老师先接待别人，我们可以等。"我再三劝他们与别校一起听，他们还是要等。轮到给他们讲，已是中午，老师们坐在路边啃面包喝冷开水（陶馆地方小，没地方让大家坐，也没有饮水机供应热水）。一看我开始接待了，老师们个个精神抖擞地进了报告厅。两场不同内容的介绍讲完，老师们意犹未尽，围着我，说了许多感想。领队张老师说，我们没法表达感谢，你一定要来柘林。我们农村别的没有，老母鸡、鸡蛋多，叶老师太累了，去住几天，给你补补身子。但我还是没空去。一年后，我出了《陶行知教育思想论述》一书，柘林小学订了70本。书本来可以邮寄，但柘林小学派了金祝生、王已达老师特地来陶馆取，为的是可以再看看我。他们走后，我才发现在我办公桌上有只小竹篮，包得严严实实，里面放着鸡蛋，好些上面有血丝，是民间传说最补的头窠蛋。学陶心切，师陶心诚，爱屋及乌，这份真情，我至今难忘。

那几年，奉贤不断有学校来请我，我因为忙，一直没去，只听说不少学校成立了学陶小组，出壁报、开讲座、组织写文章，学陶工作开展得扎扎实实。来参观的奉贤校长、书记告诉我，奉贤地方财政不比市区，以前好老师留不住，都往市区跑。学陶师陶后，这种情况少多了，要谢谢我。当然，不是因为我有什么神力，是陶行知精神感人，他为教育奉献一生的精神，让老师们敬佩，产生了做教师的自豪感和责任感。为奉贤教育尽了点力，我心里很高兴，从此，对奉贤更关注。

一直到 1996 年 5 月，奉贤县教委党校来请，我才第一次去奉贤讲课。24 日，党校汪老师从奉贤来我家接已是 10 时，小车从西郊公园走，11 时 50 分至南桥，在进修学校吃过午饭后，去工会俱乐部礼堂。县教委主任黄兆康老师主持，他说我难得来一次，能否多讲些。台下坐着县教委直属机关党员 300 余人（果然，因没有大的会场，没法组织更多的人）。那天我讲了三个小时，是把"陶行知的农村教育"与"师德观"两个报告放在一起讲了。我还发了陶行知生平事迹的讲解词，每人一份，这样即使没去参观，也可了解陶先生伟大的一生。我是做了充分准备的。

这次去奉贤，感觉一是太远，下午 4 点从南桥坐大巴回，应是闵行—莘庄—徐家汇—家，但在莘庄堵了 30 分钟还未畅通，只得在梅陇下车，坐地铁到徐家汇，再换两部公交回家，路上花了三小时四十分钟，精疲力尽。亲身经历路途遥远，更感动来参观的奉贤老师来一次不易，决心要更好地为他们讲课。

第二个感觉是，奉贤的会风特别好，三个小时里，几乎人人用笔不停（那时没有 PPT），是求"陶"若渴的那种急切。农村教师话不多，但他们全在专心致志地听讲，让我感受到与报告人心灵相通的交流。这种默契，来自奉贤这块充满人文气息的土地，两千年的尊圣秉贤，才使学风蔚然。

还有一个感觉，是奉贤的基本建设似未启动，看不到很像样的建筑。农村也不富裕，房子都很破旧，好像除了种田，农民没别的出路。会场所在的工会俱乐部听说是当地唯一可开大会的地方，同样很简陋。可以想象奉贤的财政状况在上海排名是不会靠前的。

同年 8 月 15 日，金汇中学又来请，电话来了几次，还特意开了介绍信上门来请。我一直没答应，因为去一次奉贤实在太不方便。再说，当时我大病初愈，刚从医院出来，欠了一大堆"讲"债，市区都讲不过来。高副书记来了一个电话，他是 60 后，从新疆调回来的。他说，郊区老师听一场好的报告太难了，出来参观，要调课、借车，经费也有困难。叶老师你一个人来，总比我们全校兴师动众的方便。他又说，奉贤再远，可比新疆近多了！就是这句话，打动了我，我去了。没有车接，我一早5时15分从家出发，坐44路公交到徐家汇，下车后坐小巴士到闵行，再到西渡摆渡，然后打的去金汇镇，8时10分到校，路上足足用了3小时。8时30分开始为教师（80人）作师德报告，下午在金汇乡大礼堂为全校360个学生讲"爱国与做人"，全体老师无一例外，又坐进礼堂，再听一遍。报告结束，全场起立鼓掌，校长说，听说叶老师要出新的陶研著作，我们学校订980本！我以为听错了，400多名师生，买上千本书干什么？校长说，感谢叶老师不辞辛苦上门送陶！对叶老师最好的回报，是更深入地学陶师陶。我们把书送给金汇乡的全体教师学习……他们真的买了980本我当年出版的《惟有傻瓜能救中华》！这就是奉贤人，真诚地学，浓浓的情，是我讲课生涯中，难得的，更是少见的动人一幕。

虽然在1996年之前，我没有去奉贤讲过课，但我一直关注着它。因为在络绎不绝的参观者中，奉贤教师以独特的淳朴、真实、求知若渴的热诚，留在了我脑海中。

1993年12月，我的行知校友朱伯平邀请我去奉贤开发区参观一个企业，我一口回绝。当时，我开始启动遍走大江南北宣讲陶行知的行程，心无旁骛。除了陶行知，我既没时间也没兴趣去别处看，还孤陋寡闻，什么叫开发区都一窍不通，当然不去！朱伯平说，他这个学生，以陶行知的创造精神办企业，很成功。一听陶行知，我立刻有了兴趣。9日，5时半自家里出发，坐44路公交车至徐家汇，换乘徐闵线，到西渡摆渡，再坐长途车到了洪庙，一看牌子，奉新经济旅游开发区，红宝石日用化工实业公司，挺像样子的。总经理叫陈守治，是化工学院毕业的。他曾在西宁工作11年，后回上海去了霞飞日化厂，不久自己办企业。我好奇，办企业怎么和陶行知挂上了钩？他说奉城一个老师给了他一本《陶行知的故事》，有则故事题为"要有这样的精神"，里面有副对联说到他心里去了："认清问题研究问题解决问题，发明工具制造工具运用工具……"

他深受启发，于是有勇气下海试水。谁知，真要做，阻力重重。陶先生说，要"发前人未发之秘，辟前人未辟之境，在艺术上或学术上做出独创性的贡献"。他茅塞顿开，"独创"二字，是放之四海而皆准的成功秘诀。于是他开始以人无我有，人有我新的创造精神，开发了许多市面上没有的品种，填补了当时赫赫有名的霞飞厂顾之不及的空白。乡里对他很支持，政策灵活，不指手画脚干预，也不用指标压他。在宽松的环境里，他放开手脚，加上包装漂亮，营销有力，他打自己牌子的产品很快占领了市场。陈总一定要送我一箱化妆品，说是我的书让他认识了陶行知，受益无穷，是精神变成了物质。我挑了一瓶摩丝留下，当时摩丝挺稀罕的。陶行知精神能引领企业家，已使我惊喜万分，何用说谢！

当年他的企业产值 7000 万！在 1993 年，7000 万是个天文数字，真没想到陶行知精神对一个企业家也起了作用。"红宝石"自小到大，很多年里发展得很好，它出现在奉贤不是偶然的。海纳百川，上善若水的文化特质，造就了一方热土，当然能引凤筑巢，使能人们各得其所。敢闯敢做，敢为人先的创业者，在这里如鱼得水，迸发出耀眼的光芒。

2001 年，中国陶行知研究会与《解放日报》《文汇报》《新民晚报》《劳动报》等联合主办全国青少年纪念陶行知诞辰 110 周年书画大展，奉贤有不少学生寄来书法、绘画作品，踊跃参展。由于稿件太多，大多数作品无法入展入画册，只有南桥小学陈诗雨的书法作品在上海图书馆展出了。活动结束后，我们向每个投稿者及有关学校的辅导老师发了感谢信并致以歉意。

奉贤的师生收信后，不少人来电话、来信表示理解，都说没关系，下次如有这样的纪念活动，还会再参加。那年因来稿大大超过预期，有 3 万多件，展厅却只能展出 100 多幅。事后，不少人对我们产生了误解，我这个策划者成了众矢之的，压力重重。只有奉贤投稿者没有一个人说过一句责备的话，也没有任何人上门来讨个说法。这种宽厚、为他人着想的善意，令我们增添了勇气。这个活动至今已办到第十八届，全国各地有很多学校、师生支持了我们，但最要感谢的是，奉贤人的有容乃大实实在在地托了我们一把。

2011 年，陶行知诞辰 120 周年，刚完工的奉贤海湾寝园以独特的方式纪念这位伟人。一座富有民族特色的建筑"行知亭"落成（这是沪上至今唯一的行知纪念亭），一尊陶行知汉白玉全身雕像站在茵茵绿草中。7 月 25 日，陶行知逝世 65 周年纪念日，上海陶研界及侨联、民盟、师生代表数百人参加了揭幕仪式，我也去了。奉贤有悠久的历史底蕴和传统人文精神，学陶师陶卓有成效。让陶行知永远守护这块福地，和奉贤人民一起塑造"千古思韵润贤城"，是"陶"得其所，众望所归。从此，"陶行知"静立在海边，他睿智的目光穿越时空注视着这座城市，成了奉贤一道美丽的文化风景，也成了奉贤教师传道解惑永不枯竭的源泉。

岁月变幻，不变的是世代崇贤的传统。时光流逝，留下的是遗风传承的精神。20 多年后我重去奉贤，一路青翠，满眼皆景。放怀欲歌，感慨万千。奉贤不再是比邻若天涯，路宽桥通，一个多小时车程就到了。无论是东方美谷、千人计划、情义好人、小区书屋，还是长者照护、乡间客堂、圆梦行动、海外研学……都闪耀着生态之美、产业之美、文化之美、人性之美、教育之美。更难得的是，虽然旧貌换新颜，却处处可以安放乡愁，时时都可以触摸乡情，它依然是我心中的奉贤，它们展现的全域之美、全城之美，令人心醉。

因为陶行知，我与奉贤结缘。没有统计过，有多少奉贤教师听过我的报告；没有调查过，有多少奉贤学校的图书馆里放着我的书；没法知道，是否还有老师记得在小小的纪念馆里，曾有过多少次泪雨纷飞的感动；还有谁保存着我曾给奉贤的校长、老师的回信？那几个光明中学、金汇中学、奉城中学的学生通过《儿童时代》给我写信，现已人到中年的他们，是否还记得我当年的答疑？……

日月如梭，很多东西淹没在昨天的风霜里，但我相信，当年我们在陶行知精神中汲取的精华，一定留在了奉贤向前发展的履痕里。因为奉贤的美，是所有奉贤人，乃至上海人，以及为奉贤尽过心的人，共同绘就的。其中，也有我。所以，这次来奉贤，不觉是久违，却是回家。

注：文中所记人和事根据我的工作日记所写，而日记所记的学校及领队等是当年从陶馆签到本上抄录的。由于有的签名较潦草，有些字也许不甚正确。为此，于今年 9 月 12 日特回陶馆寻找当年的签到本，因种种原因，虽经再三查找，未果。如人名有误，敬请谅解。特此说明。

选自《作家看奉贤》，2018 年秋

第一次见到"陶行知"
——纪念陶行知诞辰130周年

1952年，我考入行知中学读初中。从未离过家的我拉着妈妈的手，一路走一路哭。一进校门，有个胡子拉碴的人迎面走来，扮着鬼脸羞我："哭哭哭，两只眼睛开大炮！"我被他逗笑了。

第二天，我去四合院领书，又碰到这个人，原来他是学校的花匠赵毛弟。他说："学校有座很怪的房子，要不要去看看？"好啊！我跟着去了。校门左侧有座圆顶的房子，是黑色铁皮弯出来的，样子很奇怪。老赵说，上面有很多东西，你可以去看看。我胆小，没敢去。

不知是哪天，物理老师屠传荣听老赵说我想去铁皮房，他说："我带你去。"铁皮房下层是音乐室，有座楼梯，通往顶楼。推开虚掩的门，我吃了一惊，里面塞满了东西，最多的是书。看见那么多书，我开心得跳起来，马上想去翻。屠先生说："我给你看两样东西。"

他双手捧着白色石膏件说："你认识他吗？"我一看，是闭着眼睛的一个人脸模型，吓得大叫。老师说，这是陶行知，他是这所学校的创始人。父亲说过，他是一位教育家，原来学校就是他办的。我仔细看这件面模，他很安详，双目紧闭，嘴角平顺，好像在睡觉。老师说："他是一个伟人，很了不起，以后你会知道的。"他又给我看手模，我小心地摸了一下，虽是石膏，硬硬的，但感觉这双手是柔柔的线条，手指自然地微微弯曲，他写过很多字吧？

屠先生说："今天你见到'陶行知'了，要记住，他是一个好人，是我们的老师，他曾经在这里留下足迹，是我们宝山的亲人。"我还小，不大懂老师说的话，但对房子里的书产生了极大兴趣。这以后，只要有空，我就会悄悄地上楼，在那里看书。有次碰到男生在那里画画，画的就是陶先生的脸模。他顽皮地说："你来看，我根据模型复原了他的脸，像不像？"那时校园里没一张陶行知的像，怎知道像不像，只是想当然地说："他是老师，给他画副眼镜。"于是"陶行知"脸上有了一副眼镜，我们很高兴地笑了半天。这男生是司明祥，不知道是否因画陶行知而产生了兴趣，后来成了画家。

屠先生又陪我上去过几次，他每次都会给我找出新东西，有一次是幅字，上面有繁体字，我读不顺。老师说这是陶先生写的诗："春风吹又生，留下种子多。刀儿、刀儿、嗬嗬。"又有一次，他翻出一个小本子，上面密密麻麻记着账，民国几年几月几日，收到法币多少元，等等，老师说，这是陶先生向人募捐钱款的账本，他很穷，办学校都是靠朋友捐款。还见过陶行知所著的书，有本诗歌集，我想拿走，老师说这是校产，一针一线都不能动。

这座圆顶铁皮活动房是宋庆龄捐的，校园里前后有两座，另一座是学生活动的地方，我不爱动，一次也没去过。顶楼上的东西很乱，都是从四川育才学校搬来的，里面有不少陶行知手迹、著作、照片、信件……因为当年的特殊情况，这些资料从未示人，也没人整理。

当我成为陶行知研究工作者后，才痛心地想到，这么大的一个宝库，我竟然错过了。过了十多年，在非常时期，那些无价之宝，被一把火化作了灰烬。

刊 2021 年 10 月 3 日《上海宝山》

中国人永远不变的心声
——纪念陶行知诞辰 130 周年

时代车轮前进的滚动中，永远回响着振奋人心的歌声；五星红旗的璀璨绚烂中，有先行者以爱国情绘就的血染风采。

陶行知认为：没有艺术的教育是残废的教育。艺术的力量，直击人的灵魂，能使"社会无肮脏，国家无肮脏，世界无肮脏。能把坏的环境变好，好的环境变得更好"。

他创办的每一所学校，都重视艺术，特别是音乐、戏剧教育。晓庄师范有剧社，他还亲自上台演话剧。育才学校有戏剧组、音乐组，山海工学团有艺友班。育才学校东迁上海后，继承了这个传统，创作的戏剧《表》《小主人》和歌曲《太阳一出满天红》等成为当年流传的经典。

从 20 世纪 30 年代起，在上海宝山的片片热土上，都留下了陶行知和众多艺术家深情的足迹，他们为改造农村的贫穷落后面貌，以音乐、戏剧为抓手，为农民送去文明之风。

一个冬日，夕阳西下，大场沈家楼村前刚筑好的大路上，走来了两个人，人们欢叫着："陶先生，陶先生！"陶行知对大家说："我请来一位大音乐家，这是冼星海先生。"几个小孩子好奇地摸着冼星海拎着的长盒子问："这是什么？""这是小提琴！"他边走边拉《苏武牧羊》，农民们和着熟悉的旋律哼起来，大音乐家的心和大家贴近了。孩子们争着拉冼星海说："冼大哥，上我家去住！"冼星海住进了农民的柴房。清晨，他走进屋后的竹林开始练琴。凛冽的北风吹得他满脸通红，他毫无感觉，越拉越入神。陶行知闻声寻来，冼星海问："我这把洋胡琴，在乡下不知有没有用？"陶行知说："艺术能使人心灵相通，音乐更能激起民众的斗志，你的琴一定大有用武之地。"

冼星海当了"艺友班"教师，小孩子、农民、妇女、青年都挤在一间屋子里，跟着他学唱歌。歌声吸引了周边农民，更多的人来学习。他创作的《拉犁歌》，写出了农民的疾苦，他教唱时常常用全身力气模拟拉犁动作，脸上显出悲愤的神情。农民受到感染，随着他手臂的挥动，歌声越发响亮，有的眼睛里含着泪。

冼星海率领大场农民参加市里举办的各种抗日救亡运动，他担任指挥或伴奏。市里举行"援绥音乐大会"，他带着十几个孩子去参加。孩子们赤脚站在舞台上，由10岁女孩翠贞担任指挥，表演齐唱《谁说我们年纪小》。稚嫩的声音，激昂的旋律，响彻整个会场，观众都站起来，全场响起雷鸣般的掌声。一枚枚戒指、一块块银圆投入孩子们的募捐箱里。"万恶的敌人要我们来打倒！陈腐的社会要我们来改造……"歌声在继续，"山海"团旗下并肩站着陶行知和冼星海。

冼星海在大场住了三个多月，他以音乐赢得了农民的尊敬和爱戴，人们亲热地称他"冼大哥"，他成了农民的朋友和知音。

1935年春，聂耳来到艺友班，一群孩子围上去，亲热地叫着："聂耳哥哥，聂耳哥哥。"他将一把小提琴送给一个叫阿强的孩子："这把琴送你，我不能教你了，你自己好好练吧！"阿强奇怪地问："你要走了？"聂耳点头，向陶行知告别："我要去日本了。""我知道，听说田汉作词的《义勇军进行曲》要你谱曲，你完成了吗？""组织上要我立即撤离。来不及完成了，到日本后我会继续做。""等你谱好曲，寄一份给我们山海的孩子们唱！"阿强鞠躬致谢："谢谢聂耳哥哥教我拉琴。"孩子们说："谢谢聂耳哥哥教我们唱歌。"陶行知叮嘱他："你可一定要回来啊！"聂耳充满信心地答道："我一定会回来，再来教你们学音乐！"

阿强拉起了《送别》，陶行知和孩子们注视着远去的聂耳，向他挥手告别。没有人想到，这一别就是永诀。聂耳把歌谱从日本寄给上海电通公司，在徐家汇百代公司录音棚灌成唱片发行时，他已不幸溺海身亡。陶行知找到了唱片，带到山海工学团，冼星海拿着故友的遗作，含着热泪在艺友班教唱。他拉起小提琴，陶行知和作曲家张曙唱起了这首歌，歌声悲壮、激越，全场为之动容。"前进，前进！"歌声在村子上空久久回荡。当《义勇军进行曲》随着新中国的第一面五星红旗升起响彻中华大地时，聂耳听不到了，冼星海和张曙不在了，陶行知也已离去。当年的小先生们后来纷纷走上了抗日、解放、抗美援朝战场，很多人唱着《义勇军进行曲》，义无反顾献出了年轻的生命。

如今，宝山大场发生了翻天覆地的变化。山海工学团结束了历史使命，当年的艺友班学员大多已不在人世。

时代车轮前进的滚动中，永远回响着振奋人心的歌声；五星红旗的璀璨绚烂中，有先行者以爱国情绘就的血染风采。"把我们的血肉，筑成我们新的长城……前进！前进！进！"是他们，也是亿万中国人永远不变的心声！

刊 2021 年 10 月 10 日《新民晚报》

陶韵悠长
——纪念陶行知诞辰 130 周年

我没有见过陶行知，但真切地感受过他的人格魅力。此话怎讲？

11 岁，我被父亲送去上海行知中学。父亲说，那是陶行知办的学校，图书馆的书多得不得了。听说有书看，我高兴地去了。进校第一天，我到处找陶行知，可在开学典礼上也没见到。讲话的校长姓马，不姓陶。

后来才知，当时陶行知先生已经去世若干年，连他的照片都看不到。

在陶行知创建的学校就读 6 年，我感觉它如此与众不同。我的许多老师都是陶门弟子。他们以自己的生命接过陶先生浩然之气、赤子之忧的光亮，点亮过我的青春光华。陶韵悠长——而今我想到的这四个字，太值得琢磨，它对我的一生影响深远。

一、教育是从爱里产生的

第一次听到学长称校长为马爸爸，是在操场上。我们每天清晨做完早操，其余时间可以自己玩。那天，正在跳橡皮筋的我，忽听有人喊："马爸爸！马爸爸！"校长笑眯眯地来了，一群学生围上去："马爸爸，打拳，打拳！"校长点点头，打起了太极拳。我一肚子疑问，怎么校长成了"爸爸"？校长打完拳，更多学生围着他，七嘴八舌，听得最真切的是不断有人这样喊。校长则笑着说话和回答问题。我远远地看着，因为胆小，没敢走过去。

终于，与校长有了交集。那天，刚上初二的我在广玉兰树下看书，忽然有人坐到我旁边。一看是马校长。他问："你有一个秘密？""没有啊！"我不知所措。校长说："你的文章发在《青年报》了？"我吃了一惊。这篇处女作，用的是笔名，谁告诉他的？校长说："你很了不起，我要奖励你。"他从口袋里摸出钢笔，我双手接过。他又说："你喜欢看书，又爱写文章，将来当个作家，写很多书。到那时，别忘了送给我看。"我想说什么，却说不出，脱口便喊："马爸爸！"马爸爸摸摸我的头，笑着走了。小小的我，在花朵盛开的玉兰树下，心里满是欢喜。

后来我才知道，马侣贤校长是陶行知的大弟子。陶先生去世后，他把学校从四川迁至上海。在没人提陶行知的特殊年代，是马校长实践陶先生的"爱满天下"和"六大解放"。还有不少陶门弟子，把学校变成了一个大家庭。马爸爸之外，有闵妈妈、汪婆婆、夏大姐、林大哥、王姐、彭姐等，他们追随陶先生"教育是从爱里产生的"教育理念，以爱育人，把学生当作儿女、弟妹，在我们的心里种下爱与善的种子。

二、没有做，莫说做不通

学校实行"小先生制"，每个学生都要去教农民识字。那天轮到我。农民只有晚上有空，可当时农村没电，晚上一片漆黑，小路旁、田头，到处是野坟。看着远处磷光闪闪，我吓得在校门口大哭。马爸爸来了，温和地说："害怕了？""路上会遇见鬼！""你见过鬼吗？""没有。""我也没见过，如果你遇上鬼，抓一个系在裤带上带回来，让我见识见识。"

原来鬼可以系在裤带上？那一定很轻，不用怕的。我拭干泪，向前走去。马爸爸大声喊："我在这儿等你回来。"我走过小路，进了村里，完成教学任务。两个小时后，我回到学校，却见马爸爸还站在那里。他一把抱住我说："你是个勇敢的好孩子，你看，去了就知道有没有鬼了。没有做，莫说做不通！"过了多少年，这件事还历历在目，从此我不再怕走夜路，更不怕任何鬼魅。

学校早锻炼没有统一时间，晨曦刚露，广播喇叭就响起乐曲《托儿所的早晨》。5分钟内，要穿衣、叠被、洗漱，然后去操场。风雨无阻，寒暑不停。

入学第一个冬天，有天清晨，喇叭响了，我一看外面在下雪，心想下雪怎么锻炼，继续躺着。想想不对，校纪不能违反，赶紧起床。心里着急，胡乱套上衣裤，卷起被子，就从上铺往下跳。糟了，裤带断了！那时穿的是大腰裤，用根布带系着。没裤带怎么出门？我在屋里团团转，又悔又急，大哭。班主任金姐闻声寻来，为我接上裤带，整理好衣裤，柔柔地说："你这么爱哭，将来长大了，不知有多少难事等着你。伤心、哀叹于事无补，记着，要勇敢地向前走！而不是流泪！"

高中毕业时，金姐已被打入"另册"，但经我请求，她仍在我的纪念册上写下："向前走是勃勃的黎明，往后看是沉沉的黑夜，一步步地走，一步步地近，千万不要回过头来，自己的力量要尽。"后来我才知道，这是陶行知的话。金姐和纪念册都已消失在风雨中，但这些话，我至今仍记着。

三、手脑双挥才是"大好佬"

学校在农村，校园里也有农田，中学生们都要学干农活。我爱看书，最好分分秒秒都捧着书，别的事少有兴趣，对下田有点抗拒。

那年夏天，要收麦子，每人发把镰刀，割半垄麦子。麦子黄灿灿的，在田里沉甸甸地摇。我想赶快完成工作，急忙挥手割。麦子根本不理我，我往左，它往右；我用力，它纹丝不动。割了一会，麦子没割下，手倒被麦芒刺得通红，脚也割破了。我一气，把镰刀扔下，不干了。

一起下田的生物老师康先生是全校最年长的老师。他走过来说："不会，要学，你不学，永远不会做，难道麦子自己生脚，跑到粮库里？"我被逗笑了。康先生教我怎么用左手反着握麦子，右手挥镰，用巧劲从下面割。我一遍遍试，终于割下了第一把麦子。

太阳火辣辣地晒，麦田里又闷又热，弯腰低头真累。想着不知什么时候能割完好去看书，我便越割越乱，长一刀短一刀，有的麦子割不下，我索性拔了起来……康先生又来了："你语文学得好，成绩全校第一，劳动可不及格啊！"他念了几句诗给我听："人生两个宝，双手与大脑。手脑都会用，才算是开天辟地的大好佬！否则，就是残缺的人，明白不？"

我当然不明白，可是记住了这几句话。原来它们来自陶先生有名的《手脑相长歌》，教学生动脑又动手，才能成为真正有用的人。

四、活读书，读书活

校图书馆是我去得最多的地方，书很多，据说有3万多册，全部开架。管图书馆的是夏大姐。因为我看书快，夏大姐准许我一次可借3本书（后又增加到10本）。我顺着书架一排排借，那天看到《十日谈》，没在意内容，就借走了。正好爸爸来学校，他看到这本书很生气。"去还掉，你不能看这样的书。"我只好去还书。夏大姐得知原因，却不接书，说："要看好书，也要适当看反面的书，正面、反面的都要看，以此辨明是非，提高自己的识别能力。这本书并不是坏书，只是你年龄小，也许有点不适宜而已。"我兴奋地问："可以看？""我觉得可以。"我遂好奇地看完了这本名著。

当年大人眼里这样的"坏书"在图书馆并不少，并不禁止学生借阅。书看得广而杂，开阔视野，提高"免疫力"，是陶先生提倡的"活读书、读书活"。练就一双慧眼金睛，对识别真善美和假恶丑，有用。6年"行知"生活，留下了许多回忆。在我成为陶行知研究工作者以后，才明白母校对学生的教育，完全是陶行知提倡的"教育者不是造神，不是造石像，不是造爱人，他们所要造的是真善美的活人"。这些教育的光亮，不仅授人知识，更启迪人生，若干年以后深深地影响了学子的做人、处世。

多少年后，我继续追溯着这一缕悠长的"陶韵"——马爸爸是陶行知创建的晓庄师范第一期学生，一生追随陶先生；"闵妈妈"闵克勤，男老师，因爱生如子，而得此昵称，是晓庄第三期学生；还有许多老师，都是从陶先生创建的四川育才学校来的，是陶先生的朋友、同事、学生。

在那个年代，学校里虽没有张挂一张陶行知像，没有张贴一句陶先生名言，但陶先生无处不在……

刊 2021 年 10 月 17 日《解放日报》

陶行知在上海的"故居"
——纪念陶行知诞辰 130 周年

很多年前,我得知上海徐汇区余庆路爱棠新村 13 号挂了纪念陶行知的铜牌,专程去瞻仰,一看是"陶行知旧居"!他因躲避特务追踪,借住在友人任宗德家中,因突发脑出血在此去世。准确地说,这是陶行知去世地。

陶先生一生为国事四处奔波,曾几次来上海,把这座东方大都市当作第二故乡。他生命的最后三个月在上海度过。他来到这里,是为了完成他的心愿:要让整个上海都变成学校,让上海 500 万市民都有受教育和再教育的机会。可是,他的生命停止在 1946 年 7 月 25 日,这些愿望也付之东流。

为了"让中国人人受教育",陶行知辞去东南大学教授、教务长之职,放弃了每月 400 块大洋的高薪后,从此没有职业,靠卖稿、卖讲、卖文为生。他办学校靠募捐,向武训学习,要饭办学。他把所有的精力、财力、心血,用在办教育上,如他的诗所写:"人人称我老夫子,生活不如老妈子,同是为人带孩子,吃不饱来饿不死。""为了苦孩,甘为骆驼,于人有益,牛马也做。"

他没有房产,因为无钱购置,更无心思为自己谋划。陶行知多次往返上海,住处从不固定。

1919 年 4 月 30 日,美国哥伦比亚大学教授杜威应北京大学、南京高等师范学堂之邀,由日本抵达上海,陶行知与胡适等去码头迎接老师。陶行知当时在南京任教,他到上海后,住在旅馆。

1921 年夏,他的另一位著名导师孟禄来沪调查科学教育实际情况,此后 4 个月，陶行知一直陪同老师进行调查和讲学活动，除了在南京，其他城市的活动，陶行知都住旅馆，为了省钱，住的都是小旅社。

形势越来越紧张，他在同乡程霖生帮助下，住进了程家（现泰兴路306 号）。后转移至虹口内山书店（现四川北路 2050 号），在内山完造先生帮助下，流亡日本。

1931 年 3 月，陶行知从日本潜回上海，先是匿居在法租界，后内山完造为他租了北四川路一条弄堂里的石库门（门牌号不详）。当时，他的通缉令尚未撤销，没有经济收入，只能化名写文章获取点稿费，后得朋友牵线，他与商务印书馆签订了翻译世界文学名著的合同，以译稿度日。他整天整夜伏案译书，很快就完成了几部书稿，可惜在"一·二八"的炮火中全部化为灰烬。

他的晓庄学生方与严、丁柱中等得到消息，找了个小饭店与他见面，问老师有什么打算。陶行知说了日本见闻后，语重心长地说："要集合一些有志于改造社会、创造新生活的科学家来倡导一个科学下嫁运动。"学生惊讶地望着这位学教育而不是自然科学的老师，充满了疑虑。陶行知说："要把科学的种子播到千家万户，一个国家要进步，科学是唯一的桥梁。要把科学知识变得像空气一样，让中国每个人都享用，以造就一个科学的中国！"

此时，他应《申报》总经理史量才的聘请，担任《申报》总管理处顾问，并以"不除庭草斋夫"之笔名，撰写了大量时评、教育理论及小说。史量才得知陶行知要发动"科学下嫁"运动，十分支持，捐款 10 万元，作为活动基金，还以《申报》顾问名义，每月发给陶行知生活补贴。

得到史量才的资助，陆续出版的科普书籍也有了稿费，陶行知有了一段较安定的生活，他把母亲、夫人汪纯宜和几个孩子接到上海，租武定路石库门（门牌号不详），把家安顿了下来，因钱少，租不起大房子，他自己常常挤在"自然学园"睡。

1931 年夏，他租下西摩路（现陕西北路，门牌号不详）创办自然学园。这座三层洋房是一犹太人夫妇住宅，主人住三楼，一、二楼租给了陶行知。

楼不大，只有两间房，但楼下有厨房，屋顶有晒台，生活很方便。陶行知购置了一些仪器、图书，请丁柱中、戴伯韬、董纯才、方与严住进来，后来高士其也被陶行知请来，加上长子陶宏和他自己，共7人，住在这里，开始了研究和写作。

两间房，既是居室，又是办公室、写作室、实验室，条件虽差，但大家都很尽职，生活既紧张又有趣。每天起床后，他们在晒台晒会太阳，陶行知说，这是天然补钙。早饭后就开始看资料、讨论，分头工作。

"科学要从儿童教起"，陶行知计划"自然学园"将编三五百本《儿童科学丛书》，内容包括生物、化学、物理、天文、矿物、数学、农业、生理卫生等自然科学各个领域。要求既能反映现代科学的最新研究成果，又要生动有趣，通俗易懂，适合儿童和老百姓阅读，其目的是引导孩子把自己造成"科学的孩子"。

来工作的几个，有的是欧美留学生，有的是晓庄教师、学生，都有实验、研究能力，但如何写出儿童爱读的科普读物，觉得很困难。陶行知介绍了两位"先生"，一是耳朵，文章写好了，先念给自己听，如有不顺耳之处，就要修改；二是老妈子（"自然学园"烧饭的佣人），读给她听，如她听不懂，稿子只有扔进字纸篓里去。

高士其因做实验，细菌钻入脑子，留下了后遗症，流落上海生活无着。陶行知把他请来，鼓励他写作，他从"自然学园"写"生理卫生"起步，后来成了著名科普作家。

"自然学园"供吃住，每人每月还发10块大洋补助费，只有陶行知，把史量才发他的个人生活费都投入进去，非但不取分文，还把稿费也捐了出来。这里的生活并不富裕，除了高士其，其他人都打地铺，陶行知也不例外。但大家都全身心投入工作，称它为"自由学园"，每个人都做着有意义的工作。

他们有一架十分精密的望远镜，夜晚，全体同仁由陶先生率领在晒台观看满天星斗，一起认识北斗星、天河、牛郎织女，一起研究天文。每人有分工，丁柱中译外国科普著作，陶行知和陶宏研究天文和化学，高士其写微生物大观，董纯才编《十万个为什么》……

"自然学园"存在的时间并不长，但在陶行知领导下，编出了一套《儿童科学丛书》，他自己编写的就有科学、天文学、度量衡、空气、肥皂的把戏等。由于他仍在通缉中，这套丛书以陈鹤琴、丁柱中名义出版，是我国最早为儿童系统介绍科普知识的书，至今仍有参考价值。

1932年6月，为了给科学下嫁运动建立一个实验基地，进一步开展科学普及运动，经上海市教育局批准立案，陶行知与儿童书局合办了儿童科学通讯学校。这所学校没有校舍，也没有专职人员，只设了联络处，在爱文义路（现长寿路）小沙渡路（现西康路）永裕村，报名处在浙江路5号儿童书局总局内。陶行知任校长，聘陈鹤琴与"自然学园"全体同仁为指导员。他拟了招生广告："20世纪的世界，是一个科学的世界。在科学的世界里，只有科学的国家才能生存。我们必须使中华民族具备科学的本领，成为科学的民族，以适应现代生活，生存于现代世界……科学要从小教起……"

通讯学校采用通讯教学和共同工作两种形式，编了指导书，书中事例尽可能中国化，所提倡的实验器材，发动儿童自造，如酒精灯用水瓶，玻璃管用竹子，破布、烂棉、铁丝、旧钉都可作替代品，提供自学、自做、自研究。第一期报名者就有100多人，由于经费困难，所有指导老师全义务，大家还把出书稿费全贴了进去，勉强维持了三年，最后连讲义油印费也付不起了，只好停办。

九一八事变后，史量才因经营困难，无力资助，"自然学园"租不起洋房，搬到了租金较廉的法华寺（现法华镇路525号）坚持工作。在诵经声中，陶行知和大家挤在一起，与僧人为伍。夏天没蚊帐，只能用被单盖住身子才能抵挡蚊子，热得发晕，仍然苦苦坚持，最后连破庙也租不起，"自然学园"只能停办。

不久因房租太贵，陶行知退掉武定路石库门，把家搬到法华寺附近的小房子，全家挤在一起，几个儿子只能打地铺。

陶行知的科学下嫁运动冲破了种种束缚，成为中国科学普及的先行者。在艰难困苦中，他和他的团队写成108本《儿童科学丛书》，还有儿童科学活页指导和一批通俗科学译著。他提倡的科学立国、科学强国，"只有掌握科学技术，才可以使中国永远立于不败之地"，高瞻远瞩，至今仍有现实意义。

科学下嫁运动搞不下去，陶行知进行了反思。他希望晓庄学校复校，但已不可能，出路何在？

他还有很多事要做，同乡程霖生见他无屋可住，再次请他住进自己家（南京西路1550号近常德路），后来几年他断断续续住在那里，直到1936年7月出国。

1932年10月1日，在宝山大场，陶行知办起一所新型的农村学校——山海工学团，没有围墙，没有校舍，只在孟家木桥借了一座破旧的红庙，后来又租了菜农张兰庭的房子。

那时大场离市区很远，交通不便，陶行知住在常德路，去一次工学团来回要好几个小时。他送抽水机、医疗药品、图书下乡等，无法回市区时，就住在工学团，与他的晓庄学生工学团团长马侣贤挤在借来的房子里。

大场地区农民像所有的农民一样，过着贫困生活，挣扎在饥饿线上，很小的孩子要为家庭分忧，割羊草、卖菜、种田，几乎没人上学。工学团提倡"工以养生，学以明生，团以保生"，它适应了大众的生活。陶行知亲自下田教农民使用条播机种棉，使棉花产量成倍提高；遇大旱，他募捐来抽水机，顶着火辣辣的太阳，送到田头帮农民抗旱；没有钱请老师，他发动小孩子当"小先生"，即知即传人；他办共和茶园，放映电影，请来冼星海、聂耳、田汉……实施乡村艺术教育，倡导"三元大洋结婚"，改革陋习……

陶行知无力扭转乾坤，但他以赤诚的心，尽自己最大的能力改造乡村，为农民谋幸福。他常常在简陋的泥屋里，与农民谈笑风生，把希望送到他们的心里。

1933年11月16日下午，陶母见陶行知衣服扣子掉了，要他脱下上衣，飞针走线，把扣子缝上，又检查了一遍，把衣服穿在儿子身上，忽觉头痛欲裂，步履蹒跚地想上床睡觉，一个趔趄，她倒了地上。陶行知和陶宏把老太太抬上床，她拉着儿子的手，断断续续地说："不碍事，别急……"她勉强张开眼睛，想说什么，再也发不出声，手也放开了。救护车还没到，老太太已不省人事，待送到上海国立红十字医院，医生只是摇头。

陶行知父子在病床前守了29个小时，老太太呼出最后一口气去了。任凭儿孙千呼万唤，她再也听不到了。朋友们知道他清贫，筹了一笔款子。他办完丧事，抚棺回乡，把母亲葬在晓庄他父亲墓旁。家破了！他的知音、妹妹文渼已于1929年英年早逝；为他持家、养育儿子的母亲走了；他的夫人汪纯宜因不堪生活重压，患精神分裂症已多年，自己忙于事业，四处奔波，这个家怎么办？老友姚文采劝他把夫人送进精神病医院。法华寺旁这间小房子不租了，三个儿子住进法华寺内的"自然学园"，三儿子一直有病，无法正常生活，托付给了姚文采。

家散了。从此，陶行知一家再没能在一起生活，夫人于1936年在医院去世，陶行知正在广西准备出国宣传抗日，丧事是朋友帮助料理的。

母亲的人寿保险费一万多元，陶行知买了电影放映机和供放映机用的发电机，买了影片，供新安旅行团和山海工学团放映唤起民众抗日的影片，新安旅行团带着它走遍大半个中国，陶行知对母亲的孝和爱，播送了几万里。

1936年6月，陶行知受救国会委派，将去国外宣传抗日，大场农民写了首诗为他送行："衣裳农民化，知识化农民，用了新的思想化农民，对待百姓如亲人。创造小先生制，教育可普及，改进农业，农村不会破产，假如中国有一万个陶行知，农家子弟幸福真无比。"农民用明明白白的"大众诗体"，向农民的朋友托出2万名团结在山海旗帜下农民赤诚的心。

这一次，陶行知走得很远很远。1936年7月11日，陶行知在香港尖沙咀码头乘"哥夫轮"出发，在两年零一个月的时间里，遍走欧、亚、美、非四大洲，28个国家和地区，作为民间国民外交使节，向世界宣传中国人民坚持抗战的决心，争取各国支持。在大洋彼岸，在陶行知的奔波下，世界掀起了"反对日本侵略""支援中国抗日"的热潮，大量捐款寄到中国，《义勇军进行曲》响彻世界各个角落。

1938年8月，他风尘仆仆地回国，未及休息，又马不停蹄去重庆，在古圣寺创办育才学校。为国培养人才，他殚精竭虑，是真正的"要饭办学"。他在那里收获了爱情，与吴树琴结为夫妻，两人度过了10年甜蜜的夫妻生活。直到1946年4月，他才回到阔别已久的上海。抗战胜利了，他的老友、历史学家翦伯赞也回到上海，向他抱怨说"没有房子住"。陶行知也没有房子，他为翦先生借了房子，自己借住同乡许士骐之兄许德臣家的房子，吕班路（现重庆南路）53号胜利饭店三楼的亭子间。

房子很小，仅一丈六尺见方，里面放了张生锈的铁床，一张方桌，一个小五抽屉柜。西面有扇窗，整个下午西晒太阳照进来，热气腾腾，剩下的空间，只能站两三个人。他和续弦夫人吴树琴住在这里三个月，几乎天天战高温。

陶行知雄心勃勃，抗战胜利了，国家和平了，可以好好地办教育了。他在这间小屋宣布他的宏愿："我来到这个东方大都市，想在这里创办社会大学、函授大学、新闻大学、无线电大学、海上大学、空中大学，还要创办育才大学，附设中学、小学和幼儿园。要在上海实现我的生活教育理论。"为他救国救民的壮志勾画了一幅美丽的蓝图。

他的朋友、学生得知他回沪，陆续来胜利饭店探望。沈钧儒与他讨论民盟开展活动，田汉来探讨文化、戏剧创作，晓庄学生希望复校；育才学生讨论迁校；大场农民要恢复山海工学团……屋子虽小，却盛满了希望，陶行知在这里热情接待一拨又一拨旧朋新友。

7月23日，郭沫若和几位朋友要来看望他，因屋子太小，改去郭宅，同去的有马叙伦、茅盾、田汉、郑振铎等。陶行知建议，以上海文化界名义联名致电美国哥伦比亚大学，大家一致赞同，推陶行知草拟电文。

离开郭宅已是晚上10点多钟，郭沫若送陶行知到门口，再三要他保重。他说："我是黑榜探花，不怕！"为防不测，这天，陶行知离开胜利饭店，独自到爱棠新村13号任宗德家里过夜。

他连夜拟致哥伦比亚大学的电文，第二天上午，托人把电文送郭沫若，请他修改后，让上海文化界人士签名，他自己首先签了名。下午1时起，他整理自己的诗集，连续工作5小时。在许士骐家晚餐后，他又回到任宅，在桌前继续工作。吴树琴和二儿子晓光来此看他，夫人见他双目通红，面容憔悴，劝他千万要注意身体，不要过分劳累。他说："我的时间已不多了，要加紧工作，我必须赶在死神的前面。"他们走后，陶行知与任宗德畅谈国事，直至午夜后，又开始整理诗稿。

他疲累至极，伏在桌上小憩，用冷水擦一把脸又继续工作，挥笔写下最后一首诗："……要达到文化为公，学者有其校。"他把笔搁在砚台上，望着窗外，正是黎明前最黑暗的时候，他发出深重的叹息。一阵困倦袭来，天旋地转，他摸上衣口袋，高血压药未带来，他呼唤树琴，夫人不便随他来此借宿。他挣扎着走进卫生间，轰然一声，倒在地上。

夜寂静无声，一颗伟大的心脏停止了跳动，一个不朽的灵魂飞离了躯体，1946年7月25日，在无人知晓的凌晨，陶行知因工作紧张，劳累过度，健康过亏，刺激过深，突发脑出血倒在他战斗的岗位上，在他借宿的友人家中去世，终年55岁。

工人、农友、学生、妇女、报童、伤兵、流浪儿……用发自肺腑的声音呼喊着陶行知，晓庄的农民个个哀恸欲绝，"陶叟啊，你说要回来的啊"！

灵柩上覆盖着"人民导师"四个大字，在千百人的悲泣声、呼唤声中，徐徐落葬。一生漂泊，处处无家处处家的陶行知，身穿旧学生装，脚套破皮鞋，身无长物，两手空空，回到了他办第一所学校的劳山脚下，在他最后的"住处"，与父母、妹妹、夫人团聚，与他在雨花台牺牲的十几名学生永久相伴。

陶行知只有一处私产，办晓庄学校前，他收到《平民千字课》稿费2万多元，这笔钱用于晓庄开办。他下决心办乡村学校，自己要农民化，便在晓庄学校大礼堂犁宫旁造了茅屋，泥墙茅草顶，屋前种了五棵柳树，他称这座茅屋为"五柳村"。他把家从南京迁来，母亲、守寡的妹妹、夫人、四个儿子，在这里团聚。自 1927 年晓庄开学，至 1932 年他把全家接至上海，全家在此共住了五年。前三年，晓庄办得红红火火，妹妹和夫人是师范学校毕业的，在晓庄担任指导员，母亲操持家务。陶行知工作繁忙，但因家在学校，生活方便，全家其乐融融。1930 年晓庄被封，夫人受到惊吓，落下病根。陶行知为避敌人通缉，匆匆离家，妹妹已去世，老母亲苦苦撑持，两年得不到儿子一点音讯。五柳村凄风苦雨，老母以泪洗面，儿子无法读书。直到 1932 年，陶行知回乡把全家接至上海。此时，夫人已病入膏肓，不认识他了。

陶行知唯一的私产五柳村，于 1937 年毁于日军炮火。这里，是他一生中最安定、最快乐的日子，也是全家在一起生活得最长的地方。1946 年他回乡祭拜父母亲，五柳村已踪影全无，只有门口仅剩的一株柳树，在寒风中瑟瑟颤抖，与他相看无言，泪眼蒙眬。

此后他再没有私产，没有后人可永久纪念的故居，但是千万座丰碑，建立在人民的心中，浩气长在，英灵永存。

刊 2021 年 12 月 2 日上海市作家协会《上海纪实》

隽永的陶味
——纪念陶行知诞辰130周年

1932年初秋,陶行知决定要办工学团。他的宗旨不仅是办一所学校,而是要在国难当头的中国,使占全国人口85%的农民,通过教育塑造成靠自己动手种田做工赚钱,又有一定文化知识的"一品大百姓"。

工学团办起来以后,陶先生提出,这个有异于传统教育的工学团,教学内容可归纳为"六大训练",除了军事、生产、科学、民权、生育以外,特别强调"识字训练",使人人获得传达思想的符号,成为读书明理的好人。

除了解决生产、生活必需问题的教育,陶先生认为,农民太辛苦,应该有适当的娱乐和休息,要把娱乐和读书认字紧密地结合起来,寓教于乐,使更多人乐意接受教育。他办起"明月晚会",请"电光影戏"下乡,"共和茶园"天天有人在讲故事……

这些活动,像天上的明月照亮了农民的心。沉闷的农村开始活跃起来,农民有了喝茶、谈心、唱歌、娱乐的地方,人们不再上赌场或不正当的处所去,一些陋习也悄悄地改变了。

1936年秋,在沈家楼东边一所农舍里,陶先生办起了"艺友班","在艺术上做朋友",以提高农民的文化水平。他请来了许多名家,如沈钧儒、艾思奇、邹韬奋、章乃器、沙千里……他们讲法律,读哲学、科学类书籍,在农民的眼前展示了一个广阔的世界。之后更多的艺术家来到了"山海",如田汉、贺绿汀、金山、金焰、崔嵬、聂耳、张曙、安娥、孟波、麦新、吕骥……每一个名字都熠熠生辉,其中冼星海是在"山海"时间最长的一位。

一个秋日，一条笔直宽阔的大道出现在眼前。自沈家楼到孟家巷，全长 548 米，宽 3 米的路，在一天内筑成。村民们踏着节拍走，起着夯土的作用，走着走着，与迎面走来的陶行知相遇。

　　陶高兴地拉着身边一位青年的手，向大家介绍："这是音乐家冼星海先生！"

　　阿祥摸着长盒子："这是什么？""这是小提琴。"他拿出小提琴，轻轻地拉起了《苏武牧羊》，老农轻声唱起来，冼星海以琴声赢得了农友的心。一曲拉罢，周荣泉急急拉着冼星海："上我家去住！"冬天的早晨。周荣泉家柴房里，巴掌大的天窗射进一丝亮光，照在帆布床上的冼星海眼睛里。他坐起来，屋里黑洞洞的。

　　他站在屋后竹林旁，黑黝黝的长方面孔，双目炯炯有神。他搓了搓手，在寒风中拉起琴。他的脸冻得通红，但不停地一曲曲拉着。

　　周荣泉循声走来："这琴做什么用的？""可以教大家唱歌。"

　　"艺友班"里，冼星海教唱《拉犁歌》："莫回头，莫回头，老家只有穷和愁哟！"他一面唱，一面用全身的力气比着拉索绳的动作，脸上现出悲愤的神情。星海的眼睛里迸发出仇恨的火焰，声音转为高亢。"弃家嘿哟！离乡嘿哟！边省地荒堪存留哟！"

　　歌声吸引了农友，农友先是小声，声音参差不齐，随着冼星海手臂有力的挥动，歌声变得整齐而铿锵。农友的眼里含着泪，孩子的拳头紧握着，歌声在屋子里响，"嘿哟啦哟！莫回头，莫回头！"

　　歌声中，冼星海在小屋伏案作曲。一个个彩色的音符在跳动。他拉着琴在前面走，一群孩子迈着整齐的步伐走。歌声中，小先生们专注的脸，有的在认真做笔记。歌声中，田汉率领剧团来演出《放下你的鞭子》，当香姑被打倒在地上时，小先生张健愤怒地冲上场子，一把揪住了老人的衣襟……

　　茶馆里，冼星海拉提琴，张曙和陶行知在唱《五月的鲜花》。歌声悲壮，全场动容。

　　上海音乐界举办"援绥音乐大会"，山海工学团十几个孩子，在冼星海的带领下，星夜行走，赶去参加。孩子们走上舞台唱："谁说我们年纪小"，冼星海为他们伴奏。孩子们参加为抗日将士募捐活动，一枚枚钱币，一只只戒指投入箱内。冼星海站在"山海工学团"的团旗下，入神地拉着琴。

曾经留学苏联和法国的伟大的人民音乐家冼星海，来到地处偏僻的宝山大场，在这里，农民叫他"冼大哥"！他唱着歌、拉着琴、指挥着，精神抖擞地带农民走进艺术殿堂。那雄壮、坚强有力的歌声，唱出了中华民族的苦难，唱出了劳动人民的心声，鼓舞着人民与日本侵略者去搏斗。多少年了，一直回荡在大场的上空。

陶行知在宝山办的山海工学团影响深远，不仅改变了当地农民的生产生活，还以"小先生制"培养了一大批人才。工学团停办后，几百名当年的小先生参加革命，中华人民共和国成立后成为各个部门的领导干部、专业人才，为新中国的建设继续努力。

1986年10月18日，上海陶行知纪念馆在当年山海工学团的旧址开馆。"山海"的小先生、农民们奔走相告，"陶行知"回来了！村里捐出土地，筹划经费，把办陶馆当作是自己的事。

开馆那天，我负责接待。馆门一打开，数不清的农民簇拥着一群人走进来了，走在前面的是当年山海工学团团长张劲夫（新夫），我招呼："张老，您请！"他说："我回家了，按老规矩，叫张大哥！"声音竟哽咽了。跟在他后面的有当年的小先生张健、沈增善、俞文华……不用我介绍，他们一面看，一面热烈地交谈。看到新夫在棉田与农民交谈的照片，大家嘻嘻哈哈地七嘴八舌。张劲夫同志时任国务委员、中顾委常委，可在这里，他与一群农民站在一起，亲切真诚，像真的回了家。劲夫同志说："陶馆要开门办馆，为当地农村服务，为农民烧心香！"我使劲点头。

开馆以后，每天有成百上千的人来参观。负责宣传工作的我，陷于繁忙的事务里。因为陶馆天天人满为患，当地农民想来，常常插不进脚。而我们应付参观都来不及，与农民的交往少了。

那天，我们馆所在的村长对我说，我们捐地筹款，帮你们把陶馆建好了，里面的茶室却至今不开张，是不欢迎我们农民去吧！

馆长认为问题有点严重了，要我赶紧找一个"由头"，再忙也要请大家到馆里来玩。我说快到年底了，开个迎新晚会吧。村长觉得这主意不错，高兴地说费用村里出，活动就请叶老师负责。我整天像陀螺一样团团转，哪里有空搞晚会，又对这一行一窍不通。但我想起劲夫同志的话，没有犹豫应承了。

因是迎元旦，除传统节目，还应该有些洋味。于是，除了沪剧、独角戏、上海说唱、独唱独奏，我自作主张还请了国标舞和"新年老人"。我想，中西合璧，效果一定很好。

12月31日晚，周边的农民扶老携幼像赶庙会般涌来，把"行知堂"挤得水泄不通，连门口都站满了人。"卖红菱""金陵塔"……一句一个彩。独唱也受欢迎，演员连唱五首歌还下不了台。陶馆全体人员表演《锄头舞歌》时，全场沸腾了，"这是陶行知的歌！"台上台下一起唱起来，歌声、笑声震得屋顶哗哗响。

接着是国标舞，两位舞校老师跳起了伦巴，台下却冷场了。有人说，伦巴原来是脚高脚低？大家哄笑着闹起来。我赶紧叫"新年老人"上场。那时，村里大多数人没见过这位大胡子老头，见他背了一只大包裹，都兴奋得不得了。等了好久，只见"老头"致贺词，却不见分礼物，不断有人叫："把包裹里的东西拿出来呀！"没等我想好对策，一群孩子奔上台去拉包裹，"老头"左躲右闪，一不小心摔倒在地。我赶紧去救包裹，哪里来得及，早就露馅了，包裹里塞的是一团团废报纸！台上台下笑倒了一大片。

我笑得主持不下去了，全场乱成了一锅粥。村长奔过来说，别笑了！演员要走了，红包给过吗？我才想起要给演员车马费，却没准备。给多少呢？一转身村长不见了，我无人可问。当时我们每月工资不满百元，唱这么一两段的，我想给个20元差不多了，一时也找不到红包，就用废纸包了钱给演员。晚会结束了，村长一看账单，大惊失色地叫："坏了，坏了！唱歌的是位歌星；唱沪剧的是剧团的当家花旦……你怎么只给人家 20 元！"围在我身边的人，个个笑岔了气。

30 多年过去了，大场地区早已没有了农民，陶馆也搬走了，那里建起了立交桥。每当走过那里，我总会想起当年陶行知办的艺友班，想起陶先生说的话："以诗的真善美来办教育……使每个中国的人民，世界的人民，都过着诗的生活。"想起为传承陶脉，我那许多忙碌又充实的日子，还有那个笑翻了全场的迎新晚会。岁月更迭，不变的是隽永的陶味，在这片热土，历久弥新。

刊 2022 年 5 月 17 日《文旅宝山》

第三辑
学陶论文

　　几十年里，叶良骏为师陶、传陶、行陶遍走全国，策划组织了众多活动，引起热烈反响。特选6篇有代表性的教师学陶论文作为回顾总结。

名利淡如水

事业重如山

叶良骏老师留念　岳炼小学赠

1995 年 5 月，叶良骏随中国陶行知研究会会长方明赴湖南长沙、岳阳等地考察，应邀在中石化长岭炼化公司子弟学校岳阳市长炼小学讲课（教师的责任——教人做人），学校赠送书法作品。

编者按：上海彭浦初级中学连续 10 年组织学校教师参加"爱满天下杯"全国教师教育论文大赛，成绩突出。叶良骏协调有关单位于 2018年至 2019 年在学校举办"教师培育人文素养提升育德能力"专题培训活动，邀请朱大建、殷健灵、江妙春等名家大师走进校园举办学术讲座。特刊此校房莹斐、杨佳佳两位老师的论文。

2021 年 5 月，"上海六千年艺术人文实践"展示活动暨陶行知诞辰 130 周年纪念活动在彭浦初级中学举行

三省吾身，繁殖创造之森林

房莹斐

"行"是"知"之始，"知"是"行"之成。也就是说：行动是知识的来源，只有亲身实践才能获得真知。所以陶行知先生才将自己的名字改为"行知"。他确实做到了自己任教、自己办学、自己推广教育，可以说是亲身示范什么叫身体力行，知行合一。因此，作为教育工作者的我也渴望通过学习先生的教育思想，从一个个教学案例中汲取教育智慧，在自己的教育教学中能够有所实践。

一、活的教育

我们常能在陶行知的文章中看到"活的教育""生活的教育"，陶行知先生毕生都在探寻中国教育的创新之路，力求革除不符合时代发展之"旧"，坚持亲力亲为，躬身实践其教育思想。他用尽一生点亮了无数教育工作者前行的方向。其实世间万事万物皆在变化，教育怎么能不"活"起来呢？教师与学生之间有着紧密的联系，假设以 4 年初中时间来计算，教师与学生有 1000 多个朝夕相处的日子。倘若在这千余日中，教师都以一成不变的教法教学生，即使是这么多个日子，也不过如薄雾云烟，匆匆罢了。于是该怎么"活"，该向什么方向"活"就成了我们亟须解决的问题。在这之中，学生的综合实践活动是不可以被忽略的。

每当新的班集体组建，在班级活动的开展上总是不免出现问题。或是因为组织力不强，学生参与度不高，导致活动总是不能很好地推进；

又或是由于学生日常学业的忙碌，总是会忽视班级活动，只能完成基本要求，难以花时间和精力去思索创新点。但实际上设计和实施班级活动是班主任班级建设的重要途径，班级文化正是依靠着这些创新的活动得以培育。

不仅要在相对固定的时间里开展周期性的班级活动，作为班主任，更要将有效性主导与主体相结合，以学生为本，组织开展多样性的班级活动。例如，在组织学生参加开学典礼和各个阶段主题的升旗仪式之时，要做好榜样引领和宣传工作，加强仪式教育，激发学生的精神动力；也可以结合学校的德育工作安排，在相应的时间节点开展主题班会与班级活动，使学生在实践过程中得到充分的陶冶，吸引鼓励学生多元发展，帮助学生开阔视野，培育学生的创新能力。

需要注意的是，平时就需要培育良好的师生情感，班主任的工作是最考验细节的，要在细节中教书育人，要在细节中体现师生良好的情感。而且组织活动时还要与班级实际相结合，找准教育主体，才能更好地丰富班级文化。

二、教学做合一

不仅要重视班集体的实践活动，更要关注每一位学生的实践。我的班级中有一位小×同学，有轻微的抽动症，做过针灸治疗。同时，他的家庭背景比较复杂，小时候曾与母亲遭亲生父亲家暴。目前在重组家庭中，与母亲、继父与新出生的小妹妹生活在一起。母亲文化程度较高，但对于新出生的二胎投入太多精力，以致分身乏术。儿时的经历可能是导致小×现在不善与人沟通的根源所在，也养成了他较为胆小内向的性格。在学校沉默寡言，不善与人交流，上课思想跟不上老师进度，从未积极举手发言。偶然的一个契机让我发现他身上闪烁着的"美"。在一次布置温馨教室征集作品时，我看到了一幅令我惊喜的画作，居然是小×同学的作品！我询问宣传委员，更是得到了意外的答案：是小×

主动提出要负责卫生角的设计！之后，我找到小×，先是大大夸赞了他用心精美的画作，肯定他为班级做的贡献。又问他为什么会主动提出要负责呢？他不好意思地说，是因为看到我给他的期末评语上写着"每个人都有属于自己的星星"，他才想要尝试着动起来，想着在班级里自己或许也能够发光发热，回应老师对自己的期望。我大受感动，在这次谈话之后，每次班级中征集小报、漫画，或有与美术有关的比赛总是积极参与。慢慢地，我在他的脸上看到了更多的笑容。

对学生而言，能使他们快速解决问题的方法是安慰，而不是责备。对于学生的评价永远不应该是以成绩为大，立德树人的核心概念是培养全面发展的人。固然，每一位学生都存在一定的个体差异，但教师的意义不正在于帮助学生认识自己，成就其更好的未来吗？在我看来，于教育来说，更重要的是激励、唤醒、鼓舞。我们需要帮助学生将不安的情绪化解，将更多的精力用在解决问题之上，只有这样他们才能更自在地完成现有的任务，创设一个爱与包容的氛围，让学生在实践中得到充分的锻炼和培养。

三、最坚不可摧的事情

"当粉笔距离我们的讲台渐行渐远，未来纸质书籍的阅读是否也会逐步让位于电子书籍？甚至，翻译机器可以完成基本的交流沟通时，语言教学是否也可能变得不再重要？"未曾想到，过去曾看到的这句话，在信息高速发展的现代，或许会真的成真？近期，一个词频繁出现在各个媒体，那就是 ChatGPT。它一经问世便火遍了全网，炙手可热，毋庸置疑成为热点。它作为一款高效智能，能够快速生成语言的工具，可以想象到对现有的无数领域提出了全新的挑战。更有甚者，不少人开始质疑这类 AI 的存在会不会对现有的教育产生影响。然而，我们需要坚信虽然时代在发展，各类人工智能层出不穷，但在这之中个人认知的提升是更为重要的。ChatGPT 只是当前的一个热门导向，对于我们而言，必须做到在认知和执行的层面上达到知行合一，才能让自己获得真正的收益。

"四有"好老师，首先是要求做一个有着坚定理想信念的好老师，也就是说作为教师要时刻意识到自己肩负的是国家的使命与责任。教书育人是我们的职业，若说"教书"是我们的工作，那"育人"更是我们竭尽一生要为之奉献的。既是教书育人，那教师必先拥有渊博的知识，万不可仅有寒腹短识。陶行知先生有句话很形象："出世便是破蒙，进棺材才算毕业。"寻常人如今都追求终身学习，对于教师来说更不能浅尝辄止。时代总是在不断进步着的，而教育理念和思想也在不断地革新，要想站好教师的这三尺讲台，就必须潜心钻研教学，好学深思，而后力行实践。一位新时代的教师，永远都不能故步自封，守着陈年的教育思想。"我们塑造了工具，此后工具又塑造了我们！"教育是"活"的，却又是基础，是奠基，是最坚不可摧的事情。

在《创造宣言》中陶行知先生曾引用罗丹的一句话："只要有一滴汗、一滴血、一滴热情，便是创造之神所爱住的行宫，就能开创造之花，结创造之果，繁殖创造之森林。"我会从自身出发，如陶行知先生每日四问一般"三省吾身"：我有没有思索如何建设好班集体？我有没有关注到每一位学生？我有没有努力提升个人修养和能力……

2023 年

授人以渔，教学合一

杨佳佳

"小孩子最好的先生，不是我，也不是你，是小孩子队伍里最进步的小孩子！"

陶行知先生于 1934 年在宝山县民众教育馆主办的民众教育服务人员训练班开学典礼的演讲上如是说道。

当时陶行知先生主张普及民众教育。当时，让一部分小孩子先学会知识，再发挥他们的作用去传授其他小孩子，做到"即知即传人"，高效，同时普及面更广，这便是陶行知先生的"小先生"思想。

陶先生认为，"小先生"拥有蓬勃的活力，有着新鲜的思想。而"大先生"会将少年们教得太过"老成"。

这种做法放在今天，依然具有可行性。老师的年龄参差不齐，与学生们的年龄差距各不相同。就算再有童心的老师，想要去贴近学生的思想，进入他们的生活，总有不可跨越的阅历与年龄差距。而学生与学生之间是没有沟通与理解障碍的。当一些学生先掌握了知识与方法，并在老师教授他们的过程中掌握了教授的方法，那么自然可以成为"小先生"，以同龄的眼光、贴近的思维，教导起来会更为顺畅，学生学习也更加便捷。在教授的过程中，"小先生"所学的知识与方法会得到进一步巩固，又再一次提升了自己的能力。在这种学习与教授相互促进的过程中，一点点提升自我素养。这样一看，运用"小先生"的方法，真会受益匪浅！

以此一条便可知，如此理念放到现在民众教育已普及之时，仍然具有时代性与创造性，让学生教导学生，让学生带领学生，让学生培养学生，仍然有着巨大的生命力，能够为提升学生的综合素养服务。

陶行知先生还说："先生的责任不在教，而在教学，而在教学生学""教的法子必须根据学的法子"，这便是"教学合一"。古语亦有云"授人以鱼，不如授人以渔"。我们不是要将学生教成一个个承载庞杂知识的机器人，而是要培养学生的核心素养，使他们成为有独立思考、明辨是非、刻苦坚持、热爱生活的德智体美劳全面发展的新时代好少年。如此，方法的教授就至关重要，学习的方法、克服困难的方法、自信的方法、解决问题的方法，等等，让学生们在遇到人生不同状况时能够有方法去应对。

另外，在学生阶段，得到同伴的认可往往更能激发他们学习的兴趣。"小先生"的出现，能极大地帮助这些"小先生"们在同伴之间、在同龄人之间获得认同感与满足感，让他们在全面发展的道路上越行越远、越走越好，成为大家心目中可以学习的榜样。如此可激励其他学生也想要成为"小先生"，更加进步，最终形成良性循环，也更契合于如今全面提升学生综合素养的教育理念。

如今，学生可以利用各种手段，去接触与了解世界各方面的信息，他们所接触的新奇之处可能比老师更多，甚至可以与"大先生"真正实现"教学相长"。他们还有着极大的好奇心、创造力与无尽的潜力。

在教学中运用"小先生"的理念，可以更好地提升自主学习的动力，巩固加强对所学知识的理解程度。通过引导他人，无疑能够进一步激发学生的潜能，拓展他们各方面的能力，构建良好的学习氛围。

"授人以渔""教学合一"，利用"小先生"理念去培养学生、鼓励学生，让他们在自我成长的过程中携手其他同学共同进步，共享成功，共向未来!

2023 年

编者按：话剧《永远的陶行知》是十四届上海国际艺术节演出剧目，叶良骏任制作人、文学顾问，国家一级演员娄际成领衔主演。全剧艺术地再现了伟大的人民教育家陶行知先生的高尚精神和"万世师表"的师德风范。

《永远的陶行知》于 2012 年 9 月 4 日隆重首演，后在剧场连演 16 场。上海高校教师、宝山区、虹口区、闸北区、普陀区、杨浦区、闵行区和上海民盟系统演出专场，来自上海交通大学、复旦大学、同济大学、华东师范大学等上海 11 所高校和全市 16 个区县的普教系统师生、民盟盟员 3 万余人观看了演出。

2012 年 10 月，《永远的陶行知》赴上海高校与宝山区巡演。2012 年 12 月 5 日宝山区人民政府举行《永远的陶行知》巡演闭幕式。宝山巡演历时半个月，1 万余名宝山教师观看演出。闭幕式上，时任宝山区区长汪泓代表区政府向剧组赠送剪纸作品《爱满天下》，叶良骏代表剧组向宝山区人民政府回赠油画《万世师表》。

闸北区教育党工委、区陶行知研究会组织全区教师近千人观看了话剧《永远的陶行知》，论文为久隆模范中学教师王磊观后感，也是"爱满天下杯"第十一届全国教师教育论文大赛参赛论文。

常生龙（时任虹口区教育局局长）接受教育电视台采访

叶良骏老师代表剧组向宝山区人民政府赠送油画《万世师表》（右为汪泓区长）

于漪老师出席《永远的陶行知》首演式并讲话

由叶良骏编剧、反映陶行知事迹的京剧《少年中国梦》下基层演出一个月，孩子们与"陶先生"在一起

四颗糖的启示
——学习观看《永远的陶行知》体会

王磊

话剧《永远的陶行知》在上海上演，本人有幸观看了该剧的首演，深受教育。该剧跨越 19 年，通过"晓庄的钟声""古圣寺的春意"和"上海滩的晚霞"三部分，串起了陶行知的一生，体现了他智慧、博爱、平易近人的特质。全剧的每一个故事都在平淡中充满哲理，细节毫无雕琢却蕴涵深意。其中四颗糖的故事尤其令人深思，给了我很多启示。

有一天，陶行知看见一个学生用砖块砸别的孩子，就对他说："你 9 点钟到我办公室去一趟。"孩子准时来了，陶行知从兜里掏出一颗糖送给孩子说："奖励你一颗糖，因为你来得很准时，没有迟到。"孩子瞪大了眼睛，这时陶行知又送给孩子第二颗糖说："我不让你打人时，你就停止了，这证明你是一个很听话的孩子，所以奖励你。"孩子不知所措，陶行知又掏出第三颗糖说："我调查过了，是那个学生欺负你班女生，是个坏孩子，所以你才打他，这证明你很正直善良，所以还得奖励你。"这时这个孩子感动得哭了，说："老师，你揍我一顿吧，我用砖块砸的不是坏孩子，是我的同学。"只见陶行知掏出了第四颗糖递给他："你能正确地认识到自己的错误，很好。四颗糖都送给你了，我们的谈话到此为止吧。"据说，这件事被这个孩子记了一辈子。

看过这段剧情以后，我对陶行知先生肃然起敬，佩服不已，深深感叹陶先生那宽广的民主教育的胸怀，那高超的正面教育的艺术，他拥有一颗博爱包容的心，有超前的鼓励赏识的教育理念。

那第一颗糖就是陶先生平等民主的教育胸怀。

陶先生说："你不可轻视小孩子的情感！他给您一块糖吃，是有汽车大王捐助一万元的慷慨。做了一个纸鸢飞不上去，是有齐柏林飞船造不成功一样的踌躇。他失手打破了一个泥娃娃，是有一个寡妇死了独生子那么悲哀。他没有打着讨厌的人，便好像是罗斯福讨不着机会去打德国一般的怄气。他受了你盛怒之下的鞭挞，连在梦里也觉得有法国革命模样的恐怖。他写字想得双圈没得着，仿佛是候选总统落了选一样的失意。他想你抱他一忽儿，您偏去抱了别的孩子，好比是一个爱人被夺去一般的伤心。"可以看出，只有像陶先生那样，揣着一颗孩子的心，才能惟妙惟肖地刻画出孩子这般细嫩的心思。

那砸人的孩子准时赴约而陶先生迟到了，陶先生得给孩子一颗糖，体现了他倡导的平等民主教育的思想。他曾经说："我们必须变小孩子，才配做小孩子的先生。如果没有这样的心理境界，你很难了解小孩子心里到底怎么想，烦恼什么，为什么会做出'坏事'，也就无法对症下药。"我想，我们做老师的，要常常回忆我们自己做学生时的感觉，体验当学生的苦恼，当学生有错误时，我们仍然要尊重学生，要与孩子平等对话。不要以居高临下的姿态对待犯错误的学生，那样会伤害孩子稚嫩的自尊，导致有些孩子要么丧失进取心，最终发展到破罐子破摔。要么变成了陶先生痛恨的唯唯诺诺的奴才。他说，民主教育培养的是主人，是高扬人的"生命性"的教育。因此，训练奴才还是造就主人，是封建教育与民主教育的分水岭。

现在我们有些老师以为当了老师，就必须在任何事情上都权威。连走路看到学生都高高昂着头。学校要求孩子们见到老师要主动说"老师好"，还要让路深鞠躬，而我常看到老师们挺着胸，只当没听见。遇到学生向老师提出学习上的不同见解，就认为权威受到挑战而恼怒于心，嫉愤于言。这样的环境只能培养出思维桎梏、行为拘谨、缺乏创新能力的庸人。

这方面的教训屡见不鲜，确实应引起我们的警觉。因此，老师们要善于和孩子平等沟通、交朋友，在民主的氛围中引导他们，最终达到教育的目的，这应该成为每一位教育工作者的教育理念。

那第二颗糖体现了陶先生正面教育的艺术。

陶先生给学生第二颗糖，原因是"我不让你打人时，你就停止了，这证明你是一个很听话的孩子"。这句话，巧妙地暗示学生，"你的本质是好的，你属于明理懂事的孩子"，明理懂事的孩子就应该遵从老师的教诲。陶行知的正面教育给了学生充分的自尊，进而让学生用自尊去唤起自省。可见这第二颗糖凝结着教育家深邃的智慧。

学生需要表扬，做了错事的学生也不例外。正面教育可以激发学生的荣誉感和自信心，帮助学生解开思想上的疙瘩，促使学生反思反省，知错就改。

学生毕竟年龄小，免不了在学业上、思想行为上犯点小错。老师的作用就是要在他们迷茫的时候鼓励他们，给他们机会改正错误。学习不好的同学，也许体育很好，体育不好的同学也许乐于助人，有点自私的同学也许写一手好字，我们总能找到他们的闪光点去鼓励他们、激励他们。回想自己在学生时代，老师的表扬总能让我们兴奋好几天，甚至给我们留下终生记忆。

由此看来，作为老师，我们不能把目光总是盯在学生不好的一面，甚至"哪壶不开提哪壶"，专拣学生的缺点、短处来教育学生，这会令学生反感。对学生多些肯定，少些批评；多些表彰，少些挖苦；多些奖励，少些惩罚，这是我们亟待树立的观念。

那第三颗糖就是陶先生博爱包容的心。

陶先生说："你的教鞭下有瓦特，你的冷眼里有牛顿，你的讥笑中有爱迪生。"就是说，在老师惩罚讥讽学生的时候，也许同时把本该成为绝世英才的学生残酷地扼杀了。但陶先生却能从孩子的板砖里看到善良，从孩子勇于保护弱者的行为中看到正义。

剧中还有一幕，陶先生看到有学生因为饿得受不了而偷吃农家的桃子，被姚老师说成是小偷，他很生气，他说，孩子是因为饿了才吃了桃子，我们应该理解，在这种情况下，我们不应该使用"偷"这个贬义词，而要改用"取""拿"这些中性词。

这两件事，充分展示出陶先生宽容仁义之心。

作为老师，我们都应该拥有一颗容得下学生错误的宽容之心。学生毕竟是学生，他们还是孩子，不能用成年人的标准去"套"。学生在身心发展过程中犯错误是正常的，而且我们大可放心，他们的错误翻不了天，不要动不动就产生天塌的感觉。而现实中，我们有时会对犯了错误的学生"恨铁不成钢"，用简单粗暴的方式惩罚学生。其实，这样做反而会引起学生的对立情绪和逆反心理，既不利于改正错误，也不利于学生身心健康。"恨"，是不能让学生成"钢"的。因此，我们对待犯错误的学生既要坚持原则，也不放任自流，要用仁慈宽容的心去因势利导，让学生在充满和谐的气氛中接受教育，反思自己，认知事理，从而自觉主动地改正错误。

那第四颗糖体现了陶先生赏识鼓励教育的理念。

学生在老师的点拨启发下，终于完全明白了自己的错误，老师为此感到欣慰，用第四颗糖鼓励他，既表达了对知错就改的肯定，也巩固了老师的教育成果。

先生曾说过，教育孩子的全部秘密在于相信孩子、解放孩子，而要做到这一点首先必须学会赏识孩子。适度的表扬，可以让学生品尝到一点成功的喜悦，在被欣赏中奋发、崛起。我们要对学生"大声地表扬，小声地批评""翘起你的拇指，收回你的食指"使学生树立向上的信心，鼓起前进的勇气。

我曾经在陶行知战斗生活的南京工作过，当时我还专程去陶行知创办的晓庄师范，参观陶行知纪念馆，有感于他的博爱胸怀。我家里还有一枚南京市教委颁发的陶行知奖章。目前我居住在陶先生战斗生活过的宝山，去过位于大华的陶行知纪念馆，我为能与这位伟大的平民教育家的生活轨迹重合而感到幸运。

我将以陶先生为榜样，袋里装着四颗糖，手里捧着一颗心，为培养祖国的英才做出我的贡献。

2013 年

编者按：无锡市锡山特殊教育学校是为智障儿童提供学前、九年义务教育的综合性特殊教育学校，校内刻有陶行知先生的名言"爱满天下"，师生参加"爱满天下杯"全国青少年书画篆刻大赛长达 20 年，成绩突出。2018 年 6 月，叶良骏赴锡山特殊教育学校为获奖师生颁奖。特刊此校李佳、马岚两位老师的论文。

叶良骏（左）向锡山特校颁发获奖证书

叶良骏与锡山特校的孩子们在一起

生活资源转化在培智语文课堂教学中的实践探索

李佳

《"十四五"特殊教育发展提升行动计划》中提到的一项基本原则是坚持促进公平，实现共享，让每一名残疾青少年都有人生出彩的机会。因此，我们聚焦"生活教育视角"，旨在以陶行知先生"行是知之始""生活即教育""从生活中来，到生活中去"等理念为引领，通过实际生活中的资源转化来丰富、深化教育教学内容，让智障学生有更多的实践机会和亲身感受，促使教师更有效地开展生活语文的实际教学，让生活化体验更好地服务于智障学生。具体可以从以下几个方面入手。

一、塑造资源转化"新引擎"

（一）合理规划，整合空间资源

具体教学过程中，教师首先要对教材进行仔细研读，寻找出教材中来源于生活的素材，通过整合出知识点相近、相通的内容，形成系列性或者连贯性的教学内容，从而进行教学实践过程中空间资源的互通、共享。

如，我把新授第3课《寻找春天》的时间放在了学校社会实践过后的那一周，并提前和家长沟通，请家长利用周末带着孩子一起去公园踏青、游玩，这样，让每一名学生在学习课文前都有了直观、充分的感知，有助于对课文内容的理解和共情。在学完第3课之后，大家对春天的特征都有了一定的认识，紧接着马上学习一首关于春天的古诗——第12

课《春晓》，在朗朗上口的古诗韵律中再一次感受春天的景象。走近了春天，趁着大家还意犹未尽的时候，继续学习第10课《四季》，知道并了解一年除了有春天，还有夏天、秋天和冬天，对一年四个季节有初步的了解和认知。

按照这样的顺序把整册教材中关于描写季节特征的课文进行整合教学，遵循了生活语文"以生活为核心"的教学理念，也结合了学生学习知识由点到面、小步走的特点。

（二）整体构建，探索生活资源

"在生活中学""在游戏中学"是培智学生在学习过程中很常用，也是很有吸引力的一种方法。教师要充分利用实际生活中的教学资源，探索生活中的材料对教材内容进行分类、创新。同时，教师在探索、布置和教学内容相关的游戏项目时，应使游戏的内容紧扣教材，尽可能使游戏项目呈现连续性、整体性的特点。

如，在生活语文四年级下册第1课《元宵节》、第2课《植树》中，我充分利用时间节点，把教室中的一个区域规划成"节日区域角"，先是按照元宵节的特点进行布置，学生和家长、老师一起制作各种各样的花灯，利用橡皮泥搓成一个个小圆子，用海报写上元宵节的日期，配上各种颜色的彩带，一个微型的闹元宵现场就呈现出来。就这样通过情境的创设，在实际学习的过程中，每一名学生都仿佛有了一双善于发现的眼睛，经常会出其不意地带来各种小惊喜，而且都敢大胆表达自己的亲身感受了，同伴间的交流也变得越来越主动、越来越精彩。

根据时间的推移，"节日区域角"的内容一直在更换，端午节、儿童节、教师节、中秋节，等等，在这样一个持续性的项目游戏中，大家感受了生活、体验了生活，在生活中学习到语文知识，在语文课本中体会了生活。

二、打造资源转化"新亮点"

新课标中提出要构建以生活为核心的开放而适性的语文课程，倡导感知、体验、参与的学习方式。在真实的课堂教学过程中，老师在依托教材内容的基础上，应结合学生生活中常见的事物，设计关于学生日常生活事物的提问，帮助学生参与课堂互动，回答教师问题，从而形成有效的师生互动模式，将教师的"教"和学生的"学"结合起来，达到"以教带学"到"不教自学"的效果，形成"师教生学"到"生（生活）教自悟"的学习习惯。

如在新授三年级上册第9课《我生活的小区》一课时，我让学生回家观察自己所在小区的环境，根据学生能力的不同，有的可以用日记的形式记录下来，有的可以画一画，还有的可以拍照；另外，我还请家长帮忙，用视频的方式记录了每一名学生所在小区的环境。在实际的课堂教学中，学生先通过描述自己的小区，再到说一说其他同学的小区，通过不同形式的辅助教学，班上大部分学生都能了解小区的基本设施，理解"小区"的概念。

好的生活习惯和生活经验都来源于自己主动参与的实际生活，培智生活语文教材从一而终地贯彻生活教育，所以带领学生探索实际生活就显得尤为重要。

三、创造资源转化"新样态"

（一）心中有数——搜集校园内外课程资源

很大一部分培智学生的生活场所是家与学校的两点一线，因此，校园内和校外周围的自然环境、人文资源、地方特色就成了学生学习的重要资源。

1. 聚焦校内，描绘资源地图。

从学生一年级入学开始就要带领他们认识学校的每一个教室、每一位老师和校园里的每一个角落。每个班的老师可以根据班级学生的特点和学生一起绘制"校园资源地图"，从一年级开始由简单到复杂、由大块到小片这样循序渐进的过程帮助学生熟知学校的学习资源，也是为教师开展活动、实施课程提供辅助。

如，在一年级新授词语"老师"时，我就利用课间带着班级学生到每个班级去认一认不同的老师，通过走进每个不同的班级，学生对教学楼有了一定的了解，并且知道教室里的人就是老师；在后来学习"教室"一词时，班上好几名学生都能正确地区别教室和其他功能室。

2. 放眼校外，罗列资源清单。

从培智学生的实际生活入手，由近及远，梳理和筛选适合学生生活化教育的人文资源、地方特色资源等，如菜场、饭店、银行、地铁站、公交站台等，不断完善和优化周边社区资源。

如，在学习五年级《端午粽》一课时，我带领学生先到学校附近的菜市场找一找青青的粽叶、白白的糯米和红红的枣，置身在琳琅满目的菜市场中，伴随着摊贩的吆喝声，每一名学生都真切地感受到生活的气息，在各种真实食物的视觉冲击下，大家对包粽子所需的材料有了直观、清晰的认识，这对学习课文内容起到了很好的铺垫作用。

培智生活语文教材中的很大一部分课文都是贴近学生的实际生活，教师充分利用学校周边的社会资源必将对语文学习有很大的帮助。

（二）行之有方——运用校园内外课程资源

资源本身不是课程，当资源得到关注、分析、设计，进入多方互动，才能转化为课程，最终体现其存在的意义。我们立足培智学生的实际生活，以"教学做合一"的实践方式，在专用室游戏、户外游戏、主题活动中，引导学生利用生活中的各种资源开展学习、探索活动。

如《端午粽》一课，通过前期的菜场实地选材、饭店观摩，我又把教室搬到了烹饪室，先带领学生熟悉食材：包好的粽子、粽叶、糯米、红枣；再拿出电饭锅里提前煮好的粽子，打开锅盖，让学生闻一闻煮熟的粽子的清香。一整个流程下来后，再让学生读一读课文内容："粽子是用青青的粽叶包的，一个个尖尖的，里面裹着白白的糯米……煮熟的粽子就飘出一股清香来。"学生在这样一个亲眼看到实物、亲自闻到香味、亲口尝到甜味的现场，自然就对课文内容产生了共情，朗读起来就特别主动。

资源转化是一项依托丰富的校园资源，以课题实践为载体，开展园本课程的实践探索。我们将遵循"尚自然、爱生活、养人格"的理念，让培智语文教学"生活化"落地生根，不断地将自然资源转化为学生的经验，促进学生的成长和发展。

2023 年

"新·细·活"：提升口语交际能力的有效途径
——以生活语文部分口语交际板块为例

马岚

《培智学校义务教育生活语文课程标准（2016年版）》（以下简称"新课标"）将"口语交际能力"要求表述为"倾听与说话"，归纳于五大"学习领域目标"中，并提出明确的目标"初步学会倾听、表达与交流。能听懂日常用语；能说普通话；能进行简单的日常会话和社会交往，养成文明的沟通习惯"。依照新课标这一目标要求，生活语文1—5年级每册教材都安排了两个独立主题的口语交际。在新课标指导下，我尝试了一系列的口语交际活动，有效提高学生倾听、表达和交流等能力，以促进他们整体语言能力的提升。

一、突出教学方法的"新"

陶行知先生认为，学生有了兴味，就能全副精神。因此，在师生双向教学活动中，教师要突出教学方法的"新"，来激发学生的"乐"。

（一）打破传统教室授课模式，采用实地演示方式

教学时打破传统授课模式，采用实地演示的方式更吸引学生。如教学二年级上册第二个口语交际《做有礼貌的好孩子》第二个场景"在走廊里走路不小心撞到了同学"时，我增设了场景"活动课上同学之间发生了碰撞，我该怎么办"，在教学时就采用了实地演示的方式，在走廊、

操场上呈现活动情境，引导学生表演、仿说，教师和教师演示，学生和老师演示，再过渡到学生和学生演示，让学生置身于一个相对真实的情境中，这样更能激发学生"说"的欲望，更有效地帮助学生掌握在具体情境下应该怎样使用基本礼貌用语。

（二）激发学生日常表达热情，推动口语交际开展

教学方法的"新"，不仅是授课地点的改变，还应以真实生活为基础，设计丰富的教学活动。例如，教学四年级上册第一个口语交际《我喜欢的水果》时，首先，教师可将事先准备好的水果展示在学生面前，示范说"我喜欢的水果是苹果"，引导学生复述句子；接着，引导学生观察苹果，回忆记忆中的味道，结合词卡"红色""圆圆的""甜甜的"，从颜色、形状、味道等方面向学生介绍"它是红色的，形状是圆圆的，味道是甜甜的"，请学生尝试复述；最后，请学生模仿句式，向老师、同学介绍自己喜欢的水果。这次口语交际训练中，采用了示范、模仿、表演等手段，为学生创设了丰富的语境，提供倾听和交流的机会，激发学生日常表达的热情，一步一步循序渐进，推动口语交际教学的开展。

二、关注课堂教学的"细"

陶行知先生的"四颗糖果""燃扑克牌"等教育故事无不充满教育的智慧和细致。平时，教师多关注细节，亦能让课堂教学更有实效。

（一）挖掘小贴士，细化课堂教学目标

口语交际板块除了场景图、小气泡，还设计了小贴士。教师可通过对小贴士积极审视、科学加工，进一步细化教学目标。

有时，在抖音、微博等媒体上会刷到培智学校学生走失的报道，如果学生能正确寻求帮助，会减少老师和家长寻找的时间，降低危险发生的概率。五年级下册第一个口语交际《迷路了怎么办》是非常实用的。场景主图呈现了一个男孩迷了路，正在向警察叔叔求助，将自己的家校

联系卡递给警察叔叔。乍看之下练习要求并不是十分明确，教学时可将小贴士进一步细化为教学目标：

找警察叔叔帮忙：明确迷路时应该向警察叔叔寻求帮助。

表达自己的需求，请求帮助：要求能说清楚自己遇到的问题。

清晰准确地讲述自己的住址信息：要求说清楚自己的住址等相关信息。

……

小贴士的呈现，明确了学生在迷路时应该求助的对象、求助方法以及要点。有了清晰、细致的训练要求，才能有效开展口语训练。

（二）关注练习细节，促进口语能力提高

基于学生口语表达混乱、缺乏主动等特点，我尝试把辅助与替代沟通加入口语交际练习，来引导学生"说"。例如教学一年级下册第二个口语交际《成长的一年》时，对于能力强的学生，可以让他自己想一想，再用"这一年（一年级），我学了（我学会了）"等提示大胆地、完整地说一说学会了哪些知识和本领。

对于需要支持的学生，课前多准备一些学生活动的照片或视频，如写字、画画、古诗诵读、技能训练等提示，再引导学生根据"我会＿＿＿""我学会了＿＿＿"等提示说句子。无法用口语表达的学生，可以让他用动作表示，或者让他在老师说的时候指出照片。

总之，组织学生练习时，关注细节，借助一些手段，刺激他们大胆表达自己的想法。

三、体现特殊教育的"活"

陶行知先生在《活的教育》中指出：有的儿童天资很高，他的需要力就大些；有的儿童天资很钝，他的需要力就小些。要想课堂活跃、有实效，就要如陶先生所言实施"活的教育"，因材施教，充分调动学生口、手、脑多感官参与学习。

（一）立足学生学情，活用教材精心设计

"渴了喝水、饿了吃饭、困了睡觉、尿急上厕所"等需求的表达，对于同龄正常孩子来说不是什么大问题，可是对于培智学校的学生来说却需要特别训练。

教学二年级上册《表达需求》口语交际场景一"乐乐爬山渴了要喝水"时，我是这样做的：

考虑到有的学生从没有爬山的体验，于是，调整教学顺序，在教学完本册教材第9课《爬山》后，再进行本次口语训练。

教学时，先出示第一幅插图，引导学生边观察边思考：乐乐在爬山，爬着爬着，他觉得又热又渴，这时他最想要什么呢？学生可能会回答：喝水、吃冰淇淋……对于合理的回答，教师都要给予肯定。再结合插图小结：这时乐乐最想喝水。你们看，他打开背包，拿出矿泉水，喝起水来。

接着，开展"我该怎么说"的游戏。创设学生熟悉的情境，如班级同学在操场上跑步后又热又渴，想喝水、想脱衣服等，引导学生观察图中的同学在干什么，他感觉怎么样，猜一猜他想干什么。

能力弱、需要支持的学生，启发他们先点击词卡小喇叭，跟着语音说一说，再逐渐过渡到说完整的句子。能力比较强的学生，引导他们注重对他人需求的理解并作出适当的回应，既可以是语言，也可以是动作。比如有的学生仅有"唧……唧……"的语言，但他会用动作来表达"喝水"等意愿，教师也要给予肯定，以充分激发学生的表达欲望。

（二）按需实施训练，开展灵活多样的教学

首先，充分考虑学生基本情况，制定分层化的口语交际目标。如教学一年级上册口语交际《自我介绍》时，我在设计问题时，充分考虑学生实际情况，制定分层目标：

对于能力较强的学生，设计如下问题：

"你能告诉我你叫什么名字？"

"你上几年级？"

并且要求用完整的语言回答。

对于需要支持的学生，降低难度，设计如下问题：

"你叫什么名字？"或者"×××是谁？"

"你上几年级？"

视情况是否要求学生用完整的话回答；无语言能力的学生可以用手指指自己，用手指示意"一年级"。

其次，尽量贴近学生实际能力，设置多样化的对话练习方式。对话练习的方式要多样化，最简单的是"教师问学生答"。然后让掌握得好的学生与老师"一对一练习"，或换成学生与学生练习。还可以预先跟其他班级的老师沟通好，请其他老师来班级，通过简单的询问熟悉学生。

努力做到"新""细""活"，有效提高学生口语交际能力，以帮助他们更好地适应生活，融入社会。俯首耕耘特教一线16年，始终以陶行知先生"每人都存用科学办法去办教育的决心，每人都去研究或解决一个小的问题"的态度，不断摸索实践，思考总结，努力让每一位特殊学生都有人生出彩的机会！

2023年

编者按：杨浦初级中学在时任校长常生龙的带领下积极开展学陶师陶活动，2004 至 2006 年曾组织学校骨干教师参加"爱满天下杯"全国教师教育论文大赛，叶良骏多次去学校与教师交流探讨。特刊此校徐晶老师的论文。

叶良骏为杨浦初级中学校刊《杨树》题写刊名

当代视角中的"生活教育"
——浅谈陶行知理论对当代学生思想教育的指导

徐晶

从事中学思想教育工作 5 年来，随着对"思想道德教育"这个概念的逐步理解和领会，我发现教师很容易囿于一个固有的"教育习惯"。某种程度的思维定式或盲从某种教育模式而缺乏自我思考和实践理解，往往会使思想教育走入一个误区，教育工作者也容易流于空泛无效的标语式教育或陷于疲于奔命的"救火"怪圈。于是，思想教育寻找理论支持并结合实践再进一步扩充、丰满其理论就显得尤为重要。理论与实践的结合将成为开启学生心灵之门的一把钥匙。早在 20 世纪 20 年代，陶行知倡导的"生活教育"对当今的思想道德教育有着深远的影响。他的理论是我国素质教育的鼻祖，同时有着鲜明的"与时俱进"的时代特色。"生活教育"理念在今天更有其现实意义与社会价值。融合当今学生与社会特点，结合自己几年的教育实践积累，再次细细品读"生活教育"理论，我会拥有一个新的视角，得到一次更深刻的教育启迪。

一、生活即教育

"生活即教育"是陶行知"生活教育"理论的核心。生活教育是生活所原有，生活所自管，生活所必需的教育。教育的根本意义是生活之变化，让学生通过真实的生活场景，学会思考、成长，是最朴实的教育。生活无时不变，即生活无时不含有教育的意义。在我们教师身边，常常有许多教育的契机隐藏在诸多生活场景中，善于发现它、把握它，是开启学生心灵之门的一把钥匙。

案例一：陈霞——一个学业成绩全班垫底的女孩，在与她结对前总保留着对她的第一印象：对于老师的批评总是态度诚恳但从不付诸实践。经常沉默不语的她已成为别人眼中"上了年纪的老妈妈"。她的愚钝和迟缓也使她沦落成一群调皮男孩的调侃对象。

师："本学期我俩结对子，让我来帮你学好英语，好吗？"

生："嗯。"

师："那就从背诵本课的单词开始吧！"

生："我不会读。"

师："跟我一个个念……"

半小时过去了，她念了一些但始终无法记住拼写。看来记忆力差是影响她学习的最大障碍。

两天后，她突然出现在我面前，悄悄地说："徐老师，能借我一包餐巾纸吗，我感冒了，忘了带。"

在接下来的几天里陈霞不是向我借笔就是借生活上的小日用品。她的一反常态与我接近必定是那句"本学期我俩结对子"的话引起的。但很奇怪，陈霞对我生活上的依赖远远高于学习上的求助。在深入了解后，我知道了一个现实：她的父亲没有什么文化，靠摆摊修自行车维持一家生计。她母亲去世后，父亲娶了外来妹并生有一子。陈霞生活在缺乏母爱且生活条件较拮据的环境中。父亲对她的爱也少得可怜，初中毕业便让她辍学。在了解之后，我理解了她最近的行为。她所渴望的是潜意识里的母爱，作为教师的我目前所需要做的是给予她更多的关怀。

在一周后的一节课上，当我统计学生课外阅读量和他们所购的课外书籍时，一向不参与学校和班级事务的陈霞竟然举起了手。我得知因为我曾经建议去购买一本英语练习册，她说服爸爸终于买了回来。这给了我极大的触动，让这个孩子在生活中找到一个契机，让她感受关爱，也许会转变。老师发现生活中的点滴，从关爱开始，一定可以帮助孩子重塑自我。

二、社会即学校

"社会即学校"是陶行知先生"生活教育"理论的一个重要命题。以社会资源来充实教育资源，可极大地推动大众教育的普及，使学习的外延更广，内涵更为丰富。结合当今的社会进程不难发现，社会进步与学校发展已成了一个互相依存的生命共同体。当今的学生从社会大视角中能透视到学校里所得不到的知识和经验，从而进一步推动学校生活并最终促进其融入社会。正是有了这样一种关系，我们发现孩子们正以成倍于父辈的速度快速成长着。同时，我们也不能忽视社会这个大染缸中的诸多副产品。在社会中既能学到美也能变得丑，关键在于教师的引导。正视这个事实，理解这个事实，就能进一步体验和阐释新时期"社会即学校"的真谛。在思想教育方面，我曾有这样一个学生。

案例二：初三（1）班的张同学是个一学年内有两个处分的学生，也是一个影响正常教育教学的"不稳定因素"。作为一名师长，了解他、帮助他是从一次对白开始的。

师："你最喜欢的学校生活是什么？"

生："和同学打篮球。"

师："你最喜欢的社会活动是什么？"

生："玩网络游戏。"

师："为什么？"

生："可以赚钱，我通过网络游戏赢了几件兵器，转手赚了两三千块钱呢。"

师："这种赚钱方式能长久吗？难道你今后就以此来谋生？"

生："我以后可能开家服装店，就用我打游戏赚来的钱做本钱。"

师："这可不是件容易的事！"

生："没关系，我爸有很多朋友都是做生意的，他们会教我。"

师："你认为你能经营好服装店吗？"

生："他们能做好我为什么不行！"

师："想要赚大钱，你必须有文化，有了层次和档次你的生意才能上一个台阶，愿不愿让老师来帮助你更好地实现这个愿望，成为一个既能赚钱又有文化的儒商？"

生："不，现在这样很好。我不想读书，你就别管我了，随便我吧……"

不难发现，在社会中"网络"这一把双刃剑在张同学看来是极好的谋生工具。金钱占据了他的所有人生空间，要想树立正确的人生观、价值观并把心拉回课堂，恐怕还要花极大的工夫。事实上那种以金钱充斥人生，以网络逃避现实，以虚幻代替存在的价值观，一经时代冲刷，所剩的就仅仅是一具可怕的精神骷髅了。从社会角度看孩子，他偏离了学习的正确方向，迷失了自我，这给我们提出了更多的思考。经历社会熏陶，在社会中成长的孩子有着诸多变数，要及早引领其朝社会主流所引导的方向发展，是教师的当务之急。社会即学校在新时期教育体系中的存在意义实在是非常值得思考的问题。

三、"教、学、做合一"

"教、学、做合一"是生活教育理论的教学论。教、学、做是一件事不是两件事。三者共生互融，引用陶行知先生的"种田"理论，要在田里做，须在田里学，应在田里教，教而不做不算教，学而不做不算学，教学相长伴以行，在"行"中获取知识与长进。在我的身边还有这样一群可爱的孩子。

案例三：在6月艺术节期间，一张醒目的志愿者招募海报贴在公告栏里：为了给更多同学提供展现才华的舞台和服务他人的机会，现在我们在全校范围招募10位志愿者。要求如下……

不到一天，第一批报名的志愿者是预备（1）班的近20位学生。接着又有各班共计19名同学报名。面对这趋之若鹜的人群和远远大于需求的报名人数，作为艺术节组织者的老师们非常欣喜。在几天后的"竞聘上岗"中，学生们施展才艺、争相上岗。对于如此高涨的热情，作为选拔教师的我怎忍舍弃一个学生，怎忍伤害他们淳朴的童真？在接下来几天的节目审查活动中，我们采取了轮流上岗制，让每一个志愿服务他人的学生佩戴标牌去体验光荣感、成就感。这样一幕使我感到震撼，也是我终生难忘的：在预备（1）班教室门前寻找志愿者时，一双双热情的小手把我紧紧包围住，一声声发自内心的："老师，我、我、我……"立刻把我淹没。

对事为做：学生们的积极投入就是"做"；对己之长为学：学生们的热情、率真，在当今这个社会中就是一种"长"，一种弘扬的正气，即为"学"；对人之影响为教：那种对于教师内心的震撼，对其他同学产生的榜样作用，以及最终形成的群体效应，加之学生本身通过活动所培养的意志品质和能力就是一种"教"。"教、学、做"在这里是教育案例的三个方面，是互成体系的三个过程。了解这个过程就能推动教师去设计更好的教育环节，造就出更多的"人工田"，进一步促进"教、学、做"的合一。

从大处着眼，从小处着手，用当代教育者的视角去解读"生活教育"，用我们的思想、情感加之实践与思考，可进一步玩味"思想教育"的奥妙与灵动。我希望自己能静下心来，再一次研读手边的理论典籍，去聆听孩子们发自内心的呼唤，用我的所思、所感、所想、所为，去解决一些力所能及的思想教育问题。

2006 年

第四辑

履痕

种"陶花"的人
——访《少年中国梦》编剧叶良骏

张鹏

初遇叶良骏,在今年《文汇报》"五一"捐书活动现场,我把她当作捐书人作了采访。她捐出自己近年出版的三种书,还在几十本书上都写了一句祝福语。读着"祝福爱读书的孩子"这样的话,我感受到一颗勃勃跳动的爱心。原来,她是作家,还是一位以满腔热情致力于陶行知教育思想传播的老师。

初闻"陶花"香

11 岁时,叶良骏被父亲送入上海市行知中学住读。这所学校的前身,就是陶行知在重庆创办的育才学校。在那里,她开始接触到陶行知教育理念和精神,度过了 6 年中学时光。

校长"马爸爸",教导主任"闵妈妈",生活辅导员"汪婆婆"……都是陶行知创建的晓庄学校学生;图书馆的"夏大姐",生物老师"郭先生",后来当"山海工学团"团长的"潘大哥"……来自四川"育才"。这些陶门弟子秉承先师"爱满天下"的精神,把学校打造成处处满溢爱意的大家庭。回忆起行知中学的日子,叶良骏脸上总是泛着幸福的笑容:"校长马侣贤是陶行知的传人,他信守先师'以爱待人远胜于以威吓人',他打心眼里疼我们,他的笑容像父亲那般温厚、动人。"老师们在她幼小的心里植入了善意的种子。

解放儿童的头脑、双手、眼睛、嘴巴、空间、时间，在行知中学，陶行知提倡的"六大解放"思想与"素质教育"理念得到践行。学生们走向社会，初一学生要到农村做"小先生"；高一学生到龙华灭钉螺。每天下午3点后，学生都要参加课外活动，舞蹈、文学、体操、音乐……各种活动种类繁多。叶良骏兴趣爱好广泛，精神生活丰富多彩，就是从那时埋下了种子。

遇到问题，寻求方法，自我修正。在参与社会活动的过程中，学生们历练出坚毅的品格，影响其一生发展。对叶良骏而言，不管身处怎样的环境和条件，都会想办法把工作做好，也是在少年时代养成的习惯。"农村的黑夜伸手不见五指，一开始特别害怕走夜路，就在心里给自己加油打气。慢慢地，我们都可以拿着小马灯健步如飞了。"叶良骏笑着回忆当小先生的经历。

在农村劳动的日子里，叶良骏每天5点钟就要到岗。插秧、拔草、割麦子，这些从未接触过的农活成了每天工作的主要内容。冬天清晨的木桥上霜白如雪，不少人觉得寒冷难熬，叶良骏却背诵温庭筠的诗"鸡声茅店月，人迹板桥霜"，感受大自然之美，从中寻找乐趣。"务农虽然辛苦，但也让我看到了农民的淳朴。民间艺人会在农闲时演戏，自娱自乐，不亦乐乎。这是一段获益匪浅的经历。"她豁达的性格由此而来。

悉心种"陶花"

人到中年，叶良骏成为陶行知教育思想宣传员。20世纪80年代，由于历史原因，当时能够找到的陶行知相关资料非常有限，新成立的纪念馆里主要以照片展览为主。她想到的第一步，就是把陶行知的资料充实丰富起来。为此，她到各大图书馆、档案馆查阅资料，从《申报》等旧报刊上搜寻陶行知的文章。她采访众多陶行知的同事、亲友、学生，获得大量第一手资料。

她编写讲解词，并担任讲解。丰富的故事和动人的讲解，常令参观者泪雨纷飞。上海教师学研究会副理事长张中韧对此记忆犹新，他说："叶良骏的介绍很不一般，她是用心去讲。只有真正研究陶行知的人，才能讲得如此动情。"

最忙的时候，叶良骏一天讲过8场，虽然很辛苦，但用她的话来说，凡是传播陶行知精神的事情她都不遗余力。首批语文特级教师于漪曾回忆说："每年我都要带领新考入我学校的师范生到纪念馆参观凭吊，聆听她讲述陶行知的教育思想和光辉业绩。她对陶先生的崇敬、虔诚，对陶先生的做人做事如数家珍，对陶先生的爱国思想、崇高精神由衷礼赞，常使我们师生感动不已，深受教育。虽说这些讲述距今已20多年，但那满怀激情的生动语言仍常在耳畔回响。"叶良骏说，能与"陶行知"这个名字结缘，做自己爱做的事，是一生的大幸运，理应珍惜这种福气，所以要拼命做。

"陶果"遍天下

熟悉叶良骏的人，都被她的精神所鼓舞。行知实验中学校长杨卫红感叹说："叶老师一如既往始终奔走在传播陶行知教育思想的路上，不求任何回报，令我非常钦佩！"

从1986年到现在，近30年的坚守，叶良骏深知其中的不易。她坦言，在传播陶行知教育理念时，时常也会遇到一些挫折和困惑。2001年，陶行知诞辰110周年。在中国陶行知研究会方明会长鼓励下，叶良骏策划组织"陶行知诗文大展"。为筹集活动经费、组织参与者、邀请主办单位，她四处奔走。为让更多青少年走近陶行知，了解陶行知，她编辑出版参考书。为省钱，就连宣传海报都是叶良骏自己设计，并带着大学生志愿者到各个学校亲自去张贴。

活动举办得红红火火，但评价却有褒有贬。方明为她题词："好也不好，坏也不坏，好好坏坏任人讲，心中玉一块。""这是陶行知的话！做事的确很难。这么多年，正是背后有方明老，还有许多领导、朋友、老师们的支持，我才能坚持走下去。"她满怀感激地说。

退休后，叶良骏更忙了。她遍走各地主讲《陶行知教育思想的现代价值》等学术报告，已逾3000余场；她策划、组织的以"爱满天下"命名的活动有数以十万计师生参与；她出版了《陶行知箴言》《陶行知教育思想论述》《陶行知的故事》《爱满天下》《陶行知诗文选》《永远的陶行知——101个快乐与成功的故事》等30余部专著、文集。去年，叶良骏"转行"做起了编剧，先是参与创作话剧《永远的陶行知》，话剧引起热烈反响。她又为大型少儿京剧《少年中国梦》编写剧本，以淞沪抗战为时代背景，讲述教育家陶行知在上海创办工学团的故事。对于从未做过编剧的叶良骏来说，剧本创作是一个痛苦的过程，如何把严肃的主题以寓教于乐的戏剧形式表现出来，叶良骏思考良久。"8个月时间，每天写到凌晨一两点，没有一天敢懈怠。"她回忆说，前前后后八易其稿，终于将剧本按时完成。

为什么要去做这么一件难事？她说，陶行知在上海这段经历，至今没在文艺舞台上出现过，是首创，是对自己的挑战，符合先生提倡的创造精神。他的教育梦、中国梦，超越时空，有巨大的现实意义，更应该让人们了解。当编剧虽是第一次，但正如陶行知所说："没有做，莫说做不通。做得不够，莫说做不通。做了九十九次失败，第一百次会成功。"只有做，才有成功的希望。创作千辛万苦，但因为坚持终于梦想成真。这部戏得到各方支持，很快就要上演，心里很欣慰。

写作、讲座、活动，现在还参与形式丰富的话剧、京剧等艺术创作，叶良骏浑身散发的青春活力常使人感到惊奇。她已不年轻，但站在她面前，我感觉不到年龄的代沟。不断传播陶行知教育思想，弘扬先生的伟大精神，祝愿"陶果"结满天下，这是叶良骏的梦，也是她的快乐所在。她说，每一个脚步，都是新的起点，学陶、师陶、传陶、践陶的路，还很长。她会不断地造梦、追梦，为圆心中的"陶梦"而永不停步。

《文汇报》记者 张鹏

刊于2013年10月30日《文汇报》

各界评说

《陶行知的故事》序

叶良骏同志写的《陶行知的故事》反映了陶师光辉的一生，我举双手赞成。

叶良骏同志是陶先生创办的育才学校的后身——上海市行知中学的早期毕业生，现在上海市陶行知纪念馆工作。她为宣传陶行知的光辉业绩和教育思想，经常奔波各地作报告，颇得好评。她长期以来收集积累了大量有关陶师的史实资料，并采访了许多前辈和同行，以认真的态度写成此书，从各个侧面以故事形式反映陶师爱憎分明的伟大一生，内容丰富，感情真挚，通俗生动，可以一读。

方明　1990 年 10 月

第七届全国政协教育文化委员会副主任，中国教育工会顾问，1995 年起任中国陶行知研究会会长

《陶行知箴言》序

《陶行知箴言》的编者叶良骏同志是陶行知先生创建的行知中学（育才中学）的早期毕业生，是陶门的再传弟子。她在上海市陶行知纪念馆工作时，每年我都要带领新考入我学校的师范生到纪念馆参观凭吊，聆

听她讲述陶行知的教育思想和光辉业绩。她对陶先生的崇敬、虔诚，对陶先生的做人做事如数家珍，对陶先生的爱国思想、崇高精神由衷礼赞，常使我们师生感动不已，深受教育。虽说这些讲述距今已20多年，但那满怀激情的生动语言仍常在耳畔回响。听说，她还不辞辛劳，奔波全国各地，宣讲陶行知先生教育思想和爱国精神，撒播敬陶、学陶、爱陶的种子。这种执着的精神可敬可佩。

叶良骏同志不仅做报告宣讲陶行知先生的业绩与精神，而且先后编写了《陶行知教育思想论述》《陶行知的故事》《陶行知诗文故事选》等书，向教师、向青少年宣传教育之道、做人之道。

阅读这本书，能提升思想，净化感情。以陶行知先生爱憎分明的伟大一生为光辉榜样，面对纷繁复杂的社会现象，能"必先养皑皑冰雪之心志"，有"推己及人的恕道和大公无我的容量"，坚守做人之道，坚守教育之道，爱岗敬业，为中华民族的伟大复兴奉献力量。

叶良骏同志又为师陶、学陶、研陶做了一件很有意义的事，为此，不揣浅陋，作短序以表敬意。

于漪　2011 年 3 月 25 日
"人民教育家"国家荣誉称号获得者

《永远的陶行知——101 个快乐与成功的故事》序

这本《永远的陶行知——101 个快乐与成功的故事》以通俗、生动的故事，反映陶先生光辉的一生，为青少年展现了一位高山仰止的伟人形象，又能感受到这位"一品大百姓"对青年、对孩子的了解、爱护之心。值得一读。

本书作者叶良骏同志，毕业于陶行知创建的育才学校——行知中学，后长期从事宣传、研究陶行知教育思想工作，现为上海市陶行知研究协会副会长。她怀着对陶行知先生的敬仰之情，学陶、思陶、践陶，经常奔波各地作报告；为青少年主持实践"六大解放"的各种活动；编写、出版了不少学陶书籍，是一位非常敬业的陶研工作者。她长期以来收集积累了大量有关陶行知的史实资料，写了这本书。此书不仅谈教育，还涉及读书、做人、恋爱、健康、礼仪、成功等诸多方面，从各个侧面反映陶先生"教人做人"的一生，对广大师生坚守做人之道，坚守道德底线，做个堂堂正正的中国人，会有启迪和推动作用。

王荣华　2012 年 10 月

十届上海市政协副主席、上海市教育发展基金会理事长、

国家教材委员会专家委员

《赤子之心》序一

欣闻，身兼作家、教育家于一身的叶良骏先生近年来精心史学考证，倾心撰写的红色戏剧剧本将结集出版。我作为一名曾经的读者、一名曾经的剧目观众，也作为叶先生的文学好友，喜悦由衷，感佩由衷！

叶先生以作家的敏锐和教育家的深邃，抓住青少年成长关键时期不可或缺的家国、友爱、协作、勤学、奋斗等品质要素，用孩子们胆怯又跃跃欲试的话剧舞台表演样式，以一己之力，唤醒了无数孩子不可估量的向上潜能，锲而不舍地打开了一条培养全面发展的国家未来之才的通路，开创了当代中国校园戏剧教学的一种新模式，展示了当今美学教育的一种新可能，实在是价值连城，难能可贵。

叶先生是剧作者，同时，还是舞台话剧制作的掌门人。她带领着戏剧表演能力几乎为零的一届届同学，利用寒暑假，进行剧目细读、人物分析、形体基训、台词坐排，直到合成连排、公演等。在数不清的环节中，叶先生不顾年事已高，处处专业到位，又耐心至极。去年炎热的盛夏，我曾经有幸在虹口区澄衷高级中学大教室里观摩了话剧《天下之利》第五场的完整排练。那些同学，一上舞台就让我眼前一亮，他们有板有

眼、情感跌宕地展示了学校创始先贤、各界爱国人士及上海市民为国振兴教育，不屈外敌，英勇抗争，视死如归的精神，一招一式、一气呵成的演绎，让我连呼三个没想到：没想到印象中娇生惯养的这代人在舞台上有如此的灵动协同和表达张力；没想到表演技能彻底业余的同学们在舞台上有如此层次感的复杂处理；没想到高中生演绎非本色的众多历史人物是如此的有模有样、充满底气。而我在半月后观摩正式公演时，学校大礼堂呈爆棚状，同学们的演出水平、艺术呈现也有了新提高。我想，这里面一定有叶良骏先生大量呕心沥血的舞台带教、艺术传授，也一定有同学们被剧中人物、情节、文字真实"电"到后"小宇宙"的真情爆发，这不正是当代教育所追求的立根铸魂、全面发展的一种景象和效果吗？

习近平总书记在全国学校思想政治理论课教师座谈会上发表重要讲话，切中要义。叶良骏先生小投入、正能量、大情怀的上海校园戏剧教学法的多年有效实践，很好地契合了当今时代的要求，思政课的需求，学校培育德、智、体、美全面发展人才的渴求。

滕俊杰 2019 年 3 月 19 日

上海市文学艺术界联合会副主席、上海市电视艺术家协会主席、

国家一级导演

《赤子之心》序二

和叶良骏老师相识，是因为陶行知。

陶行知是杜威的学生，对杜威的教育理论有着深刻的理解。但当时的中国，大多数孩子还没有机会读书，完全照搬杜威的教育思想，必然会产生水土不服的情况。于是他在借鉴美国先进教育理念的基础上，着力探索与我国本土实际相结合，创造性地提出生活教育的理念，不仅符合中国的教育实际，也是对世界教育的一大贡献。在推进教育现代化的今天，陶行知的生活教育理念依然熠熠发光，在落实立德树人的教育根

本任务方面有着独特的价值。越是学习陶行知，越是对他充满了敬仰，所以我也在不知不觉中，成了学陶师陶队伍中的一分子。

叶老师是陶行知教育思想的传播者和践行者。她的中学阶段，就在陶行知创办的学校里就读，潜移默化地受到很多影响。这些年来，她矢志不渝地宣传陶行知，身体力行地践行陶行知，通过各种途径让社会各界重新了解和认识陶行知，着力将陶行知的教育思想发扬光大。因为陶行知的缘故，我对她逐渐有了一些了解，后来虹口教育局组织教师观看话剧《永远的陶行知》，才知道叶老师在戏剧方面也颇有研究，这让我对她更加敬佩了。

陶行知的生活教育理念对我影响很大，我也一直在探索区域层面践行的方法和途径。党的十八大召开之后，叶老师心潮澎湃，萌发了创编适合青少年观看的现代京剧《少年中国梦》的念头，并力邀虹口教育局作为主办方，这是对我们的认可和鼓励。尽管在剧本编写、选择剧团、集中排练等过程中经历了各种磨难，这部戏还是如期和大家见面，仅在虹口区就演出60场，区内绝大多数的学校和教师都观看了这部大戏，并被深深地感动。这让我更加深刻地认识到戏剧在学生成长过程中的价值，也找到了践行陶行知生活教育理念的一条坦途。

在陶行知生活教育理论指引下，在叶良骏老师前期戏剧实验基础上，虹口教育局提出要在区级层面启动一项新的课程建设——高中学生戏剧进校园课程。为全区面上的美育工作开展提供示范和经验；为高中学生搭建社会实践的大舞台，吸引全区各校的高中学生积极参与戏剧排演，为他们的综合素质评价提供实践的平台。

我们将这一想法和叶良骏老师进行沟通，得到她的全力响应和支持。从2014年起，她将工作重点转向这一课程的建设。为纪念世界反法西斯战争和中国抗日战争胜利70周年，她以"二战"时期犹太难民在虹口的历史为背景，创编大型歌舞剧《东方之舟》，于2015年公演；为庆祝建党95周年，她以左联五烈士，在虹口生活过的鲁迅、瞿秋白、陶行知，国歌作曲者聂耳、国旗设计者曾联松等为背景，创编的舞台剧《赤子之心》于 2016 年公演；她抓住以"七七事变"80 周年和解放军建军 90 周年这一时间节点，结合虹口历史文化和教育资源，以曾经发生在虹口区塘沽路的真人真事为素材，创编革命历史剧《黎明之前》，于 2017 年正式演出；她以叶澄衷"兴天下之利，莫大于兴学"的远见卓识，1900 年在虹口创办我国最早的班级授课制新式学堂的史实为背景，创编弘扬海派文化、江南文化的历史话剧《天下之利》，于 2018 年正式公演……

自己亲自创编剧本，是一件非常耗费精力的事情，叶良骏老师为此付出了无尽的心血。每一部剧本的创作，她都要到历史事件发生的现场实地考察，到博物馆、陈列室等处查询并核实相关历史事件的产生脉络，了解当时的社会文化背景，采访当事人或者他们的后代，找寻第一手资料。那些被她编入剧中的重要历史人物，有些曾经在上海以外的地方生活过一段时间，她也会到当地去采风，力求所讲述的事件和人物的故事准确无误。这还不算，她还兼顾上海高中生的实际，采用他们喜闻乐见的表现手法将一个个故事串联起来，形成完整的剧本。而且每年一部大戏，一直坚持到现在，这其中的辛酸苦辣，相信只有叶老师本人才能说得清楚。

每到暑假，叶老师和她的专业团队就开始忙活起来了。时间又是如此的紧迫，只有一个暑假的时间，就要让这些没有任何舞台经验的学生发生脱胎换骨的变化，能够为大家奉献出一场赏心悦目、让人惊艳的大戏，但叶老师和她的专业团队做到了。

叶老师在其中起到了非常关键的作用。她仔细观察入选的每个学生的特点，做学生的思想工作，让他们意识到戏剧最需要团队合作，每一个岗位都很重要，帮助他们发现自己，在戏剧的排演中找准定位；对每个岗位学生的工作状况进行观察，及时把握他们的思想动态和情绪变化，做到及时回应和真情陪伴，让每个学生都能够安心在剧组之中；通过亲身示范、传帮带等各种方式帮助学生提升表演技能和专业水准，激发他们各方面的潜能，让他们一步步走向专业，在完成演出任务的同时爱上戏剧……如果没有叶老师的坚持不懈和循循善诱，这件事情是做不成的。

叶良骏老师在创作每一部戏剧的过程中，都特别强调戏剧的教育意义，她告诉学生每一场精彩的演出，都是经过无数次的反复打磨和排练才呈现出来的，没有一件事情是随随便便就能成功的，所以要记住三个词：忍耐、坚持、希望。对学生演员而言，这三个词也是演好每一部戏剧的关键。要在别人享受悠闲假期的酷热夏季集中排练，付出很多的辛劳和汗水；要学着进行"角色转换"，走出自我，深入所扮演的角色之中，将他人的所思所想表达出来；要学会团队合作，把控好自己所扮演的角色和整体的关系；要背诵大段的台词并声情并茂地展演出来……这都需要高中生们具有忍耐的品质，相信坚持的力量，同时又对自己充满信心。

叶老师认为，戏剧契合了学生的精神需求。经过表演，学生切身感受到故事中人物的心情，人物命运的起伏跌宕带给他们的丰富体验，可以获得精神上的满足；戏剧是一门综合性艺术，排练演出过程中要涉及动手、思维、执行、表达、组织、创造等多方面的能力，能充分发挥学生的多种才能，提升他们的综合素养。这正是陶行知提倡的在做中学本领。

从功利的角度去看，叶老师他们做这件事情是非常不合算的。辛辛苦苦创编了一部大戏，费尽波折给排练了出来，公演了几场之后就结束了，因为学生要上课，不能像专业演员那样四处巡演。也正是因为如此，这些戏剧得不到文化基金的资助，没有机会参评优秀节目，要想通过排演戏剧来赚钱更是天方夜谭。

但为什么叶老师他们仍然坚守于此呢？那是因为他们对教育事业浓浓的爱，那是因为她深厚的责任感，那是因为她相信星星之火可以燎原，每一次真心的付出，都会让这个世界变得更加美好。叶良骏老师是在用实际行动践行陶行知先生的"爱满天下"，也让我们充分感受到戏剧的无穷魅力。

常生龙　2019 年 3 月 27 日
上海市教育考试院常务副院长、虹口区教育局原局长

《爱满天下》序：心中的彩虹

叶良骏深受人民教育家陶行知的影响，她11岁就进入陶行知创办的学校读书，后来又在陶行知纪念馆工作，现在又主持着陶行知研究会的工作。陶行知先生的名言"捧着一颗心来，不带半根草去""爱满天下""教人求真，学做真人"等，对叶良骏形成今天的人生观、世界观影响很大。几十年来，陶行知先生的思想，改变了她人生的轨迹。她一直在从事陶行知研究和教育工作，常年风尘仆仆，东奔西走。为了青少年的健康成长而乐此不疲地开展的一项又一项社会公益活动，对青少年进行美与艺术的教育，是叶良骏喜欢做的工作。

叶良骏的本职是教师，至今仍应邀到各地为学生授课，她有很多"忘年交"朋友，年轻的朋友有什么困惑，也愿意写信给她。灯下展读孩子的信，是叶良骏的一大乐趣，给孩子写回信，占去了她很多时间，但她从不感到劳累，反而在与孩子们的沟通交流中感受到莫大快乐。

朱大建　2010年1月

《新民晚报》原副总编辑、上海市作协散文报告文学委员会主任

《盈袖丝雨》序

这是叶良骏先生的第六本散文集。有幸为这部文集写序，既有历史的原因，也有着文字对我的吸引。很多年前，便在报刊上读到叶良骏的文章，为其娟雅流丽的文笔风格所吸引，几乎每见必读。后来通信得知，当时她已是上海驰名的文化工作者和教育工作者——陶行知研究学会副会长、同济大学等四所大学的兼职教授。读她的《爱满天下》一书，知道她为了学习、继承、传播陶行知的教育思想，从城市到山区，为孩子们讲授陶行知的故事，为教师及各界人士传授陶行知的教育理念，孜孜矻矻，几十年如一日，在大半个中国，留下了她跋涉的足迹。我当时对

陶行知的了解不多，通过查阅资料，得知陶行知是一名伟大的教育家、思想家，同时也是一位坚定的爱国主义者。可是，这样的一位伟大的教育家，长期以来似乎并没有引起社会的广泛关注，在文化教育界，也似乎没有见到有多少研究成果出现，更不要说成为"显学"了。想到这里，我忽然对叶良骏肃然起敬了！为什么在全国大范围内对于陶行知的研究相对荒凉与冷漠的环境中，她却对陶行知情有独钟，不惜付出自己半生的精力，为弘扬"陶行知精神"而默默奉献呢？这原因，我想还是要从陶行知崇高的思想信念中去找。陶行知一生清贫，公私分明，只讲付出，不求索取，"捧着一颗心来，不带半根草去"，就是他高尚灵魂的写照。如果叶良骏不是被这样的灵魂所感动，她会将自己的半生年华毫不犹豫地投入陶行知的研究中来吗？真正的知音，可以活在同一个世界上，也可以活在遥远的隔世！我相信，叶良骏一定是把陶行知当做自己的隔世知音，并情愿为其付出自己的精力与心血，全不顾这筚路蓝缕的艰辛，且以此为甘！

穆陶　2022 年 6 月 12 日于潍坊

著名作家、评论家，原潍坊市作家协会主席

听叶良骏演讲有感

在辞旧迎新之际，良骏应民盟宁波市委、宁波大学团委之邀，又一次来甬讲课，她的讲演充满激情，发人深省，又感人至深，赢得一致好评。除讲课外，她还开了座谈会，与大学生面对面交心，一时间成了校园里"最受欢迎的老师"。一大批青年学生成了她的追随者。

这些年，良骏到处讲演，也到处交朋友。不少青年人写信给她，有的称她为老师，有的称她为阿姨，有的甚至叫她为妈妈。有的女孩子向她袒露心声，直到把深藏心底的隐秘都透露给她。于是，良骏又增加了一项生活内容——给各地青少年朋友写回信，而且不能拖延。因为她懂得孩子的心。信，来自四面八方，提的问题也形形色色，要一一予以及时解答，自然是煞费心机的，但良骏不以为苦，反以为乐。这种乐趣，就如同与良朋促膝倾谈，无拘无束，可达到心灵的沟通和感情的融合，即古人所追求的"莫逆于心"的境界。这种乐趣，决不是用金钱就可以换得的。

正因为此，良骏的信写得很认真，很投入。纵无高深的哲理和精辟的宏论，却字字句句都从心中掏出。因而，一般都能使通信人感到亲切，受到鼓舞。当然，除了疏解、引导和策励，良骏有时也会视力之所能及，给青年朋友一点切实有效的帮助。这样，她通过写回信，把她的爱奉献给社会，同时也把陶行知的光辉思想传播出去了。

叶元章　　1994 年岁首

诗词名家、宁波大学教授

听叶良骏演讲有感

叶良骏同志是一位卓有成就的演说家。为了宣传陶行知精神和爱国主义，她走遍了大江南北；她的听众包括工、农、商、学、兵，数以十万计；听她那情真意切的演讲，人们每每感动得热泪盈眶；人们怀着感激与敬仰的心情，纷纷与她通信，向她倾诉衷曲，把她视为自己最知心的朋友与最可信的导师。

对祖国、对人民与对事业的热爱，使出身于教育世家的叶良骏自然而然地成为广大听众的良师益友。

叶良骏同志的演说之所以感人肺腑，是因为她对生活始终怀着一颗炽热的心，是因为她始终坚持不懈地探索并捍卫着真理，是因为她自强不息的生活历程体现了人类对真善美的执着的追求。

成百上千次的演讲凝聚着叶良骏同志多年的心血。字里行间，人们将发现许多真知灼见，发现许多融激情与哲理于一炉的思想火花。这一切，无疑将宛如春风一般唤醒人们对未来的希望与对幸福的憧憬。

张秋红　　1994 年元月

法国文学翻译家、著名诗人

后　记

　　11 岁，父亲送我去宝山大场行知中学就读，他说，这是陶行知办的学校，他是个了不起的教育家。由于当时陶先生受到批判，学校里没一幅他的照片，也没人讲他的名言。但校长、教导主任、生活指导员等都是陶先生的嫡传弟子，不少老师从四川育才学校过来。学校传承陶先生培养人才的教育思想，千方百计开展"六大解放"，从实践中锤炼学生的品格，发现我们的潜能，以爱心塑造真善美……中学 6 年，浸淫在陶师教育思想中，使我一生受益匪浅。

　　从此，我与陶行知这个名字结缘，几十年走在学陶、师陶、研陶、传陶、行陶的路上。

　　30 多年来，我不断著书写文，研究陶师教育思想，还遍走大江南北，作了 4000 多场陶行知专题报告。在陶行知先生诞辰 130 周年之际，我选编讲稿、论文，对自己的工作做一总结，是为了更好地传承陶行知精神。

　　由于工作太忙，杂事太多，也因为很长时间里没有整理文档的意识，不少文稿，特别是 2000 年前的讲稿少有保留。书中幸存的讲稿，有些是当时邀请单位保存的，真的只是沧海一粟，仅为讲课内容的极少部分，有的是根据录音整理出来的，有的只有提纲。由于环境条件所限，这些讲稿带有明显的时代刻痕，有些讲稿还有重复，为真实地反映时代特点及水平，基本上未作大的修改。

　　陶行知思想博大精深，值得我们不断地研究、实践。在陶师诞辰之际，仅以此书作为心香一瓣，献给先生在天之灵；并以此向引领我、教育我、关爱我的陶门弟子和母校的老师们致敬。向至今仍认同我，喜欢读我文章、听我报告的读者和听众，致以深深的谢意。

此书完稿，正是清明。陶先生说，人活的时候少，死的时候多，但如活得有意义，少就变成了多。我一直记着这句话，所以，至今，还在努力。

叶良骏

2021 年 4 月 4 日于梦陶斋

再 记

因为种种原因，本应在陶行知诞辰 130 周年（2021 年）出版的这本书，延误至今年才得以面世。

写书不易，编讲稿、论文更不易。几十年来，为陶行知事业奔走，尽己所能著文、写书、讲课，花费了大量时间、精力，以致许多事没法深入去做，许多梦想也不能成真。但此生能与陶行知这个名字结缘，在他伟大的精神感召下，尽己所能，尽心所及，还是做了不少事，有的现在想起来，是不可能做到的，竟也做到了；难以企及的高度，也尽力了。做得最多的是"跨界"——这是陶先生一直提倡的创造精神，我也尝试了。所以没什么遗憾，相反，一直为自己能在"陶海"自如游刃而觉得很快乐。

几十年里，我并非孤军作战，许许多多人，以各种形式，把我高高托起。他们在我的背后，筑成了一堵厚墙，不许我后退，以真诚、期盼、合力，引领我向前走。于漪老师和王荣华先生就是其中最应感谢的人。

1986 年的一个冬日，于漪老师来参观陶行知纪念馆，从此她一直关注我、鼓励我、鞭策我。30 多年了，她已是期颐之年，体弱多病，却依然不改当年，对我提的任何要求，都认真地做。她在病中为此书作序，这份情谊已无法用一个谢字可回报，唯有祈她安康！

王荣华先生是我的老领导，他任上海市陶行知研究会会长多年，我曾任副会长，他对我的评语是：叶良骏是个干工作的人！对我多加鼓励。百忙之中，他为此书题写书名。感谢他多年来对我的认同、支持。

人生苦短，回顾师陶 37 年，只是一瞬间。如今，有这一本书留在世上，所有辛苦都化成了履痕，不用有什么未尽之言了。

叶良骏

2023 年 11 月 6 日